U0936596

珍藏本·增订本

纪念版

汉译世界学术名著丛书

阿拉伯伊斯兰文化史

第五册

正午时期（一）

〔埃及〕艾哈迈德·爱敏 著

史希同 译

纳忠 审校

商务印书馆
SINCE 1897 The Commercial Press

ظهر الإسلام

الجزء الأول

يبحث فى الحالة الاجتماعية ومراكز الحياة العقلية
من عهد المتوكل إلى آخر القرن الرابع الهجرى

تأليف
أحمد أمين

الطبعة الثالثة

本书根据黎巴嫩贝鲁特阿拉伯图书出版社第五版译出

目　　录

著者序言

奉至仁至慈的真主之名。一切赞颂，全归真主，求真主赐福于先知穆罕默德。

本书是继“黎明时期”和“近午时期”之后的第三部分——“正午时期”第一册。

首先向尊敬的读者致以歉意，自“近午时期”最后一册（第三册）出版至本册问世，经历了太长的时间。其间，笔者受命担任文学院院长之职，致使我无暇继续写作；在卸去院长职务之后，又需一段时间恢复，以便从思想和心理上做好自甘寂寞、承受研究之辛劳的准备。

今天终于将本册脱稿。笔者把本册视为对伊斯兰历三世纪后半期和四世纪的思想活动进行广泛研究的绪论。这一时期的思想活动至今仍是穆斯林历史上最广泛、最深刻，也是成果最丰硕的一个时期。笔者估计“正午时期”需用五册的篇幅表述，其中一册为安德鲁斯专辑。

在本册中，笔者着重写了两个方面：

一、社会生活。因为只有在了解了当时的社会环境，以及促进学术发展的诸多因素和作者的心态之后，才能对思想生活有真正的了解。

二、思想生活的中心、各个地区学术和文学活动的性质、特点，以及著名的代表人物。这种记述是简要概括的，笔者想以此作为其余各册进行深入研究的基础。

为了真主，我在写作中，尤其是在本书最后一部分的写作时，遇到了很大的困难。这主要是由于学术史和传记类图书的作者们往往无视地区和时间的概念。他们把学术活动看成是一个整体，在为著述家、学者撰写传记时，不管年代和国别，他们所关心的只是对作者姓名按字母表的顺序进行排列。如，他们可以把伊斯兰历二世纪伊拉克的艾哈迈德与伊斯兰历六世纪或七世纪埃及的艾哈迈德排在一起，这种做法给那些想把每个时代、每个国家、每个地区的学者分别加以研究的人，造成了无法想象的困难。

笔者在撰写本册书的过程中，按照时间和地区顺序对学者进行描述。这样做，不仅是出于为了将学术和文学活动发展的时间、地点交待清楚的考虑，而且也是为了帮助读者了解出现或形成某种学术现象的原因。例如，二重韵诗和抑扬格的诗为什么出现在安德鲁斯，而不是其他地方？玛卡梅韵文故事体裁首先在呼罗珊地区出现并不是偶然的，哲学在伊拉克得到发展和繁荣更不是什么侥幸。所有这一切，都是有其内在的必然的原因的，没有这些原因，这一切便不会发生。所以，确定学术活动发生的时间和地点，有助于科学地、正确地了解学术的产生和发展。这便是笔者的用意所在。

愿真主一如既往襄助我们完成余下的工作。

艾哈迈德·爱敏

伊历 1364 年 4 月 16 日

公元 1945 年 3 月 30 日

星期五于新开罗

第一篇

自穆台瓦基勒时代至伊斯兰教历四世纪末期的社会生活

第一章　阿拉伯伊斯兰帝国的居民

突　厥　人

在我们所记载的这个时代，伊斯兰王国里除了波斯人和阿拉伯人这两大民族外，又出现了另一个民族，即突厥人。突厥人对伊斯兰各民族的历史、政治和社会生活产生了巨大的影响。

于伊历 218 年/公元 833 年继位的哈里发穆阿台绥姆，在其登基后的第二年，即伊历 220 年，从布哈拉、撒马尔罕、拔汗那等突厥斯坦及河外地区招募了大批奴隶。“这些奴隶是穆阿台绥姆用钱买来的。他给这些奴隶穿丝绸衣服，戴金腰带，充当他的禁卫军。穆阿台绥姆一共购买了八千名突厥奴隶，也有人说是一万八千名。”[①]后一种说法更普遍。

穆阿台绥姆之所以转向突厥人，有如下几个原因：

一、穆阿台绥姆执政之前，在军队中服役的主要是呼罗珊人，即呼罗珊地区的波斯人。从阿拔斯王朝建立到穆阿台绥姆执政，在长达近一个世纪的时期里，波斯人一直是阿拔斯帝国的支柱。

① 伊本·台赫里·比尔迪：《群星灿烂——埃及和开罗编年史》，第 2 卷，第 232 页。

在禁卫军里主要是波斯人，另外还有来自穆达尔、也门和赖比阿等部落的阿拉伯人，但是阿拉伯人的地位、待遇和人数都不如波斯人。

随着时间的推移，哈里发对阿拉伯人越来越不信任，因为哈里发认为阿拉伯人对打仗已失去兴趣，故波斯人颇受哈里发的青睐，以致麦蒙哈里发执政时，一位阿拉伯人在沙姆见到了麦蒙，便对麦蒙说："穆民的领袖啊！你应像对待呼罗珊的波斯人那样对待沙姆的阿拉伯人！"但是，到穆阿台绥姆执政时，又开始不信任波斯人了，这又是为什么呢？事情是这样的：麦蒙哈里发去世时，很多波斯军人站在麦蒙的儿子阿拔斯一边，支持他继位。这是因为麦蒙的母亲是波斯人，波斯军人的民族情绪使他们自然要站在麦蒙的儿子一边，效忠于有着一半波斯血统的阿拔斯。

据塔巴里在其《先知与帝王历史》一书中记载，当穆阿台绥姆继任哈里发，人们向其宣誓效忠时，军队曾发生骚乱，军人要拥立麦蒙之子阿拔斯为哈里发。穆阿台绥姆见状后，派人把阿拔斯请到宫中。阿拔斯便在宫内向穆阿台绥姆宣誓效忠。然后，他从宫中走出来向支持他的波斯军人说："你们这种拥戴有什么用？我已向我的叔叔宣誓效忠了，我已把哈里发的职位交给他了。"骚乱遂得以平息。[①]

这一事件致使穆阿台绥姆深入思索，觉得此类事件不能重演。认为既然波斯人靠不住，而阿拉伯人又无法依靠，于是便想到了突厥人。他与阿拔斯之间一直都心存芥蒂，彼此不能相安。后来穆

① 塔巴里：《先知与帝王历史》，第10卷，第304页。

阿台绥姆声称阿拔斯要密谋杀害他，遂将其抓住关入牢房，不给水喝，致使阿拔斯干渴而死。

二、促使穆阿台绥姆招募突厥人进京的另一个原因是，穆阿台绥姆的母亲玛丽黛是粟特地区的突厥人。穆阿台绥姆本人具有很多突厥人的气质：勇猛、强悍、尚武。艾哈麦德·本·艾比·杜阿德说：他能用手指把人的手腕折断。穆阿台绥姆伸出手臂对我说，你使劲咬吧！我不肯咬。他说：咬不坏的，我让你咬。长矛都对他无可奈何，更不用说牙齿了。[①] 穆阿台绥姆的突厥血统和突厥性格使他要招募突厥人进京，他确实那样做了。

穆阿台绥姆招募的突厥人越来越多，以致巴格达到处都充斥着突厥人，他们骚扰百姓，闹得鸡犬不宁。麦斯欧迪说："突厥人在京城纵马驰骋，横冲直撞，欺凌弱小，伤害百姓，引起巴格达人的公愤，遂奋起将那些撞倒妇女、老人、孩子或盲人的突厥骑士杀死。穆阿台绥姆见状，决定与突厥人一起迁出巴格达……最终选定萨马腊[②]为新都地址。他从王国各地招募各种能工巧匠，运来各种花草树木，为突厥人修建了专门的营地，并让拔汗那人和艾什鲁西人与之为邻……穆阿台绥姆还赐予艾什纳斯[③]等突厥将领封地，取名为萨马腊的卡尔赫[④]……"[⑤]

① 《哈里发传》，第 133 页。

② 萨马腊：位于巴格达西北 124 公里处，公元 836—892 年为阿拔斯王朝首都。——译者

③ 艾什纳斯（伊历 230 年/公元 845 年卒）：阿拔斯王朝著名的突厥将领，奉穆阿台绥姆哈里发之命，修建萨马腊，参加过著名的阿姆里耶战役。——译者

④ 卡尔赫：巴格达郊区一古代城区名。——译者

⑤ 麦斯欧迪：《黄金草原》，第 1 卷，第 272 页及以后。

这些突厥人中有些是穆斯林，他们是在倭马亚时代被阿拉伯人征服后皈依伊斯兰教的。他们原来讲突厥语，后来开始学习阿拉伯语。他们以勇敢善战、坚韧不拔著称，他们同时还具有粗野、残暴的游牧本性。穆阿台绥姆为保持他们血统的纯正，迁来大批突厥妇女与突厥军人婚配，并禁止突厥人与非突厥人通婚。

穆阿台绥姆使突厥人在京都站住了脚，成为阿拔斯王朝的重要支柱。伊历 223 年/公元 837 年爆发的阿姆里耶战役中，阿拉伯人战胜了罗马人，靠的就是突厥人，军队的最高指挥权就掌握在以艾什纳斯为首的突厥将领手中。

自公元 837 年起，民族斗争中又增添了一个强劲的势力，过去的斗争是在波斯人与阿拉伯人之间进行的，现在则在阿拉伯人、波斯人和突厥人之间展开。阿拉伯人在与波斯人的斗争中已处于下风，突厥人的出现使斗争更趋激烈、复杂。突厥人的矛头首先指向那些独揽大权的波斯人。从此，伊斯兰历史开始染上了突厥的色彩，在这以前很多历史事件都与波斯人有关，诸如波斯人艾布·穆斯林·呼拉萨尼、伯尔麦克家族、艾勒哈桑·本·赛赫勒、艾勒法都勒·本·赛赫勒、阿卜杜拉·本·塔希尔等人；而在这之后很多历史事件又都与突厥人，如艾什纳斯、伊塔赫、大布阿、小布阿、伊本·图伦等人联系在一起，因为突厥人已掌握了国家大权，他们可以为所欲为了。

对突厥人的不满情绪早在他们进入巴格达时就出现了。巴格达老百姓向穆阿台绥姆抱怨："你把突厥人弄走吧，否则我们就造反了！"穆阿台绥姆说："我有八万武士，你们怎么造反？"答："我们用暗箭（指诅咒）反对你。"穆阿台绥姆说："以真主的名义起誓，我可斗不过暗箭。”于是，穆阿台绥姆为突厥人修建了萨马腊城（萨马腊意为谁见了都高兴），并迁居到该地。[①]

迪耳比勒·胡扎伊[②]曾写诗攻击穆阿台绥姆对突厥人的偏袒及庇护。甚至连穆阿台绥姆本人——这位将突厥人招募进京的人，在将波斯人对其前诸哈里发效力的情况与突厥人对他的作用进行比较之后，也不禁称赞波斯人的才干，而对后者颇有微词。据塔巴里记载，穆阿台绥姆曾召见麦蒙时代的巴格达总督艾布·侯赛因·易司哈格·本·伊卜拉欣，在与之长谈之后，穆阿台绥姆说：“易司哈格！我心中有件事思虑了很久。”易司哈格说：“什么事，你说吧！我的主人，我是你的奴仆，我是你奴仆的儿子。”穆阿台绥姆说：“我看我兄弟麦蒙，他任用了四个人，这四个人都很有作为。我也用了四个人，但无一人成大器！”易司哈格说：“你兄弟都用了什么人？”答：“塔希尔·本·侯赛因，这个人你见过，并听说过；其次是阿卜杜拉·本·塔希尔，这个人无人能比；然后就是你，以真主的名义起誓，你是当权者不可缺少、不可替代的人；再有就是你的兄弟穆罕默德·本·伊卜拉欣。上哪里去找像他那样的人呢？而我自己呢，我重用艾夫辛，他的情况你已见到了；其次是艾什纳斯，他闹得一团糟；而伊塔赫，一无所成；瓦绥夫也是毫无用处！”易司哈格说：“穆民的领袖啊！你兄弟看问题看的是本质。他抓住了根本，枝节问题便迎刃而解，而你却是舍本求末，故无所成。”穆阿台绥姆：“易司哈格呀！你的回答比我这些年所受的痛苦

① 伊本·台赫里·比尔迪：《群星灿烂——埃及和开罗编年史》，第2卷，第233页。

② 迪耳比勒·胡扎伊（公元765—860年）：以善写讽刺诗著称的诗人。信奉什叶派。著有《诗人评传》。——译者

还要大。”[①]

巴格达人讨厌突厥人进出巴格达，因为突厥人给巴格达人带来的都是厄运。他们在巴格达以其铁骑撞倒无数老弱病残，即使他们迁往高图勒[②]，继而迁往萨马腊，但已给巴格达——商业和文化中心——留下了极坏的印象，以致有人责骂穆阿台绥姆，有的圣训学家还伪造指责突厥人的圣训，以表达他们和普通百姓对突厥人的不满。他们传述说，穆圣曾说过：“突厥人是第一个掠夺我民族的人。”他们引用伊本·阿拔斯传述的圣训：“让王权，或者说是哈里发的职位留在我儿孙手中吧！直到被那些面孔像盾牌似的红脸人征服为止。”有人还引用了艾布·胡赖莱传述的圣训：“那些大脸盘、小眼睛、扁平鼻子的人一定会跑到底格里斯河畔去拴他们的战马。”[③]

随着突厥人大批涌入京城，同时也由于他们在战争中英勇善战，加之他们大量繁衍后代，以及哈里发对他们的支持，突厥人势力日益坐大。瓦西格[④]继穆阿台绥姆之后出任哈里发，于伊历 228 年/公元 842 年封突厥人艾什纳斯为素丹王，并给他戴上珍珠王冠和两条珍珠绶带。瓦西格是第一个敕封其将领为素丹的哈里发。[⑤]

瓦西格在位时，突厥将领在阿拉伯半岛曾多次重创当地的游

---

① 塔巴里：《先知与帝王历史》，第 11 卷，第 8 页。

② 高图勒：萨马腊开发前位于该地的一条河的河名。——译者

③ 这些圣训引自雅古特《地理辞书》中的“突厥斯坦”词条。

④ 瓦西格：阿拔斯王朝第九任哈里发，公元 842—847 年在位。——译者

⑤ 《哈里发传》，第 135 页。

牧阿拉伯人，一次在麦地那附近，一次在叶玛麦，为首的突厥将领是大布阿。起初，游牧人没把突厥人放在眼里，他们对前来求援的人说："跟我们打仗的这些奴隶和异教徒算得了什么！凭真主起誓，让我们来教训他们吧！"但是，这些奴隶和异教徒却打败了游牧人。大布阿把他所掳到的努麦里部落的俘虏一个个地加以鞭打，被打者多达四五百人。班师回朝时，大布阿带着很多阿拉伯部落的俘虏。这次及其他类似的事件打击了阿拉伯人在突厥人面前的自信心。

穆阿台绥姆为完成其依靠突厥人的战略，写信给他的埃及总督奈斯尔·本·阿卜杜拉，命其革去阿拉伯人在军队中的公职，并取消其俸禄。俸禄一取消，叶海亚·本·瓦齐尔·捷莱威便召集赖赫姆人和久扎姆人举事起义，他说："再没有比这更好的理由使我们宣布起义了，因为这一举措剥夺了我们的权利和生计。"叶海亚周围聚集了约五百名起义军。穆扎法尔·本·凯德尔率兵前去镇压，在提尼斯湖大败起义军，俘虏了叶海亚，其追随者纷纷离他而去。从此，阿拉伯人在埃及的政权便消失了，埃及军队便由非阿拉伯人和释奴（麦瓦里）组成。突厥人艾哈麦德·本·突伦掌握了军权，他招募了大批突厥奴隶充实军队，突厥士兵多达两万四千余人，黑人四万人，雇佣军七千人。[①]

毫无疑问，这一事件削弱了阿拉伯人，尤其是在埃及的阿拉伯人的势力。

① 肯迪：《埃及总督与法官传记》，第 194 页；麦格里基：《埃及志》，第 1 卷，第 94 页。

穆台瓦基勒于伊历232年/公元847年登上哈里发宝座。此时，突厥人进入巴格达已有十二年了。他们已经站稳了脚跟，对老百姓和整个帝国了如指掌。他们的权势也已得到加强。我们看到突厥将领伊塔赫已大权在握，而他以前只不过是一个被穆阿台绥姆花钱买来的突厥青年厨师。伊塔赫骁勇异常，"先后被穆阿台绥姆和瓦西格多次提拔，掌握了许多实权。凡是穆阿台绥姆和瓦西格想要除掉的人，如穆罕默德·本·阿卜杜·麦立克、齐亚德和哈里发麦蒙的几个儿子，不是死在他的手上，就是被其监禁起来"。穆台瓦基勒出任哈里发的时候，正值伊塔赫权力鼎盛时期：他掌管军队，马格里布人、突厥人、麦瓦里和柏柏尔人都归他管辖。此外，他还掌握着哈里发宫廷及侍从的大权。[①] 有一次穆台瓦基勒去高图勒游玩，酒后失言，大骂伊塔赫，伊塔赫遂起了杀机。穆台瓦基勒闻知后，向伊塔赫道歉说："你是我的父亲，是你把我养育成人。"[②]后来，穆台瓦基勒设计杀死了伊塔赫。但是，此举非但没能削弱突厥人的权势，反而引起了他们对穆台瓦基勒的仇恨。

国家大权掌握在突厥人手中，突厥人成了动乱的根源。他们不喜欢波斯人和阿拉伯人，但突厥人自己并不团结，他们之间派别林立，各霸一方；阴谋诡计，层出不穷；他们对钱财更是贪得无厌。总之，巴格达这座"和平之城"已变得不和平了。

一定是穆台瓦基勒已感到了突厥人造成的那令人窒息的气氛，一定是感受到了突厥人对其生命的威胁，穆台瓦基勒才产生了

① 塔巴里：《先知与帝王历史》，第11卷，第33页。

② 同上。

迁都大马士革的想法。他想去倭马亚人执政时的首都，也许在那里他能得到阿拉伯人的支持，帮他摆脱突厥人的控制。穆台瓦基勒于伊历 243 年/公元 857 年，即执政十一年后，去了大马士革。但他没能在大马士革久留。据说，他在那里有些水土不服。此外，他还遇上了沙姆军人发动的骚乱，“军人们聚集起来，高喊要求得到银饷，然后拆毁武器，胡乱放箭。”[①]在这种情况下，穆台瓦基勒又返回萨马腊，前后历时三个月零七天。四年之后，穆台瓦基勒被突厥人杀害。

“穆台瓦基勒本来想要摆脱突厥人，使国家重新回到原来的轨道上去。但是，他的儿子孟台绥尔却支持突厥人。于是，穆台瓦基勒起了杀心，想除掉孟台绥尔，还想除掉瓦绥夫、小布阿等突厥将领及其他头面人物。”[②]与此同时，突厥人也决心除掉穆台瓦基勒。当时的阿拔斯王朝正处在一个十字路口；如果穆台瓦基勒成功了，突厥人的势力就会消失，波斯人将重新得势，事情便会像从前一样。但是，命运之神让突厥人胜利了，穆台瓦基勒的侍卫——突厥人巴基尔与十名突厥青年仆从一起执行了以小布阿为首的突厥将领策划的阴谋。他们手持宝剑，蒙面踏上哈里发的御床。巴基尔一剑刺中了穆台瓦基勒的右腰，然后又从左腰将其斩断。这时，法塔赫·本·哈高尼跑上去阻拦，被人一剑刺中腹部身亡。两人的尸体用毯子裹起来，丢在宫中一天一夜，无人过问，直到孟台绥尔登上了哈里发宝座，才命人将尸体掩埋。

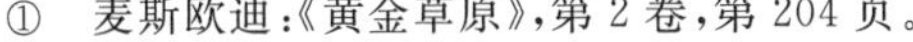

① 麦斯欧迪：《黄金草原》，第 2 卷，第 204 页。

② 塔巴里：《先知与帝王历史》，第 2 卷，第 63 页。

穆台瓦基勒之死是第一起谋杀阿拔斯王朝哈里发的事件。在此之前，除艾敏哈里发是在战败后被杀之外，其他哈里发都是寿终正寝的。杀死穆台瓦基勒的不是巴基尔个人，而是突厥人。穆台瓦基勒的死，就是突厥人的生，就是他们权力的存在，同时也是向王室发出的警告：谁想当哈里发，谁就要完全听命于突厥人；谁要想与突厥人为敌，谁就是自寻死路。

这次事件以哈里发被杀和突厥人更加不可一世而告终，这以后的哈里发不过是突厥人手上的戒指，甚至连戒指都不如。他们所能得到的只不过是在钱币上铸上自己的名字，在聚礼日的宣教中提到自己的尊号。“后来，这就成为人们形容徒有其表而无实际才干的人的典故，如说某人满足于铸币和演说，就是说该人徒有其名。”对此，有人这样来形容穆斯台因哈里发：他是瓦绥夫和小布阿的笼中鸟，他只能像鹦鹉学舌那样重复让他说的话。

诗人布赫图里是穆台瓦基勒哈里发的酒友和座上客，为穆台瓦基勒写了很多赞美诗。他目睹了哈里发被害的情景，写了一首描述穆台瓦基勒之死的著名诗篇。

德高如穆圣，承继本族衣，
不愧为堂兄，傲然古莱西，
英勇创伟业，万民仰鼻息。

在诗中布赫图里不能直言攻击突厥人，因为他们大权在握。令他痛心疾首的是突厥人控制了整个国家，阿拔斯王朝再也不是波斯人掌权时的样子了。他仇恨突厥人，颂扬波斯人，他用诗抒发自己的情感。

驱马凭吊泰西封，愁眉难展泪纵横。

波斯昨日风华处，如今荒芜悄无声。

昔日烟云未消散，今日愁雾重且浓。

布赫图里坦言自己不是波斯人，他之所以赞颂波斯人，是因为波斯人有恩于阿拉伯人，他们支持阿拉伯人的政权，为阿拉伯人效力。

波斯皇宫巍然立，英雄豪杰刀剑横。

……

高大雄伟连天地，是人是仙此神工，

若非亲眼睹此物，不叹王朝一朝倾。

……

波斯并非我族人，皇宫亦非我皇宫，

曾经多少才与智，育下幼苗树葱茏。

支撑基业护我主，危难临头出奇兵，

我本诗人游世外，从不揶揄族与种。

布赫图里的诗并不像有些人说的那样是一首具有反阿拉伯人情绪的诗，而是在见到突厥人暴行后，对波斯人掌权时代的伤悼；是对已逝去的波斯人维护哈里发尊严、为哈里发效力时代的哭诉；同时也是对突厥人掌权后剥夺哈里发权力、任意摆布哈里发、使哈里发成为听命于他们的工具、没有任何尊严、最终惨遭杀害的痛苦呻吟。

查希兹给我们留下一封谈论民族主义情感问题的信。该信写于突厥人登上历史舞台的初期。信是写给宰相——突厥人法塔赫·本·哈高尼的，内容讲的是有关突厥人的功绩和美德。查希兹的这封信真实地向我们描述了当突厥人成为禁卫军时，其他各族军人所表现出的民族主义情绪，不仅军人有这种情绪，其他行业的人也有这种情绪。查希兹在信中说，他这封信是在穆阿台绥姆——把突厥人招募进京的始作俑者——在位时写的。他原想把信交给穆阿台绥姆，但由于种种原因，信未能送到哈里发手中。查希兹没有交代是什么原因。从现象上看，宫中的波斯人和阿拉伯人都不想让哈里发看到这封信，否则，哈里发会更加偏袒突厥人。

后来，查希兹因突厥人势力日渐增强又重新写了那封信，并交给了穆台瓦基勒的宰相法塔赫·本·哈高尼。阿拔斯王朝时期，每个民族的人，都有本民族的文学家、圣训学家和学者。他们大谈本民族的美德和业绩，大谈本民族不同于其他民族的特点。但突厥人在这方面没有自己的文人、学者。于是，法塔赫·本·哈高尼与查希兹联手填补这一空缺，为突厥人唱起赞歌来。为此，查希兹写了这封信。为了巴结权势，也为了显示自己的修辞才华，查希兹用他的智慧、他的哲学和他的文笔，极力吹捧突厥人，全然不顾所言之事是否属实。

查希兹的信，从记述各族军人的想法及其民族情绪的角度来讲，是很有价值的。查希兹说：他不想在列举突厥人的优点之后，就去罗列其他民族的短处。为了友善和团结的目的，他只讲突厥人的功业。但实际上，查希兹以其酣畅的笔墨大摆突厥人的功绩与美德，给突厥人罩上了伟大、显赫的光环，使读者感到突厥人是最伟大的军人，是最勇敢的民族。查希兹在鼓吹和睦友爱的幌子下，以这种诡谲的手法，抬高了突厥人，贬低了其他民族的军人。

查希兹在信的开头引述了法塔赫·本·哈高尼讲的一段话

说：他听见有人将穆台瓦基勒时代的军人分成呼罗珊人、突厥人、释奴（麦瓦里）、阿拉伯人和拜奈威人[①]。法塔赫不同意这种划分，他主张应把军人看成一个整体，而不应从种族上去划分。阿拔斯王朝的军人虽然来自不同的民族，但却有相近的亲缘关系。如：呼罗珊人和突厥人的相貌就很相近，聚居在相邻的地区，他们之间的相近之处比阿德南人和盖哈坦人[②]还有过之而无不及，尽管后者都是阿拉伯人。麦瓦里与阿拉伯人的关系密切，因而更可视为阿拉伯人，他们在称谓上、在血亲复仇的民族习性上、在高举部落战旗的传统上，都与阿拉伯人没有两样。有这样的说法："某民族的释奴就是该民族的成员"，"隶属关系犹如血缘姻亲"。按照这样的说法，突厥人已变成了阿拉伯人，因为突厥人是哈里发的释奴（麦瓦里）。哈里发均出自于古莱氏部落的哈希姆家族，因此，突厥人自然是具有贵族血统的哈希姆家族的释奴。查希兹引用法塔赫的原话说："从这种意义上说，这些不同种族的人都应该是平等的，相互依存、热爱和听命于哈里发的……"法塔赫的这些话，从理论上讲是对的，但实际上不是那么一回事。因为民族主义情绪十分强烈，民族之间的对立早已深深地埋在人们的心里。

接着，查希兹又引用法塔赫的话：有人列举了各族军人的美德和业绩，唯独没有提到突厥人。该人说，呼罗珊人为自己是阿拔斯王朝的缔造者而感到自豪。他们夸耀自己说：我们聪颖、尊贵，我

① "拜奈威"：源于"子孙后代"一词，这是阿拔斯时代对建立阿拔斯王朝的功臣后裔的称谓。——译者

② 阿德南人系指汉志和内儿德的阿拉伯人，盖哈坦人系指也门阿拉伯人。——译者

们是贵族的子孙。依靠我们，倭马亚人的王权垮台了。为此，我们承受苦难，我们迎着利剑；我们忠顺，我们恭谦，我们为阿拔斯王朝而死，为阿拔斯王朝而战；我们有高大的身躯、强健的体魄，我们肩膀浑厚、额头宽阔、手臂硕长，我们的身体最适合把武器扛；我们人多势众，武器精良；什么时候看到我们高擎战旗驰骋沙场，就知道我们生来就是为了听命哈里发、支持王权、扭转乾坤；我们宽厚温和，我们机敏聪慧，我们出言谨慎，绝不轻浮；不管是伊拉克的，还是汉志的文学、哲学、数学、几何学、建筑、教法和历史等诸多学问，只要经过呼罗珊人研究之后，呼罗珊人无不成为该学科的权威或泰斗。

阿拉伯人为他们的血统和犹如群星闪烁的不朽的韵诗而骄傲，为他们散文般的语言，为他们的成语典故而自豪，而这些正是那些非阿拉伯人所不具备的特点。阿拉伯人说：我们喜欢相互夸耀，喜欢攀比门第，喜欢争寻令人满意的仲裁人和勇敢的预言家；我们看不起缺陷与不足，我们喜欢炫耀美德与业绩；我们厮杀，我们打仗，完全是出于愿望，而不是恐惧。阿拉伯人对呼罗珊人的回答是：建立阿拔斯王朝的大部分将领是阿拉伯人，云云。

释奴引以为荣的是，他们是患难时可以信赖的朋友；阿拉伯人的荣耀归功于他们，因为现有的一切都是由于有了他们；他们忠顺谦恭，会服侍人——他们说——我们更像普通的百姓，人们更愿意与我们亲近，对我们也更加信任；人们愿与我们在一起，因为我们能给予更多的同情、更多的怜悯……

拜奈威人说，我们原本是呼罗珊人，是阿拔斯王朝的缔造者，是最早号召建立王朝的人。我们有无可否认的在利剑、长矛之下毫不畏惧的心理素质；我们有在矛断剑折的情况下视死如归的勇气；我们是战场上的勇士，我们身材矫健、阅历丰富；我们精通文墨，熟谙教法、历史；整个巴格达都注视着我们的一举一动；我们是哈里发的辅弼，是宰相大臣的同僚；我们生长在宫廷深院，我们学习哈里发的礼仪，效法哈里发的举止。

接着，查希兹开始称赞突厥人的贡献。他声称，正如法塔赫所说的，各民族的军人说到底都是一家人。如：拜奈威人是呼罗珊人，呼罗珊人是释奴（麦瓦里），释奴是有隶属关系的阿拉伯人，突厥人从地理位置上讲也是呼罗珊人。因此，拜奈威人、释奴、阿拉伯人、突厥人都是同出一源。因此，突厥人的贡献就是各族军人的贡献，突厥人的光荣就是各族军人的光荣。查希兹希望，各民族的军人在认识到这一点之后，心态能变得平和宽容，消除彼此间的仇恨，让生活变得不那么沉重。

查希兹用讲故事的方式为突厥人辩护。他说，在麦蒙哈里发时代就有人提出哈瓦立及派人与突厥人谁更勇敢的问题（众所周知，哈瓦立及派人是最勇敢的战士，是最坚韧不拔的人）。查希兹的故事以突厥人比哈瓦立及派人更勇敢的结论而结束，因为哈瓦立及派人在打仗时虽有众所周知的十大特点，但是突厥人在这些方面都比哈瓦立及派人更胜一筹。例如，突厥人作战最勇敢，他们训练战马时，从不让战马跪下；突厥人的箭法最准，不管是射野兽、飞禽还是人，都射得又快又准；哈瓦立及派人一旦战败退却就溃不成军，而突厥人撤退时都如进攻时一样英勇，不停地射出一支支毒箭；在危难时刻，突厥人做好一切准备，随时整装待发。突厥人是牧人，是马夫；是驯马师，也是马贩子；是兽医，也是骑士，他们既能长途跋涉，又能翻山越岭。突厥人在原来的国度里厮杀，既不是为宗教，也不是为解释教义；不是为国王，也不是为缴纳赋税；不是因彼此仇恨，也不是为了保卫家乡；他们厮杀只是为了抢掠。试想，有这样的民族性格，再加上宗教信仰等其他因素，其结果会怎样呢？突厥人从根上说，是一个流动的民族，他们与定居无缘，他们聪明狡黠、易于冲动；在他们看来，知足常乐就是无能，定居一处就是蠢笨，休养生息就是放纵，满足现状就是胸无大志。

查希兹接着又说到，每个民族都有自己的长处，如中国人精于工艺制造；希腊人长于哲学与艺术；波斯人精通权术与政治。阿拉伯人则既不是商人，也不是工匠；既不是医生，也不是会计；阿拉伯人不靠在衡器上做手脚谋生，更不能忍受屈辱，忍受屈辱无异于索要性命。阿拉伯人是沙漠的居民，荒野的主人，他们的兴趣在于吟诗、修辞、巧言善辩、玩弄文字、背记宗谱、识别星相、辨别踪迹、鉴别良马利剑、背诵口头文学、领悟客观事物、判断是非功过。突厥人的特长则表现在战场上，他们也是游牧民族，是沙漠的居民，是牲畜的主人，是非阿拉伯人中的游牧人，正如胡宰勒人是阿拉伯库尔德人一样。工艺制造、商业贸易、医学、农业都不能使其动心，植树种花、建筑施工、开挖河道、征收谷物都不是其兴致所在，他们感兴趣的只是征伐、抢掠、骑马、狩猎、厮杀争霸、掠获战利、征服异乡；他们的最大兴趣就是打仗，打仗是他们的骄傲，是他们谈话的主题；他们具有慷慨好施、扶弱济贫、坚韧不拔等骑士的品质。

至此，查希兹结束了他那封被我们高度概括的长信。

从这封信里我们可以看出当时的民族主义情绪是异常强烈的。各民族都夸耀自己的优点与长处，如阿拉伯人以自己能言善辩和英勇善战而自豪；波斯人则以其政治与王权而骄傲；突厥人的特点是能打仗，没有引以为荣的学问和政治，也不具有先于他人的宗教。他们的本钱是武力，因而他们控制了一切。

法塔赫·本·哈高尼和查希兹想宣传军人之间要消除民族隔阂、要团结一致的主张，但这一主张如何实现呢？伊斯兰教也无法除掉这种民族情绪。突厥人的专横与残暴使民族情绪更加激化。民族情绪已成为各民族保卫自己生存及其权益的手段。查希兹颂扬突厥人的做法，只能是对民族主义情绪的强化，而不是削弱！

突厥人在杀掉穆台瓦基勒，并立孟台绥尔[①]为哈里发之后，其势力自然得到了加强。塔巴里传述说，孟台绥尔想让瓦绥夫（突厥人）去镇守沙姆边塞，艾哈麦德·本·赫忒布对孟台绥尔说："谁敢对突厥人发号施令？更不用说对瓦绥夫下命令了。"[②]

突厥人命令孟台绥尔废黜他的两个兄弟穆耳台兹和穆艾伊德的哈里发王位的继承权，怕他俩一旦继位后会对杀害穆台瓦基勒的凶手实行报复。孟台绥尔本不愿意这样做，但出于无奈，只好把他的两个兄弟召到宫中，当着突厥人的面说："你俩以为我废黜你们是为了等我的儿子长大后把王位传给他吗？凭真主起誓，我从未这么想过，如果我有这种野心，那我当然更愿意让我父亲的儿子、而不是我叔叔的儿子出任哈里发。但是这些人——指突厥人——一再要我废黜你们，我担心，如果不照办，有人就会加害你们。"[③]

孟台绥尔在位六个月就去世了。在新哈里发尚未确定之时，

① 孟台绥尔：阿拔斯王朝第十一任哈里发，公元861—862年在位。——译者

② 塔巴里：《先知与帝王历史》，第11卷，第73页。

③ 同上书，第76页。

突厥人、马格里布人和艾什鲁斯人的将领发誓一定要让大布阿、小布阿和艾塔米什满意的人出任哈里发。上述三个人都是突厥人，他们选中艾哈麦德·本·穆罕默德·穆尔台绥姆，立他为哈里发，并给他起了一个穆斯台因[①]的称号，人们纷纷向他宣誓效忠。

穆斯台因继位后，受到突厥人的虐待，老百姓也民不聊生，对此，穆斯台因和人们都愤愤不平，突厥人便想设计谋害穆斯台因。穆斯台因闻讯后，从萨马腊逃到巴格达，突厥人又追到巴格达，向穆斯台因解释。穆斯台因对他们说："你们暴虐腐化，贪得无厌。你们想要把自己的儿子带在身边，我满足了你们的要求，让你们的儿子迁来，大约有两千多个吧?！你们又要求把女儿带来，我也答应了，把她们列在已婚妇人的名单之中，大约有四千多人吧?！不管是成年的，还是未成年的，都给你们带来了。我给你们的俸禄之多，可以铸造金、银器皿，这些我自己都享受不到，所有这些都是为了你们，为了让你们高兴。但你们却越来越暴虐，越来越腐化，你们还威胁我、恫吓我，你们越来越不像话了！"[②]

"当欧麦尔·本·欧拜德拉·艾格塔耳和阿里·本·叶海亚·艾尔麦尼战死沙场的消息传来时，巴格达群情激愤，怒不可遏。欧麦尔和阿里是当时镇守边塞的勇猛异常、不可多得的两员穆斯林骁将，他俩先后战死。加之突厥人杀害穆瓦台基勒哈里发的暴行，以及突厥人不顾宗教、不管穆斯林的意愿任意废立哈里发的行径，巴格达终于打破沉默，老百姓纷纷走上街头，高呼口号，要

① 穆斯台因：阿拔斯王朝第十二任哈里发，公元862—866年在位。——译者

② 塔巴里：《先知与帝王历史》，第11卷，第98页。

求总动员。”[①]

这时突厥人自己也已四分五裂，派别林立：达基尔派、布阿和瓦绥夫派等等，相互攻讦。后来达基尔被杀，突厥人内部战乱不止。

因为穆斯台因哈里发不听突厥人的话，突厥人便另立穆耳台兹[②]为哈里发，向他宣誓效忠，穆耳台兹的大本营在萨马腊。而巴格达人则继续拥戴穆斯台因，与穆斯台因站在一起的有波斯籍的伊本·塔希尔和少数突厥人。那是艰难的年代，人们备受抢掠和战争的折磨。突厥人的运气好，最终取得了胜利。在进入巴格达后，突厥人废黜了穆斯台因，继而杀害了他。这是突厥人强化其权力的又一个步骤。一个来自萨马腊的诗人，有人说是布赫图里，说道：

突厥匪一帮，挥剑酿灾殃，
杀死哈里发，人人心里慌，
骄淫又霸道，反客把主当。

尽管如此，突厥人很快又对穆耳台兹哈里发感到不满。穆耳台兹也察觉到他们的叵测之心。穆耳台兹夜不敢寝，枕戈待旦，担心布阿等人会随时加害于他。他说：“我就这样日夜提防，直到我知道是布阿要我的首级，还是我要他的命。”他还说：“我怕布阿会从天上掉下来，或从地下冒出来加害于我。”[③]与此同时，穆耳台兹决心要除掉突厥人的首领，并在突厥人中施离间计，但终于事发，

① 塔巴里：《先知与帝王历史》，第 85 页。

② 穆耳台兹：阿拔斯王朝第十三任哈里发，公元 866—869 年在位。——译者

③ 麦斯欧迪：《黄金草原》，第 2 卷，第 336 页。

穆耳台兹被突厥人废黜，并被处死。

诗人写下了大量描述国家不幸、突厥人控制哈里发、社会动荡不安的诗篇，有的诗人还记述了穆耳台兹哈里发之死。

突厥一凶煞，废我哈里发，
人格无瑕疵，可怜遭残杀，
叹那冤死鬼，谁人庇护他，
大权在人手，万民受欺压，
天上真主清，早晚必惩罚。

一个诗人道：

废他本无义，立他是正道，
还他王者尊，还他善者报，
放下杀人刀，别再做强盗，
所为太无耻，弃剑顺我朝。

另一个诗人道：

无端定其罪，黄土埋尸体，
叔伯堂兄弟，临危把头低，
大敌疯狂至，王室陷危机。

阿卜杜拉·本·穆耳台兹也为此留下了千古名句：

每天杀一帝，每日换新历，
刚刚缔契约，转眼便废弃，
昨日大军统，今日囚室栖，
多少灾祸降，多少烽烟起，
莫赴庆功宴，践踏清纯女。
……

身为哈里发，伸手去讨乞，

胆战又心惊，大业何时举。

等等。

人们对突厥人的专权感到不满，对国家情况的恶化感到担心，普遍要求摆脱突厥人的控制，这种想法在穆赫台迪[①]哈里发身上特别明显与强烈。穆赫台迪是勇敢坚强的人，他以正统哈里发欧麦尔·本·赫塔卜为榜样，认为他能消灭突厥人的势力，认为人民是支持他的，但是，他未能如愿。

突厥人大肆没收人们的钱财，富有成了灾难；突厥人没收著述家的钱，没收王公大臣的钱，最后连穆台瓦基勒的妻子——穆耳台兹哈里发的生母——的钱也不放过。穆台瓦基勒因妻子貌美而戏称之为盖比哈（意为丑陋的女人）。正如人们通常将“艾斯沃德”（意为“黑”）称作“卡尔夫”（意为“樟脑”）一样。盖比哈有很多钱，穆耳台兹被突厥人杀害后她逃到麦加，当她得知她的财产被没收后，大声喊道：“真主呀！你揭露索利哈（瓦绥夫之子）的丑行吧！他杀死了我的儿子，使我家破人亡；他抢走了我的财产，使我流落他乡；他还侮辱我，他强奸了我。”[②]

突厥人因不满意哈里发穆赫台迪的主张，设下阴谋要杀害他。老百姓闻知后，写了很多传单，四处散发。传单上写着：“穆斯林们呀，为你们的像欧麦尔·本·赫塔布一样公正的哈里发祈祷吧！祈求真主帮助他战胜他的敌人吧！让他活下来，给他、给这个民族带来恩泽吧！突厥人又要把他废黜了。”

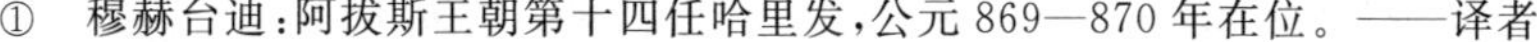

① 穆赫台迪：阿拔斯王朝第十四任哈里发，公元869—870年在位。——译者

② 伊本·艾西尔：《全史》，第7卷，第70页。

穆赫台迪哈里发在知道突厥人要杀害他的消息后，沐浴更衣，身佩宝剑，命那些想要阴谋杀害他的突厥人晋见。穆赫台迪对他们说："我听说你们要加害于我，我可不是穆斯台因，也不是穆耳台兹。凭真主发誓，我决不离开这里，除非我成了木乃伊。我已把儿子托付给我的兄弟。这是我的宝剑，以真主的名义起誓，只要剑在我手里，我就要厮杀；如果有人敢碰我一根汗毛，你们就要人头落地！难道没有宗教吗?！没有羞耻吗?！难道没有百姓吗?！难道反对哈里发与对真主不敬有什么不同吗?！不管有谁怜惜你们，也不管有谁为你们的造反而高兴，为你们的毁灭而痛饮。告诉我，你们知道在你们控制的尘世中有什么是属于我的吗？巴依克巴克，你难道不知道你的手下人比我的兄弟、儿子还富有吗?！你看看吧！在我兄弟、儿子的家里有地毯、侍女、仆人或女奴吗？有田产或粮仓吗？你们真是罪不容诛！"[①]穆赫台迪手持宝剑，讲了这些话，可又有什么用呢？他本想用这些话挑起突厥人之间的矛盾，让他们自相残杀，最后摆脱他们。但是，穆赫台迪没有成功，突厥人把他杀了。

尽管穆赫台迪惨遭杀害，但他的举动对恢复阿拔斯家族的部分权力还是有影响的。例如，从此以后哈里发从萨马腊——突厥人的驻地迁回了巴格达，巴格达有很多有利的条件保护哈里发免受突厥人的伤害。继穆赫台迪之后执政的好几任哈里发都掌握了相当多的权力，并且都是寿终正寝的。

穆赫台迪死后，穆耳台米德[②]继任哈里发，他是一位没有权

① 伊本·艾西尔：《全史》，第 7 卷，第 194 页。

② 穆耳台米德：阿拔斯王朝的第十五任哈里发，伊历 256—279 年/公元 870—892 年在位。——译者

力、没有作为的哈里发。为此，他自己曾写下了著名的诗句：全世界都冠以他的名字，但他却两手空空，一无所有。剥夺穆耳台米德哈里发权力的不是别人，而是他的兄弟穆瓦法格。穆瓦法格之所以这样做，是因为穆耳台米德只知道吃、喝、玩、乐。穆瓦法格是个英雄，他把在聚礼日上发表演说、在钱币上刻铸名字以及使用"穆民的领袖"的称号都留给了他的兄弟穆耳台米德，而他自己则掌握发号施令的大权。他统率军队、驻守边防、抗击敌军、委派宰相，在很大程度上抑制了突厥人的气焰。

穆耳台迪德·本·穆瓦法格[①]当上哈里发后，继承了其父的做法，进一步提高了哈里发的地位，尽量不用突厥人。法赫里说："穆耳台迪德是一位聪明、有头脑的杰出人物，他的一生是值得赞颂的一生。在他刚执政时，山河凋敝，边塞戒备松弛，他力挽狂澜，使王国得到开发，国库充盈，边塞牢固；他采取强硬措施，严惩腐败，坚决惩治军人的贪欲，使老百姓免受其害；对阿里的后人——他叔叔的子女给予优厚的待遇。"但是，由于积弊甚多，穆耳台迪德在位时，动乱频繁，他都全力以赴，予以处置。

穆耳台迪德的侄子伊本·穆耳台兹曾写了一首长诗，这是一首像《伊利亚特》和《帝王之书》[②]史诗一样的诗，弥补了阿拉伯诗歌在这一领域的空白。该诗以指责突厥人在全国犯下的罪恶为开

① 穆耳台迪德：阿拔斯王朝的第十六任哈里发，伊历279—289年/公元892—902年在位。——译者

② 《伊利亚特》："Ilyad"传统上认为是古希腊人荷马撰写的史诗；《帝王之书》(Shāhnāmeh)：波斯著名诗人菲尔道西(约公元940—约1020年)创作的著名史诗。全诗长达六万行，歌颂了波斯王朝帝王们的业绩。——译者

篇，接着便历数了穆耳台迪德哈里发的德政，他所进行的战争和他所进行的改革。这首长诗不仅是文学作品，而且还是一部描述穆耳台迪德时代重大事件的重要历史文献。

穆耳台迪德执政近十年，他留下的哈里发的权势，远远胜过自瓦西格以来的历任哈里发。

穆耳台迪德的儿子穆克台菲[①]继承了其父的遗志，但是早在其先人时代就已出现了动乱。如伊斯玛仪运动、盖拉米特运动、法蒂玛运动等，声势越来越大。至伊斯兰历三世纪结束时，动乱依然存在，起义的烽烟仍在燃烧。到穆格台迪尔·本·穆耳台迪德[②]上台时，突厥人的势力又强大如初，哈里发再次成为傀儡。

突厥人和大臣们不愿拥立能干有为的哈里发，诸如穆赫台迪、穆耳台迪德和穆克台菲等人。他们想改弦更张，拥立无能的人。因此，穆克台菲死后，在商定拥立谁出任哈里发时颇费心思。阿卜杜拉·本·穆耳台兹是首选人物之一，但因他不仅能干有为，而且是位学者、文学家，于是被弃之不用，最后选中了年幼的穆格台迪尔。这样，突厥人就把实权掌握在自己手里。对此，米斯凯韦[③]有如下的描述：穆克台菲哈里发的宰相阿拔斯·本·哈桑就拥立谁出任哈里发之事向伊本·福拉特[④]咨询，伊本·福拉特说："敬畏

① 穆克台菲：阿拔斯王朝的第十七位任里发，公元902—908年在位。——译者

② 穆格台迪尔：阿拔斯王朝的第十八位任里发，公元908—932年在位。——译者

③ 米斯凯韦：历史学家，主要著作有《民族之殷鉴》、《道德之修养》等，卒于公元1030年。——译者

④ 伊本·福拉特：文学家，穆格台迪尔（公元908—932年在位）哈里发执政时曾出任宰相。公元924年被杀。——译者

真主吧！你不要拥立懂得田产、果园，了解女奴、骏马，善于交往、富有经验、长于计算的人为哈里发[1]。”宰相问：“你说立谁呢？”答：“立加法尔·本·穆耳台迪德(即穆格台迪尔)。”宰相：“加法尔还是个孩子啊！”答：“但他是穆耳台迪德的儿子。你为什么要找一个能发号施令、知悉我们拥有多少财产的人，或者是找一个能自己主事、能独立执政的人当哈里发，你为什么不把这个职位交给一个能让你主事的人呢？”

苏里[2]是这样讲述的：“我被委以教育拉迪·比拉及其兄弟哈伦的重任，每周上课两次。我发现兄弟二人十分聪慧，但缺少知识，我便加以引导，使之喜欢读书。我给他俩买了些有关教法、诗歌、语言和历史的书。他们俩争相购书，各自建立了自己的书库，经常给我讲述他们读过的史书和诗歌。”苏里曾给这两位王子讲授过艾斯麦伊写的《人的创造》一书，侍从们便造谣说：“苏里给两位王子教授什么是阴户和阳具。”苏里极力否认这一指控，把该书拿给他们看。

苏里授业日有长进，本想会得到奖赏，但宫中却传出这样的话：“我们不想让孩子成为文学家，也不想让他们当学者。”苏里听后找到宫廷侍从奈斯尔，告之此事，奈斯尔听罢哭泣道：“跟有这种想法的人在一起，我们怎能有作为呢？！”[3]

---

① 此处系指伊本·穆耳台兹(公元861—908年)。

② 艾布·伯克尔·苏里(公元946年卒)：阿拔斯王朝文学家、诗人。做过哈里发拉迪等人的清客，教授过他们的子弟。主要著作有《阿拔斯人的传闻与诗歌》、《作家的文学》、《艾布·泰玛姆轶闻录》、《布赫图里轶闻录》等。——译者

③ 艾布·伯克尔·苏里：《阿拔斯人的传闻与诗歌——拉迪、穆台基卷》，第26页。

苏里还讲述了另外一件事：拉迪·比拉在出任哈里发之前，常给苏里诵读一些拜沙尔写的诗。一次，他手中拿了几本有关语言的书，被拉迪祖母的仆人看见了，便将他手中的书拿走了，并用布包起来。对此，拉迪十分生气，我劝他说："作为王子不该这样，他们会说王子在看不该看的书。"拉迪对仆人说：你去告诉让你们这样做的人吧！这些书都是有关圣训、教法、诗歌、语言和历史的书，不是你们热衷的有关水中怪物、辛德巴德的故事和猫与老鼠之类的书。[①]

由此可见，突厥人想方设法要使未来的哈里发是些愚昧无知、不学无术，只知吃喝玩乐的人，以便把权力交给他们，由他们处理国家大事。

支持拥立穆格台迪尔为哈里发的有侍从穆艾尼斯和宫廷司库穆艾尼斯等突厥人。站在伊本·穆耳台兹一边的当然也有突厥人。但是，支持穆格台迪尔的突厥人占有优势，最终穆格台迪尔当上了哈里发，伊本·穆耳台兹则被杀害。[②]

据说，当人们就推举谁出任哈里发发生分歧，且已有人向伊本·穆耳台兹宣誓效忠时，已是晚年的著名历史学家伊本·捷里尔·塔巴里曾问身边的人：有什么消息？答：有人已向伊本·穆耳台兹宣誓效忠。问：谁被提名为宰相？答：穆罕默德·本·达乌德。问：谁任法官？答：艾布·穆赛那。塔巴里听后沉思片刻说：此事不会成功。问：为什么？答：你们说的这几个人都是著名的大

① 艾布·伯克尔·苏里：《阿拔斯人的传闻与诗歌——拉迪、穆台基卷》，第6页。
② 米斯凯韦：《民族之殷鉴》，第5卷，第2页，埃及第3版。

人物,但世道变了,今非昔比,我看他们不久就要垮台。[①]

穆格台迪尔继位时年仅十三岁,是个不晓世事的少年,尽管如此,还给他冠以穆格台迪尔(意为有能力的人)的称号！穆格台迪尔成年后,终日沉溺于声色歌舞,把国家大事交给了以穆艾尼斯为首的突厥人。由于哈里发的愚蠢及其近臣的无能,国家的情况恶化到了极点。

穆格台迪尔在其腐败统治持续了二十五年之后,被穆艾尼斯的同伙谋害。凶手是在服侍穆格台迪尔入睡之后将其杀死的。凶手抢走了穆格台迪尔身上的所有衣物,将赤裸的尸体弃于荒野之郊,后被一过路的农民发现,给尸体盖上干草,就地掩埋,没有留下任何标记。[②]

麦斯欧迪是这样评价穆格台迪尔的:“他登上哈里发宝座时,还是个一无经验、二无阅历,更不了解国情且被宠坏了的孩子,国家大事都由王公大臣和书记官们经办;他插不上手,更谈不上出谋划策,连妇人和侍从都不如,他们还能干预朝政。由于整个王国的管理不当,哈里发国库中的金钱和军备殆尽,最后导致他本人死于非命。此后,国家更加动荡不定,哈里发的威严扫地……穆格台迪尔时代的很多事情在伊斯兰历史上都是没有先例的,如:在伊斯兰历史上没有任何一位哈里发或国王像他那样小就登上了哈里发的宝座,他出任哈里发时年仅十三岁零两个月又三天;他在位仅差十五天就达二十五年,这也是以前的哈里发和国王所没有的;他在位

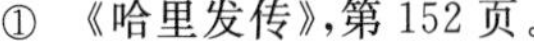

① 《哈里发传》,第 152 页。

② 米斯凯韦:《民族之殷鉴》,第 5 卷,第 237 页。

期间共委任了十二个宰相，其中有的被委任过二三次。以前从没有人委任过这么多的宰相：妇人干预朝政也是前所未有，甚至连他母亲的一个管事女奴，都在批阅宰相、法官、书记官和学者送来的诉状。[①]

嘎希尔[②]哈里发的命运并不比穆格台迪尔好多少。几位军队将领将喝得酩酊大醉的嘎希尔抓了起来，并召来御医伯赫帖舒·本·叶海亚，让他介绍一个精通剜眼术的人。伯赫帖舒说了一个人的名字，那人被召来后，便剜去了嘎希尔的双眼。[③] 在此之前，尚没有一个哈里发遭此毒刑，后来的穆台基哈里发也被剜去双目。

嘎希尔被剜去双目后受到监禁，新任哈里发登基后才被释放。有一天，嘎希尔站在曼苏尔清真寺的人群里，披着白色的大袍，向人们乞讨："给我些布施吧！我是你们都认识的人。"[④]

拉迪哈里发的老师艾布·哈桑·阿鲁迪讲了这样一件事："波斯秋分节那天，我经过位于底格里斯河畔的突厥将领拜吉克姆的家，看见里面的人在游玩、嬉戏，快乐无比。尔后，我进宫去谒见哈里发拉迪·比拉，发现他正在想心事。我站在他面前，他对我说：'走近些。'我走近一看，他手里有一枚第纳尔和一枚迪尔汗，上面都刻有凹形雕饰，正面刻有拜吉克姆手执武器的图像，周围写着：'光荣属于众人的主宰、伟大的埃米尔拜吉克姆'，背面则是做沉思状的拜吉克姆的坐像。拉迪对我说：'你难道没有看到这个人的所

① 麦斯欧迪：《警戒与监督》，第377—378页。

② 嘎希尔：阿拔斯王朝第十九任哈里发，公元932—934在位。——译者

③ 剜目的刑法，源于拜占庭人。

④ 此事发生在穆斯台克菲哈里发执政(公元944—946年)时期。

作所为、没看到这个人的追求、这个人的心里在想什么吗?'我没有正面回答他的问题,只是向他讲述了以前波斯国王的故事,讲了大臣对国王的迫害,讲了国王的耐心和对付大臣的办法,最终使问题得到解决,情况恢复正常,从而忘掉了过去的不快。讲完之后,我对拉迪说:'祈求真主让穆民的领袖享受麦蒙哈里发在中秋节那天享受的快乐吧!'听了我的话,拉迪很兴奋,满怀激情地对我说:'说得对!在这样的日子里不高兴是不应该的!'遂令人请来酒友、清客,在底格里斯河畔的王宫里尽情欢乐,我从未见过比这更快乐尽兴的一天。"[①]

这就是突厥人与哈里发、突厥人与哈里发职位及相关事物的简要回顾。

突厥人对穆斯林的社会生活也产生了巨大影响。突厥人掌权使大批突厥人加入了伊斯兰教,这些人分散在阿拉伯伊斯兰帝国各地。米斯凯韦在记述伊历 349 年/公元 960 年的重大事件时,有如下记载:当年约有两万个帐篷的人皈依了伊斯兰教。[②] 一个帐篷居住一户人家,就有两万个家庭皈依了伊斯兰教。如果以中等之家为五口人计算,那么皈依伊斯兰教的总人数就达十万人。毫无疑问,这个数字,再加上那些在此之前已加入伊斯兰教的人数,其影响是巨大的。

突厥人因受自然环境及游牧生活方式的影响,人人身强体壮。查希兹曾称突厥人为"波斯的游牧阿拉伯人"。游牧阿拉伯人就是

---

① 麦斯欧迪:《黄金草原》,第 2 卷,第 411 页。

② 米斯凯韦:《民族之殷鉴》,第 6 卷,第 181 页。

逐水草而居的游牧人，游牧生活使他们练就了强健的体魄，养成了粗犷的性格，这在他们与人们交往时表现得尤为明显。

穆阿台绥姆在位时，巴格达居民曾群起反对突厥人。但是，随着岁月的流逝，舒适、奢华的生活，以及金钱改变了突厥人，他们变得开化了，变得文明了，他们学会了享乐，同时也染上了恶习，也有人堕落。泰努黑[1]在《文海漫游》中讲述了这样一件事：禁卫军中的几个突厥军官欠了一位商人一笔巨款，迟迟不还。商人想向哈里发穆耳台迪德投诉而不得，因为他要去见哈里发，突厥军官就加以阻拦，并受到嘲笑。这时，有人告诉商人，星期二市场有位裁缝可以帮他追回欠款。果然，当裁缝命突厥军官把欠款还给商人时，军官竟照办了，对此，商人惊讶不已，再三向裁缝请教其中的奥秘。裁缝便讲了下面这个故事。裁缝说道：有一次，我在路上见一突厥人站在他的家门前，一漂亮妇人从其身边走过，只见那突厥人——他已有几分醉意——一把抓住妇人就往门内拖。妇人不从，大声呼救，但无人理睬。妇人便对突厥人说，我丈夫已发过誓，我如在外面过夜，他就休了我。你如把我留下，不仅会毁了我的家庭，给我带来耻辱，你也要因此而犯下大错。见此情景，我走到那突厥人面前，求他放过妇人，那人却用木棒打我的头，头被打破了，疼痛难忍，突厥人乘机把妇人推进屋里。我忙召集了一些人，来到突厥人门前，高喊放人。这时，从门内走出几个小厮，把我们痛打一顿。回到家里，我还在想那妇人之事。午夜时分，我自语道：那突厥人

① 泰努黑（公元939—994年）：文学家兼诗人，曾出任巴格达法官。主要著作有《文海漫游》、《苦尽甘来》等。——译者

整个晚上都在喝酒，早已分不清东西南北，辨不明时间早晚，如我去高喊祈祷时间已到，他定会以为该作晨礼了，就会放掉那位妇人，妇人便可在天亮前回到自己家中。这样，她就不会出丑，她的家庭也不会因此而破裂。想到这里，我便跑到清真寺，登上宣礼塔，召唤人们起来作晨礼。喊毕，我注意观察那突厥人门前的动静，不见那妇人出来。此时，街上挤满了高举火把的人群，相互询问是谁喊该作晨礼了。见此情景，我有些害怕，忙在宣礼塔上喊：是我说的。众人叫道：你下来，去见穆民的领袖，把事情说清楚！见了哈里发穆耳台迪德，我把事情的经过讲了一遍，哈里发听罢，便命人把那突厥人和妇人带来。当证实我所言属实之后，哈里发命人把妇人送还她的丈夫，并嘱其丈夫要善待她。接着，哈里发问那突厥人：你俸禄多少？答：××。问：担任何职？答：××。哈里发说：你的收入不算少了。突厥人点头称是。哈里发又问：你有几名女奴？答：××。哈里发说：这么多女奴，难道还不够你享用吗？！你还要触犯真主定下的大罪，还要破坏王朝的尊严！说罢，命人将那突厥人推出去斩首。杀了突厥人之后，哈里发对我说：今后如再发现此类事情，你还去当宣礼员，召唤人们作礼拜。这件事一下子传开了，从此以后，只要我要求突厥人公平办事，他们无不照办。①

我们看到很多突厥将领，一旦拥有权力，便显得十分贪婪，其表现之一是不时地向哈里发索要钱财。他们拥立谁当上哈里发，很快就会向谁要钱。如果给了钱，会安静数日，然后再要；如果不

① 该故事详见《文海漫游》，第1卷，第152页及其后。

给,他们就会把哈里发杀掉。有鉴于此,哈里发多把钱埋入地下,或藏在墙里,以免被突厥人抢去。让我们看看突厥人是怎样对待哈里发穆耳台兹的吧!“突厥将领对他说:给我们俸禄!穆耳台兹只好向他母亲要钱,遭到拒绝。这时,国库里早已空无一文,突厥人便把穆耳台兹废黜了。”

突厥人贪婪的另一个表现是爱财。读这一段历史,可以看到很多没收财产的记载。当然,阿拔斯王朝初期也有没收财产的事,但那时只是个别的,而现在则是司空见惯、习以为常的了。这种现象始于穆台瓦基勒时代,那时的突厥人还只是刚刚登上历史舞台。例如,宰相穆罕默德·本·阿卜杜·麦立克·齐亚特的家被查抄,财产被没收,家人连同男女奴隶都被抓走;欧麦尔·本·法尔吉·鲁赫吉遭逮捕,田产和钱财被查封;艾布·瓦齐尔的六万枚金币被没收;基督教徒伊卜拉欣·本·祝奈德遭鞭打,并被迫交出七万枚金币;叶海亚·本·艾克苏姆被免职,价值七万五千枚金币的财产被没收;御医伯赫帖舒的钱也被抢走,就连曾帮助穆台瓦基勒登上哈里发宝座的艾哈迈德·本·艾比·达乌德及其子女的财产——十万银币、两万金币及价值两万金币的珠宝也全部落入突厥人的腰包。从此,突厥人大量没收财产的时代开始了,突厥人统治的时代一直是这样,就连穆耳台兹哈里发的母亲都未能幸免,他们把她藏起来的财产全部抢走了。哈里发有时不得不没收别人的财产,以满足突厥将领的要求。

当时,地方上很多军队长官(埃米尔)都是突厥人。如,埃及自伊历 242 年/公元 856 年起,总督一职就由突厥人担任,那一年,突厥人叶齐亚·本·阿卜杜拉·本·迪纳尔被任命为埃及总督。突厥总督大多住在巴格达，只委派一位埃米尔长驻埃及代行职责，如突厥将领艾什那斯和伊塔赫就是被派往埃及代行总督职责的埃米尔。突厥人对埃及的统治一直持续到突伦王朝（公元868—905年）和伊赫希德王朝（公元935—969年），突厥总督手中握有行政、军事和财政大权。

突厥人给社会生活带来的另一种色彩是美与清洁，突厥女人长得美且爱清洁是出了名的，这也是哈里发宫中，以及达官显贵、富贾之家都有很多突厥女奴的原因。有些哈里发的母亲就是女奴出身的突厥人，如：穆阿台绥姆的母亲是突厥人；穆台瓦基勒的母亲是花拉子模人；穆克台菲的母亲也是突厥人；穆格台迪尔的母亲也是女奴，一说是突厥人，一说是罗马人。

各地的埃米尔家中也以拥有突厥女奴而为人称道。撒马尔罕是贩卖白奴的中心。伊本·布突拉尼[①]在他的书信中是这样描述突厥女奴的："突厥女人皮肤白皙，面庞白净而娇美，是美的化身。甜美动人的眼睛，略带忧伤的神情妩媚迷人；身材适中，亭亭玉立；长得美的，举世少有，生得丑的，也别有一番风韵。突厥女人极能生育，且多为男孩；她们的孩子既不粗野，也不难看；突厥女人总是那样整洁、优雅……几乎没有口臭……她们也有粗俗、不守信用的一面。"

除了广蓄女奴之外，蓄养突厥娈童也是当时社会的一种时尚。诗人用自己的艳诗来赞美娈童，与娈童调情；宫廷后院、王公大臣

① 伊本·布突拉尼：医生，哲学家，巴格达人。著有《医生的宣言》和《养生之道》等著作，《养生之道》于1531年被译成拉丁文。卒于1063年以后。——译者

及豪门富贾的家中都蓄养着众多的突厥娈童。据史书记载，在穆伊兹·道莱和阿杜德·道莱这两个布韦希人之间发生的一次战役中，前者的一个突厥娈童被后者掳去，这可急坏了穆伊兹·道莱，他竟不思饮食，一味哭泣，避不见人。后来他写信给阿杜德·道莱，求其将娈童放回。此事成为笑柄，受到人们的指责。不仅如此，穆伊兹·道莱又提出用两名能歌善舞的女奴赎回娈童的办法。当初购买女奴时，一个就用去十万银币。穆伊兹·道莱对前去谈判的使者说：如果对方还不肯放人，你就视情况尽量满足他们的要求，不要怕花钱，只要能要回那名娈童，我就心满意足了。我要带他去天涯海角！阿杜德·道莱将娈童还给了他。[①]

艾布·易司哈格·萨比传述说：穆伊兹·道莱有一个名叫台基兹·加米达尔的突厥娈童。台基兹长着一张罗马人的脸型，嘴上没有胡须，终日饮酒，嬉戏玩乐，深得穆伊兹·道莱的宠爱，竟被任命为将与哈姆丹人打仗的一支军队的队长。诗人穆海莱比见其文雅、俊俏，称他是情种，而非打仗的武士。

有诗云：

小羚羊，嫩脸庞，两只眼睛泪汪汪。
胸前微微才隆起，好似女儿小乳房。
腰间宽带坠利刃，谁人靠近举剑当。
如此之人去征战，将亡兵散快逃亡。

后来，这位娈童"将军"很快遭了厄运，战死沙场。

哈姆丹王朝的创立者赛弗·道莱有一位突厥娈童，名叫叶玛

① 《哈里发传》，第163页。

克。该娈童于伊历340年/公元951年死在阿勒颇。赛弗·道莱悲痛不已。

著名诗人穆太奈比还写了一首诗悼念他。句首为：

吾王切莫太悲戚，作诗一首共赏析。

诗中道：

叶氏虽死情意在，突厥荣光载诗集，

并非肤白皆富贵，亦非高贵必眼细。

还有：

若非慷慨善周旋，我族怎能看得起。

著名诗人艾布·泰玛姆从哈桑·本·瓦哈布那里得一突厥娈童，作诗道：

送我美男欢喜生，好似幼羚初长成，

手指纤细体态柔，面如桃花不出声，

目光惶惶送惊恐，英雄无不动心旌，

温柔羞涩招人爱，仿佛酒过面颊红。

的黎波里人穆海扎布丁十分宠爱一名叫台特尔的娈童。有一次，他派人给贵族首领谢里夫·穆尔台迪送去一批礼物，台特尔随同前往，谢里夫误以为台特尔也是送给他的礼物，就将台特尔留下了。这件事使穆海扎布丁痛不欲生、伤心不已，遂写下了著名的诗句。

其首句：

通宵熬过眼未闭，耗尽心思心力疲，

原本清澈友情水，搅浑皆因你离去。

其中有：

为此小羊倾全力，可知此爱伏危机。

好友千万莫责怪，只消一眼便称奇。

穆海扎布丁心属什叶派。他威胁谢里夫说，如果不把台特尔送还，他就要脱离什叶派，加入逊尼派：

正告谢里夫，不论你家门，

一再拒绝我，负我忠义心，

对天地发誓，决意将你弃，

不随哈德尔，改做逊尼人。

最后他以一句无奈的话结束了诗文：

煌煌阿拉伯，怎做突厥臣。

*　　　*　　　*

在思想方面——这是我们最感兴趣的——人们看到自从穆台瓦基勒哈里发将突厥人推上历史舞台后，阿拔斯王朝出现了一些与以前完全不同的现象，最主要有三点：

1. 消除了穆阿台及勒派的权势，提高了圣训学家的地位

伊历 234 年/公元 848 年穆台瓦基勒哈里发下令禁止再提"《古兰经》乃被造之作"，禁止对教义学进行辩论。"他偏袒、支持逊尼派人，为因反对'《古兰经》乃被造之作'而蒙受灾难的人平反。穆台瓦基勒还将圣训学家请到萨马腊，加以款待，并给予大批赏赐，让他们宣讲有关真主属性和天启的圣训。"①

穆台瓦基勒写信给各地，命令中止就《古兰经》所进行的论战，对穆阿台及勒派的领袖加以迫害。他写信命人剃去埃及穆阿台及

① 《哈里发传》，第 138 页。

勒派领导人穆罕默德·本·艾比·莱依斯的头发和胡须，施以鞭刑后，放在驴背上游街示众，然后，将他驱逐到伊拉克。[①] 伊拉克的穆阿台及勒派的领袖艾哈麦德·本·艾比·达瓦德和他的儿子穆罕默德，被穆台瓦基勒哈里发没收了财产。笔者认为，穆阿台及勒派人查希兹在这场灾难中之所以能幸免，主要是他的机智，是他随机应变的本领，再加上他写的那封为突厥人唱赞歌的信，以及他与法塔赫·本·哈高尼的交情。

与此同时，穆台瓦基勒极力抬高圣训家的地位，对艾哈麦德·本·罕百里尊崇备至。圣训学家艾布·伯克尔·本·艾比·沙伊白在鲁索法清真寺讲解圣训，听众多达三万人；艾布·伯克尔的兄弟奥斯曼在曼苏尔清真寺讲解圣训，听众也有大约三万人。[②]

人们对穆阿台及勒派的敌对情绪集中表现在艾布·哈桑·艾什尔里身上。艾什尔里生于穆台瓦基勒哈里发死后大约十二年（公元873年）。他接受的是穆阿台及勒派的教育，但后来他又反对穆阿台及勒派，并向该派宣战。他鼓吹建立一个为广大穆斯林群众都信奉的新的教义学派。艾什尔里代表了始于穆台瓦基勒时代的攻击穆阿台及勒派、支持圣训学家和逊尼派人的新思潮，他是那个时代潮流的代表，是时代的回声。艾什尔里脱离了穆阿台及勒派。他登上巴士拉清真寺的讲台，大声呼喊："认识我的人，都了解我；不认识我的人，让我来自我介绍一下。我是××人的儿子。我以前曾说过'《古兰经》是被造之物'，说过'真主是肉眼看不见

① 肯迪：《埃及总督和法官传记》，第465页。

② 《哈里发传》，第138页。

的'，也说过'坏事是我做的'之类的话。对此，我后悔不已。"[①]艾布·伯克尔·索伊莱菲说："穆阿台及勒派曾使该派的人趾高气扬，不可一世，直到真主让艾什尔里问世，才使他们有所收敛。"但是，说实在的，要是没有穆台瓦基勒时代对穆阿台及勒派人的迫害和惩处，没有群众因受圣训学家的影响而对这一运动的支持，艾什尔里本人是没有这么大的能量的。

实际上，这场迫害穆阿台及勒派、支持圣训学家的运动，直到今天对穆斯林的生活都有巨大的影响，它给穆斯林的生活染上了一层特殊的色彩。这一特色，虽然历经各个时代，却始终都被穆斯林保持着。

穆阿台及勒派的本质是主张哲学思辨，主张用理性去研究除信仰真主、使者、《古兰经》，以及慎用圣训之外的各种问题，使理性认识从诸多羁绊中解放出来——对此已有前述。穆阿台及勒派还主张人应对自己的行为负责，因为人的行为源于自己的意志。但是，很遗憾，穆阿台及勒派所主张的意志自由是一种令人生厌的自由，因为他们想要用武力和政权来推行这种自由。

圣训学家的本质是主张要遵循明文，缩小理性的使用范围，最大限度地尊重传述，注重研究圣训的字面含义及其传述世系。尽管我们承认这些主张有其可取之处，但它却导致了一种独特的思维模式的出现。这种思维模式重传述胜过重理性；只有仿效，没有创制；只满足于理解明文的字面含义，而不研究其内涵和用意；对哲学思考和理性分析嗤之以鼻，并把用这种方法进行研究的思想

① 伊本·赫里康：《人物传记》，第 1 卷，第 464 页。

家视为叛教者，或不信神的人……这就是自从穆阿台及勒派遭到扼杀之后，在众多的穆斯林中占主导地位的思维模式。在这种思维模式的影响下，书中的明文比理性批判更受到尊重，熟读经训明文和语言学著作的饱学之士比不死记硬背，但却很有思想见解的学者更为吃香；只知仿效前人、鹦鹉学舌的学者比富有创制精神的学者更受欢迎；圣训学家和教法学家比哲学家和富有批判精神的思想家更被看中。与其他蓬勃发展的学科相比，哲学研究的领域变得更窄了。

所有这一切，而且还有更严重的问题，都是因为宣布穆阿台及勒派为非法、禁止哲学思辨、重新树立圣训学家权威造成的。笔者以为，当时的突厥人对此负有很大责任。突厥人生性就不接受在教义学上发生的辩论，他们也没有那么多的宗教派别和教法学派，因此，各个时代的突厥人很少有人信奉逊尼派之外的教派，也很少有人信奉哈乃斐学派之外的教法。我们很难在突厥学者中看到教派上的对立，但在伊拉克却有哈瓦立及派、什叶派、麦尔吉阿派、穆阿台及勒派等众多派别。突厥人大都只信奉一个占统治地位的派别，并世代相传。不可否认，突厥人当中也不乏一些有学问、有见识、有思想的杰出人才——详见后述。

2. 严厉惩罚什叶派

伊历 236 年/公元 850 年，“穆台瓦基勒哈里发下令：捣毁侯赛因·本·阿里的陵墓，并将墓地周围的住房夷为平地；在陵墓原址撒下种子，浇水灌溉；禁止人们前去拜谒，同时还警告该地区的人：三天之后，谁还去墓地，就把谁关入地牢。命令一下，人们纷纷逃离，墓地一片凋零，杂草丛生。穆台瓦基勒哈里发非常痛恨阿里·

本·艾比·塔利卜及其家人，他一心想结交与阿里家族有过仇恨的人。欧巴代·穆罕奈斯——穆台瓦基勒的一名酒友——为讨得哈里发的欢心，在肚子上捆了一个枕头，外面罩上衣服，成大腹便便状。该人头上无发，不裹缠头不戴帽子。他以此装扮在穆台瓦基勒面前跳舞。歌手们在一旁唱道：大肚汉，秃头人，来到哈里发面前把阿里的故事唱……穆台瓦基勒在一旁边饮酒，边笑个不停。”[①]

据说，穆台瓦基勒对几位前任哈里发——麦蒙、穆阿台绥姆和瓦西格——喜欢阿里及其家人一事深表不满。他常找一些与阿里家族有过交恶的人陪他饮酒、聊天，其中有诗人阿里·本·捷赫姆、阿慕尔·本·法尔吉·鲁赫吉、艾布·赛姆特、伊本·艾特莱捷等人，这些人在穆台瓦基勒哈里发面前大讲阿拉维派人[②]的坏话，说他们如何可怕，劝哈里发疏远他们、避开他们、加害他们。此外，这些人还唆使一些人在哈里发面前中伤、诋毁阿拉维派的先人，因为阿拉维派的先人在人们的心目中有很高的宗教地位。谎言终是谎言，加在阿拉维派人头上的不实之词很快就不攻自破，无人相信了。此举，使穆台瓦基勒的声望大跌。[③]

传说，穆台瓦基勒哈里发曾与语法学家叶耳孤卜·本·易司哈格，即伊本·西基特有过交往。穆台瓦基勒向叶耳孤卜提了一个问题：穆耳台兹和穆艾伊德（穆台瓦基勒的两个儿子），以及哈桑

---

① 伊本·艾西尔：《全史》，第7卷，第19页。

② 阿拉维派：伊斯兰教什叶派的伊斯玛仪派分支派别之一。因该派崇拜和神化阿里，故称阿拉维派。该派又名努赛里耶派，为穆罕默德·本·努赛尔·纳米里·阿布德创立，故名。该派现有信徒一百余万，主要分布在叙利亚西北部，黎巴嫩山区和土耳其南部。——译者

③ 伊本·艾西尔：《全史》，第7卷，第20页。

和侯赛因(阿里的两个儿子),你更喜欢谁?对此,叶耳孤卜没有给予正面回答,只是指出了穆台瓦基勒的两个儿子的缺点,并且说,哈桑和侯赛因也是你们家族的人。穆台瓦基勒听罢大怒,命几名突厥人用脚踩踏叶耳孤卜的肚子,叶耳孤卜被抬回家后不久便气绝身亡。[①]

这类惩罚、迫害什叶派的事件,在倭马亚时代和阿拔斯王朝初期也发生过,这里要强调指出的是:突厥人的政权一出现,在麦蒙、穆阿台绥姆和瓦西格时代早已平息的对什叶派的迫害又再次抬头。这种现象一直伴随着突厥人掌权的时代。突厥人的历史充满着对什叶派和什叶派人的仇恨。突厥人(逊尼派)和波斯人(什叶派)之间的战争一直没有停止过。

穆台瓦基勒哈里发对什叶派的迫害是导致什叶派采用阴谋诡计和制造动乱的办法来反对巴格达的阿拔斯王朝,建立独立于伊拉克哈里发的什叶派政权的重要原因。

3. 迫害犹太人和基督教徒

"穆台瓦基勒哈里发颁发过一道命令,要求基督教徒和其他'吉米人'(被保护的人)[②]一律要穿褐色的长袍,并系配腰带;骑马时只能配木质马鞍;戴的礼帽应缝上两个纽扣,其颜色要与穆斯林所戴的帽子的颜色有区别;奴隶穿的衣服上应缝上两块布片,其颜色不能与衣服本身的颜色相同,一块布缝在胸前,另一块缝在背

① 伊本·艾西尔:《全史》,第7卷,第31页。

② "吉米人"一词为阿拉伯语的音译,意为"被保护的人"。"被保护的人"系指生活在阿拉伯伊斯兰帝国境内的犹太教徒、基督教徒、萨比教徒,即穆斯林以外的一切教徒。——译者

后，布片的尺寸为4乌斯巴[①]，凡戴缠头布者，其颜色应为褐色；妇女外出只能穿褐色外衣……命令还要求拆毁新建的教堂；征收'吉米人'十分之一的住房，住房如果宽敞，就改为清真寺，如不适合作清真寺，就建为广场；'吉米人'的门上要钉挂木质的魔鬼图像，以示与穆斯林住宅的区别；禁止'吉米人'在管理穆斯林事务的政府机构里任职；禁止他们的子女在穆斯林学校念书，穆斯林也不得教授他们的子女……命令还要求'吉米人'的陵墓不得高出地面，以确保不与穆斯林的墓地雷同。命令下发全国，命各地的官员遵照执行。"[②]穆台瓦基勒哈里发对他的这一举动解释说：他这样做是要表现伊斯兰教的高贵，贬低异教徒的地位，让真主把胜利和惩治的权力给予敬畏真主的人，让异教徒承受今生和来世的耻辱。

是的，穆台瓦基勒哈里发的这一做法是穆斯林与罗马人关系恶化，罗马人不时袭击各穆斯林王国的结果。但是，不管怎样，这只能说明穆台瓦基勒哈里发心胸狭窄、缺乏理智，他违背了伊斯兰教有关要善待"吉米人"、要把他们看作是"有经典的人"的教导。以欧麦尔·本·赫塔卜为首的穆斯林初期的诸哈里发，明智、宽厚地执行了善待"吉米人"的规定。穆台瓦基勒的这一做法还腐蚀了很多老百姓的心灵，使那些曾为国家效力的普通百姓加入了反对阿拔斯王朝的行列，如亚美尼亚的基督教徒发动了反对亚美尼亚和阿塞拜疆总督穆罕默德·本·优素福的起义，起义军杀死了总督。[③]

① 乌斯巴：埃及长度单位名称，一个乌斯巴为3.12厘米。——译者

② 塔巴里：《先知与帝王历史》，第11卷，第36页。

③ 伊本·阿贝里：《各国简史》，第247页。

在继穆台瓦基勒之后的诸哈里发中，有些哈里发想要消除，或部分消除上述这些现象。如孟台绥尔哈里发就是这样做的，他想恢复穆阿台及勒派的权势，想改善与阿里家族的关系，但他在位的时间太短，加之当时人们的心态使他无法将其愿望付诸实施。

突厥人是游牧民族或准游牧民族，他们没有古老的文明、文化。突厥人与波斯人有很大的区别。当波斯人被征服，很多波斯人皈依伊斯兰教，成为阿拉伯伊斯兰帝国的一部分时，他们既是给予者，又是受益者。穆斯林在文化方面，从波斯人身上获益匪浅，如：阿拉伯语吸收了很多波斯词汇，很多波斯典籍被翻译成阿拉伯文，波斯的统治制度被阿拉伯人借用，等等，这些已有前述。波斯人受益于阿拉伯人的是阿拉伯语和伊斯兰教。波斯人当中有很多既精通波斯文，又精通阿拉伯文，融波斯文化和阿拉伯文化为一身的文人，如伯尔麦克家族、法都勒·本·赛赫勒、哈桑·本·赛赫勒、伊本·穆加发等人对伊斯兰文化的形成和发展有着巨大的影响。突厥人的情况就不同了，当他们登上帝国舞台的时候，他们带来的是强健的体魄和勇敢的性格，是游牧民族的风俗、习惯，而不是文化与文明。突厥人在文化与文明方面是受事者，而不是施事者；是受益者，而不是给予者。突厥人刚来的时候不懂阿拉伯语，学习阿拉伯语进展缓慢，从第二代人起才开始有人掌握阿拉伯语，在此之前，突厥人通过译员才能与当地人交往。

文学家兼诗人苏里有这样的一段记载：拉迪和穆台基[①]哈里

① 拉迪：阿拔斯王朝第二十任哈里发，公元934—940年在位。穆台基：阿拔斯王朝第二十一任哈里发，公元940—944年在位。——译者

发时代的总埃米尔[1]拜吉克姆能听懂阿拉伯语，但讲不好。拜吉克姆说："我怕讲阿拉伯语，因我常讲错话。总埃米尔张口就错有碍颜面，故我干脆不开口。"[2]

突厥人学习阿拉伯语不如波斯人学得快，也没有波斯人学得好。波斯人到了第二代、第三代就已非常精通阿拉伯语了，他们在文学、诗歌、写作、学术等方面已有了很高的造诣。突厥人则不然，我们很难见到用阿拉伯文写作的突厥诗人或散文家，尤其是在他们皈依伊斯兰教后最初几代人中更是少见。早期皈依伊斯兰教的突厥人认为伊斯兰教是一种严格、严厉的宗教，不容争辩，不能讨论，也不许不同的宗教派别存在。波斯人则与此相反，波斯人皈依伊斯兰教时，曾发生过什叶派与非什叶派的争论，曾将伊斯兰教与摩尼教、琐罗亚斯德教以及该教中的玛兹达克派进行过比较，曾出现过时而不信神、时而进行哲学思辨的现象，也曾有过不同的教法学派。伊斯兰教历史学家在记述突厥人的这段历史时，就不像写波斯人时有那么多的篇幅可写。突厥人与波斯人对待宗教的这两种态度各有利弊，正如相信奇迹和信仰哲学各有短长一样。

有些突厥人开始学习阿拉伯语和宗教，艾哈迈德·本·突伦或许是这些优秀的突厥人中最好的代表，他是在很多像他那样的突厥人不重视学习的时候开始其学业的。麦格里基写道："艾哈迈

① 总埃米尔：意为众长官之长，这是阿拔斯王朝后期哈里发大权旁落后出现的一个职位名称。总埃米尔统率全国军队，掌握赋税和矿产，总揽全国政、教大权，处理全国事务。——译者

② 艾布·伯克尔·苏里：《阿拔斯人的传闻与诗歌——拉迪、穆台基卷》，第194页。

德·本·突伦与其他突厥少年不同，他胸怀大志，意志坚定；他有教养、懂礼貌；他能克制自己，不去干他的那个阶层的人常干的事。”[①]他在巴格达学习阿拉伯语、背诵《古兰经》、研究哈乃斐派教法。后来，他多次去图尔苏斯，向那里的大圣学家学习圣训，“充分显露了他的才华，很快就出了名，他与其他突厥人不同。”[②]

“艾哈迈德·本·突伦是一个出色的突厥人。他严厉谴责突厥人及其子女对哈里发所犯下的罪行。他蔑视他们，说他们没有理性。他说，宗教的神圣和尊严在他们那里早已荡然无存了。”[③]

艾哈迈德·本·突伦的学问如果被认为是突厥人的优秀文化，我们就可以得出这样的结论：突厥人当时的文化水准是很低的。

尽管如此，在突厥人掌权的时代，仍有少数突厥人在一些领域取得了杰出的成就。法塔赫·本·哈高尼就是一个很好的例子。伊本·奈迪姆是这样评述他的：“人极聪慧，很有修养。他是国王的后代，穆台瓦基勒哈里发视他为兄弟，对他比对自己的儿子还好。伊历 247 年/公元 861 年 10 月 4 日夜，法塔赫·本·哈高尼与穆台瓦基勒哈里发一起被害。”法塔赫·本·哈高尼有自己的藏书库，图书数量之多，品种之精，实为罕见。阿拉伯的能言善辩之士和库法、巴士拉的学者都是他的座上客。穆邦莱德[④]曾引用过

① 麦格里基：《埃及志》，第 1 卷，第 313 页。

② 同上。

③ 伊本·台赫里·比尔迪：《群星灿烂——埃及和开罗编年史》，第 3 卷，第 4 页。

④ 穆邦莱德（约公元 826—898 年）：阿拉伯古代著名的语言和语法学家，其代表作《辞章集成》是研究阿拉伯文化的重要文献。——译者

他写的诗句。法塔赫·本·哈高尼曾迷恋上一个名叫沙希克的娈童，为他写了不少诗。在文学书籍中经常有人引用他写的这类艳诗，风趣文雅的句子和巧妙对仗的答对足以说明他在文学中的地位。[①] 本书前面提到查希兹曾给他写过信。

突厥人中出现了一位伊斯兰大哲学家——历代伊斯兰哲学家的老师艾比·奈斯尔·法拉比。法拉比是法拉卜人。法拉卜是一座涌现出大批学者的突厥城市，法拉比的问世犹如一枚重重的砝码出现在学术天平上，加重了原本很轻的突厥人的分量。如果真主愿意，法拉比的哲学及其价值本书将作专题介绍。法拉比于伊历 339 年/公元 950 年卒于大马士革。

伊斯兰教历四世纪时，突厥人中又出现了一位杰出的人物伊斯玛仪·本·哈马德·焦海里。焦海里是《词语精华》一书的作者，是语言和文学的泰斗，同时他那精美的书法也被奉为楷模。《词语精华》一书是阿拉伯最重要、最古老的辞书之一。

焦海里先后师承伊拉克几位最知名的学者，如艾布·阿里·法拉比、艾布·赛义德·西拉菲等人，后又赴汉志向当地人学习语言。他周游了赖比阿、穆朵尔等部落，对很多学者传述中的疑虑、问题进行了考证、调查。他举例说：我在内几德地区泰米姆部落见到一个游牧阿拉伯人，那人正在汲水，汲水用的辘轳上的滑轮有些松动，故加了一个楔子，起加固作用。我用手指按在那个楔子上，问那个游牧人：这是什么？我这么问，是想证实一下“楔子”这个词的第二个字母“哈乌”的读音，即“哈乌”这个字母上面是否有一个

① 雅古特：《文学家辞典》，第 6 章，第 116 页及其后。

圆点（·）。游牧人说：是带圆点的“哈乌”。我又问，在一句诗中，这个词可不带圆点（·）啊？答：我没从父辈处听过这句诗。

焦海里在完成实地考察研究，并与游牧阿拉伯人当面核对之后，编纂了他的那部语言学著作《词语精华》。该书确实是一部研究语言的基础辞书。

焦海里不仅在词汇的考证、校订上付出了巨大的努力，而且对辞典的编纂也作出了重要贡献。他在《词语精华》一书中所创造的编纂方法后来被很多人效仿。《辞海》和《阿拉伯大辞书》的作者就采用了他收录词汇的方法。《词语精华》一书采用韵脚排列法[①]，全书共二十八章，每章二十八节，每章中的词按最后一个字母进行排列；每节中的词则按第一个字母查找。《词语精华》问世之前的辞书编排体例十分混乱，不便查找，如《阿因书》和《词语总汇》就有这类问题。焦海里约卒于伊历 400 年/公元 1009 年。[②]

总之，如果说阿拉伯伊斯兰帝国中的大多数突厥人以当兵打仗、粗俗、没有文化见长的话，在某些领域也出现了几位杰出的学者，他们掌握了当时的文化，并以其智慧作出了自己的贡献。

波　斯　人

波斯人自从看到突厥人取代了他们在阿拔斯王朝中的地位，

① 按韵脚排列是阿拉伯语词典编纂方法之一，是阿拉伯语特有的一种排列方法。该方法按词的根字母的尾字母在字母表中的顺序排列。这种方法的产生与阿拉伯人酷爱诗歌，及对诗的格律、韵脚特别重视有关。——译者

② 雅古特：《文学家辞典》，第 2 卷，第 266 页。

独揽大权并把他们赶出巴格达之后，并没有就此罢休。阿拔斯王朝初期，波斯人是王朝的支柱。王朝的事务由波斯人处理。哈里发在最重要的问题上都是依靠波斯人。波斯人维护了哈里发的尊严和权威，波斯人因而也扩大了自己的权力。哈里发一旦感到波斯人过于专横跋扈，感到自己的地位受到威胁，就会给波斯人以严厉的惩处。拉希德哈里发对伯尔麦克家族，麦蒙哈里发对伊本·赛赫勒的做法就是很好的例证。但是，波斯人很快就恢复了他们的势力和影响。突厥人来了以后，把波斯人赶下台，将哈里发控制在自己手里。对此，波斯人一直耿耿于怀。波斯人强烈的民族主义情绪使他们开始耍阴谋、玩诡计，招兵买马，武装自己，以达到拥地割据——首先是控制波斯本土、脱离巴格达哈里发的统治，独立建国的目的。一旦时机成熟，就占领伊拉克，控制哈里发，消灭突厥人的势力，恢复波斯人以前的权势。

这种民族主义情绪，一直在捉弄着波斯人和突厥人，双方都想战胜、甚至消灭对方。巴格达在很多时候就是波斯人和突厥人争斗的舞台。苏里讲述的发生于伊历323年/公元934年的事件，也许最能说明问题："波斯籍的麦尔达威吉（雷伊和塔巴里斯坦的埃米尔，齐亚里王朝的缔造者）把他的军队分成两部分：一部分由吉伦人和德伊莱姆人[①]组成，这部分人是麦尔达威吉的亲信和乡亲。靠着这些人，麦尔达威吉征服了雷伊及其周围地区；另一部分是突厥人和呼罗珊人。后来，麦尔达威吉又招募了一批突厥人加强其

① 吉伦人：吉拉尼地区的居民，塔巴里斯坦以外地区的很多地方都叫这个名字。德伊莱姆：里海西南、伊朗高原北部山区的名称，该地区的居民被称为德伊莱姆人，又称"山居人"。

军力，此举被德伊莱姆人发现，他们指责麦尔达威吉不该招募突厥人。麦尔达威吉解释说：招募突厥人是为了保护你们，打仗时，让突厥人在前面，听你们的指挥。你们是我的嫡系，我依靠你们，也属于你们。此事传到突厥士兵耳中，遂一致决意杀死麦尔达威吉。他们买通了伺候麦氏的娈童，将麦氏杀死在浴室之中。起事的突厥士兵把与其勾结的娈童赶出宫门，骑上麦氏的战马逃走，后觉不妥，决定推举出一名首领，结果选中拜吉克姆。拜吉克姆遂率众士兵从麦氏家中掠走大批金银财宝。麦尔达威吉过去目空一切、自命不凡，给自己佩戴上一顶镶有名贵宝石的王冠，坐在四周铺满金子、镶有宝石的银制宝座上。他说："我要重建波斯王朝，推翻阿拉伯人的江山。"①

波斯人在很大程度上成功地割据并控制了阿拔斯王朝的部分版图。如，波斯人早就在呼罗珊建立了塔希尔王朝（伊历205—259年/公元821—873年），在法里斯建立了萨法尔王朝（伊历254—290年/公元868—902年），在法里斯及河外地区建立了萨曼王朝（伊历261—389年/公元874—998年），在朱尔加尼建立了齐亚里王朝（伊历316—434年/公元928—1042年）。后来，布韦希人占领法里斯后又控制了伊拉克，建立了布韦希王朝（伊历320—447年/公元932—1055年）。从此，布韦希人取代突厥人，将哈里发控制在自己手里。哈里发的处境与突厥人掌权时一样，

① 艾布·伯克尔·苏里：《阿拔斯人的传闻与诗歌——拉迪、穆台基卷》，第62页。

徒有其名，没有任何实际权力。

布韦希波斯人对待哈里发的态度和做法，与其先人波斯人对待阿拔斯王朝前期诸哈里发相比，已大相径庭。以前的波斯人对哈里发忠心耿耿，唯命是从；而布韦希人却仿效突厥人，蔑视哈里发，迫害哈里发，使原本已很虚弱的哈里发地位更加摇摇欲坠。

布韦希人艾哈迈德于伊历 334 年/公元 945 年率军进入巴格达，时值穆斯台克菲哈里发[①]在位。艾哈迈德进驻巴格达后，立即掌管了哈里发大权，穆斯台克菲封他为“总埃米尔”，“授予他项饰、镯子和素丹的权杖，为他授旗，并以光荣的称号分别授予他兄弟三人：艾哈迈德的称号为‘穆伊兹·道莱’(意为国家巨臂)，阿里为‘伊玛德·道莱’(意为国家支柱)，哈桑为‘鲁克努·道莱’(意为国家栋梁)穆斯台克菲哈里发还下令将他们兄弟三人的封号刻铸在第纳尔(金币)和迪尔汗(银币)上。”

穆伊兹·道莱在巴格达一站稳脚跟，就对哈里发穆斯台克菲采取限制措施：每天只给五千迪尔汗的费用。穆伊兹·道莱对穆斯台克菲心存疑惧，故欲除之。一日，穆伊兹·道莱进宫见哈里发，穆斯台克菲忙起身迎接，众大臣按品级列队侍立。此时，两名德伊莱姆人走向哈里发，哈里发以为他俩要吻他的手，便将手伸出，那俩人抓住哈里发的手将他从宝座上拽下来，抓住缠头，将其摔倒在地上。另外一些德伊莱姆人冲进后宫，大肆抢劫，连女眷的房间也被洗劫一空。穆伊兹·道莱回到家里，穆斯台克菲被带至

① 穆斯台克菲：阿拔斯王朝第二十二任哈里发，公元 944—946 年在位。——译者

他的面前，穆伊兹·道莱对他说，你已被废黜。穆斯台克菲被剜去双眼。

布希韦人另立穆帖耳[①]为哈里发，穆伊兹·道莱每天只给他一百第纳尔的费用。外出打仗时，穆伊兹·道莱将哈里发穆帖耳像俘虏一样带在身边。穆伊兹·道莱的妹妹去世时，穆帖耳还前去吊唁。

穆伊兹·道莱死后，其职位由他的儿子巴赫蒂亚尔取代。巴赫蒂亚尔对待哈里发犹如父亲对待儿子一般严厉，更有甚者，他还将哈里发的财产据为己有。穆帖耳说：我除了在聚礼日发表演说外，已一无所有，如你们高兴，我愿辞去哈里发的职务。从此，巴赫蒂亚尔更加紧对哈里发的迫害，甚至变卖哈里发的衣物，掠走四十万迪尔汗，迫使穆帖耳将自己废黜，立其子塔伊耳为哈里发。

面对布韦希人势力的增长，突厥人不断集蓄力量，团结在苏布克特金[②]周围，德伊莱姆人和波斯人则聚集在穆伊兹·道莱的大旗之下。布韦希人阿杜德·道莱率军进驻巴格达，协助穆伊兹·道莱打击苏布克特金，阿杜德·道莱最终获胜，控制了巴格达。塔伊耳哈里发赐给阿杜德·道莱素丹大袍，给他戴上宝石王冠、项饰、手镯，佩上宝剑，并授予他两面大旗：一面是绘有诸埃米尔画像的镶银锦旗；另一面是绘有众埃米尔之子画像的镶金锦旗。这是一面以前从未授予过别人的锦旗。此外，塔伊耳还将自己的承诺写在诏书中，当着阿杜德·道莱的面加以宣读。

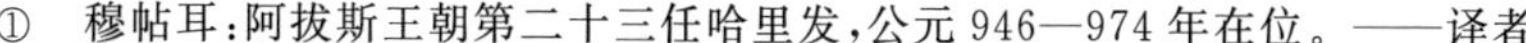

① 穆帖耳：阿拔斯王朝第二十三任哈里发，公元946—974年在位。——译者

② 苏布克特金：原为萨曼王朝的将领，伽兹尼王国的创始人阿尔卜特金的女婿及继承人，伽兹尼王国的真正奠基人。卒于公元998年。——译者

塔伊耳哈里发于伊历368年/公元978年颁布命令：穆斯林作晨礼、昏礼和宵礼时，击打设在阿杜德·道莱门前的大鼓，在聚礼日，伊玛目宣教时，要为阿杜德·道莱祈祷，并增加封号。[①] 一日，塔伊耳哈里发召集众臣进宫。阿杜德·道莱觐见，先吻过地面，再吻塔伊耳的脚。塔伊耳宣布：一切国家大事均由阿杜德·道莱办理，并对阿杜德·道莱说："我决定将真主托付给我的管理各地老百姓事务的重任交给你。"阿杜德·道莱说："愿真主助我遵从我们的主人——穆民的领袖，并为之效劳。"伊历370年/公元980年，阿杜德·道莱离开哈姆扎尼[②]返回巴格达时，哈里发塔伊耳出城迎接，这是没有先例的礼遇。

但是，好景不长，塔伊耳与阿杜德·道莱之间发生了分歧。阿杜德·道莱便下令中止在巴格达等地的聚礼日上为哈里发祈祷。两个月后，分歧解决了，才恢复了在聚礼日上对塔伊耳的祈祷。

更有甚者，阿杜德·道莱想让他的后人登上哈里发的宝座。为此，他把女儿嫁给了塔伊耳。塔伊耳及其国家显要出席了结婚庆典。语法学家艾布·阿里·法里斯代表阿杜德·道莱出席仪式。发表结婚赞词的法官是艾布·阿里·穆赫辛·台努黑。结婚聘礼为十万第纳尔。阿杜德·道莱此举的目的是想让塔伊耳与其女生一子，立为王储。那时，哈里发的职位便会落在布韦希人的家族之中，王权就会掌握在德伊莱姆人的手里。[③]

在做了这一切之后，布韦希人对塔伊耳仍不满意。拜哈依·

① 《哈里发传》，第163页。

② 哈姆扎尼：位于伊朗德黑兰西南的一座城市。——译者

③ 米斯凯韦：《民族之殷鉴》，第6卷，第414页。

道莱(阿杜德·道莱之子)因需要一笔钱,便策划了废黜塔伊耳、掠其钱财的阴谋:他派人去见哈里发塔伊耳,要求准其进宫有要事禀奏。哈里发准其所请,按照惯例,端坐宫中等候。拜哈依·道莱带领很多人一同进宫。进宫后,拜哈依·道莱吻过地面,坐在一旁。这时,进来一些德伊莱姆人,像是要吻哈里发的手,但他们突然抓住塔伊耳哈里发,将其从宝座上摔在地面。塔伊耳大声呼救,却无人理睬。德伊莱姆人将宫内的财物洗劫一空,然后,命塔伊耳退位。塔伊耳在向布韦希人交出一切权力之后,宣布逊位。

谢里夫·拉迪[①]目睹了逮捕、废黜塔伊耳哈里发的场面,他怕波斯人会重演突厥人杀害穆台瓦基勒哈里发的惨剧,急忙往外逃,他是从宫中逃出的第一个人。没来得及逃走的法官和王公显贵们的衣物被抢,受尽凌辱,狼狈不堪。

谢里夫·拉迪为此作诗,首句为:

无情怎比多情苦,大错铸就两心伤。

诗中说:

宫廷老小遭横祸,心如刀绞恨满腔。
曾是两情相悦处,急急逃离躲祸殃。
满天群星不忍睹,热泪鲜血汇一汤。
场景惨烈惊发抖,身后悲剧难思量。
方才国王身边坐,谈笑风生诉家常。
万般荣幸加欣喜,高大平易好君王。

---

① 谢里夫·拉迪(公元970—1016年):阿拔斯王朝时代著名的巴格达诗人。——译者

美酒甘甜笑未尽，苦酒难咽泪汪汪。

如此宫门谁敢敲，贤士从此走他方。

嘎迪尔·比拉[①]继塔伊耳之后出任哈里发。布韦希人对哈里发的控制依然如故。扎海比[②]写道："在嘎迪尔出任哈里发那年[③]，举行了一次盛大的集会。会上，嘎迪尔和拜哈伊·道莱分别向对方发誓一定要忠于对方。"

根据上述史料，我们认为布韦希波斯人对待哈里发的做法，与以前的突厥人相比并无二致，有时甚至有过之而无不及。但是，突厥人应承担更大的责任，因为开创侵犯哈里发尊严之先河的是突厥人。要重新恢复哈里发的尊严不是一件容易的事。

布韦希人时代的什叶派与逊尼派之间的斗争使局势更加恶化，因为哈里发是逊尼派人，而布韦希人是什叶派人，故产生了许多矛盾和斗争。例如：伊历 351 年/公元 962 年，穆帖耳哈里发在位时，巴格达的什叶派在很多清真寺的大门上写下了诅咒穆阿威叶、诅咒剥夺法蒂玛人权力的人、诅咒不让把哈桑与其祖父埋在一起的人、诅咒放逐艾布·扎尔[④]的人的大字标语，逊尼派人当夜就把这些标语涂掉了。穆伊兹·道莱想把标语再写一遍，宰相海莱比劝他在被涂掉的地方写上下述词句："真主诅咒迫害穆圣家族的人！"这样，什叶派人只公开诅咒穆阿威叶。

① 嘎迪尔·比拉：阿拔斯王朝第二十五任哈里发，公元 991—1031 年在位。——译者

② 扎海比（公元 1274—1348 年）：大马士革人，历史学家、圣训学家。主要著作有《伊斯兰诸国》、《伊斯兰史》等。——译者

③ 伊历 381 年/公元 991 年。——译者

④ 艾布·扎尔：直传弟子，曾被哈里发奥斯曼·本·阿凡流放外地。——译者

伊历 352 年/公元 963 年，穆伊兹·道莱强迫人们在阿舒拉日[①]要商店关门、厨师停炊；在集市上架起圆顶，并给圆顶披上粗毛毡；让妇女披头散发，在街上捶胸顿足、抽打自己；为侯赛因举行诵经仪式，以示悼念，寄托哀思。这是巴格达首次为侯赛因哭丧，以后又持续多年。同年 12 月 18 日（伊历），巴格达还庆祝了盖迪尔·胡木节[②]，是日，鼓乐喧天，热闹非凡。

伊历 398 年/公元 1007 年，巴格达的什叶派人与逊尼派人发生冲突，引起骚乱。嘎迪尔哈里发曾派其宫门骑士驰援逊尼派人。

当时的一些波斯诗人怀有强烈的民族主义情绪。著名诗人米赫亚尔·德伊莱米的诗充满了波斯情结，他的诗大都是对波斯人的元旦、波斯人的秋分节，对布韦希人入主巴格达，对波斯民族主义的歌颂与祝愿。

笔者在本书《近午时期》的第三册中就波斯人对阿拔斯王朝社会所造成的影响已作过阐述。本册所要记述的是：突厥人与波斯人之间，以及布韦斯人之间所发生的战争对伊拉克及其周围地区所造成的巨大破坏。自阿杜德·道莱进驻巴格达之后，战事才逐

① 阿舒拉日："阿舒拉"一词原出自于希伯来文，意为第十。阿舒拉日专指伊斯兰教历的 1 月 10 日。据伊斯兰教传说，真主于该日创造天堂、地狱和人类。该日又是亚当等十大先知遇难得救的日子。公元 622 年，先知穆罕默德由麦加迁往麦地那后，曾定该日为斋戒日。公元 623 年起，伊历的每年 9 月被定为斋月后，该日又改为自愿斋戒日。

阿舒拉日又是伊斯兰教什叶派的重要纪念日。公元 680 年 10 月 10 日，先知穆罕默德的外孙、阿里的次子侯赛因被倭马亚人杀害，时值伊历 61 年的 1 月 10 日，该日遂成为什叶派纪念侯赛因的哀悼日，又称为"阿舒拉节"，纪念活动十分隆重。——译者

② 盖迪尔·胡木节：伊斯兰教什叶派的主要节日之一，是该派为了纪念先知穆罕默德生前曾宣布"阿里是其合法继承人"的日子。——译者

渐平息。局势的稳定及阿杜德·道莱对建设的热衷，使他能对破碎的山河做些修复工作。

米斯凯韦写道："巴格达河渠众多……有些河水专供人们饮用和浇灌果园。供水设施年久失修，多有淤塞，原有水渠已不见踪迹。穷人只好饮用苦涩的井水，或长途跋涉，到底格里斯河取水。为解决饮水困难，阿杜德·道莱下令开挖沟渠、疏通水道，保证供水畅通。原主干渠上的数座拱桥，因疏于维护，多已坍塌；或许是苦于没有办法，或许是老百姓只能凑合着过日子，过桥的妇幼病残，还有牲畜，不时有落水者。现拱桥全部修建一新，十分坚固。巴格达桥也有同样的问题，以前的桥不牢固，且狭窄，拥挤不堪，只有敢于冒险者才敢通过。重建后的大桥由坚固的大船连接而成，犹如宽敞的马路，两边建有护栏，并设专人守卫。"①

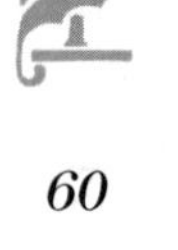

为了使"吉米人"（被保护人）有一种安全感，阿杜德·道莱批准宰相奈斯尔·本·哈伦修建教堂和修道院，并准许向"吉米人"中的穷人发放钱物。

除此以外，阿杜德·道莱于伊历 371 年/公元 981 年，在巴格达修建了一座医院，后被称为阿杜德医院。医院置备了一切必要的设备和药品，配有二十四名医生，其中包括外科医生、眼科医生和骨科医生。医院还同时授课，伊卜拉欣·本·拜克斯就曾在该医院学习。在医院建成后约两百年，旅行家伊本·久拜尔参观了该医院，他写道："医院建在底格里斯河河畔。医生每星期一、四看视病人，处理医务。医生手下有人专管制药、做饭。这是一座拥有

① 米斯凯韦：《民族之殷鉴》，第 6 卷，第 406 页。

众多大小房间的宫殿，配有各种居住设施，用水从底格里斯河引入。总而言之，这是一座大医院，一所医科学校。”

布韦希王朝时期的思想和文学活动有了很大发展，取得了很大的成就，达到了一个新的高峰。具体内容本书将在适当的时候加以评述。

阿拉伯人

除了突厥人和波斯人的势力之外，还有阿拉伯人的势力。阿拉伯人的势力在沙姆地区和阿拉伯半岛最为明显。因为从阿拉伯半岛迁移到沙姆和伊拉克的阿拉伯人，一直是哈里发要考虑的一股政治力量。是的，阿拉伯人在倭马亚王朝时代曾主宰一切，到了阿拔斯王朝时代，阿拉伯人的势力削弱了，但在任何情况下，阿拉伯人都是一支不可忽视的力量。当巴格达的中央权力削弱时，这些徘徊在沙姆地区沙漠和幼发拉底河河谷的阿拉伯部落开始建立固定的殖民地，占据城市和城堡，建立独立的小王朝。如：台格里卜部落在摩苏尔和阿勒颇建立了哈姆丹王朝（伊历 317—394 年/公元 929—1003 年）；基拉卜部落在阿勒颇建立了米尔达西王朝（伊历 414—472 年/公元 1023—1079 年）；欧盖勒人在拜克尔和捷齐莱地区建立了欧盖勒王朝（伊历 386—489 年/公元 996—1095 年）；艾赛德人在希莱建立了麦兹耶德王朝（伊历 403—545 年/公元 1012—1150 年）。

阿拉伯人虽然占领了城市和城堡，但并没有丢掉其游牧民族的生活习性，他们仍以过游牧生活为荣，他们看不起城里人。这里

有一个有趣的传说：摩苏尔（当时归属欧盖勒王朝管辖）的执政者格尔达什说过这样的话："我杀过五六个游牧人，我欠着他们的赔偿金。我杀的如果是城里人，真主就不会理睬他们，不会让他们向我索要赔偿金了。"

在由阿拉伯人建立的阿拉伯诸王朝中，哈姆丹王朝是阿拉伯民族宗派主义表现得最充分、与突厥和波斯民族宗派主义发生冲突最激烈、最重要的阿拉伯王朝。哈姆丹王朝在摩苏尔和阿勒颇地区具有强大的势力。它企图征服巴格达，赶走突厥人和波斯人，使哈里发摆脱他们的影响。为此，发生了一系列的长期战争。

哈里发穆台基（公元940—944年在位）曾向纳绥尔·道莱·本·哈姆丹寻求保护，并授予他总埃米尔的称号；赐给他和他兄弟赛弗·道莱·本·哈姆丹锦袍。纳绥尔·道莱进入巴格达时受到热烈欢迎。但是，以图祖为首的突厥人击败了纳绥尔·道莱。哈里发遂又封图祖为总埃米尔。以纳绥尔·道莱为首的阿拉伯人和图祖率领的突厥人之间的敌对与厮杀持续了很多年。

布韦希波斯人进驻巴格达后，哈姆丹人与布韦希人之间的分歧与战争并没有中止。纳绥尔·道莱·本·哈姆丹看到穆伊兹·道莱占领巴格达，并剥夺了哈里发的一切权力后，装备了一支专门与布韦希人作战的军队，该军队还得到几支小股突厥军的协助。战争打了多年，哈姆丹人曾逼近巴格达，一度占领了巴格达东侧，但最终败北，纳绥尔·道莱退回他的大本营。阿杜德·道莱掌权时，哈姆丹人也与布韦希人交过手，但也失败了。

哈姆丹人过的是一种比较开化的游牧生活：喜欢打仗厮杀；首领对百姓实行专制统治；慷慨豪侠，英勇刚毅，勇于助人；对波斯人和突厥人表现出强烈的阿拉伯民族宗派主义，对同为阿拉伯人的基拉卜部落和欧盖勒部落，表现出鲜明的部落宗派主义，对罗马人则有一种大伊斯兰主义的倾向。艾兹德在描述赛弗·道莱时写道："他自以为是，孤芳自赏；他爱虚荣，喜奢华；他慷慨大方，挥金如土；他能耐心地与对手周旋；作战时，他是一员福将——常胜将军；对待百姓他则是暴君；对他的死，有人哭泣，有人兴奋。"

哈姆丹人的阿拉伯民族宗派主义，表现在他们与突厥人和波斯人在伊拉克所进行的长期战争中，也表现在他们的诗人，如穆太奈比等人写的诗句里。穆太奈比为他本人及哈姆丹人所具有的阿拉伯属性感到骄傲和自豪，为阿拉伯人遭受异族统治而哀伤。

他问：谁更好，是阿拉伯人还是库尔德人？答曰：

若要弄清谁更好，道德品行第一桩，
谁是壮士闯敌阵，谁是英雄驰疆场，
此事毋庸多争辩，部落中人强中强。

对于非阿拉伯人统治阿拉伯人，他倍感遗憾，说：

换了一代又一代，尽是外族来当王，
无名无姓无家世，无德无才无教养，
占上别家好土地，驱使奴隶像牧羊。

哈姆丹人的部落宗派主义，在赛弗·道莱对基拉卜部落、欧盖勒部落、古赛尔部落、阿吉拉尼部落的迫害，以及对哈比比部落的袭击中得到证明。赛弗·道莱对这些阿拉伯部落的迫害袭击，迫使这些部落的一万两千名阿拉伯骑士带着他们的家小投奔了罗马人，并全都改奉了基督教。

哈姆丹人的大伊斯兰主义则表现在对罗马人所进行的战争

上，表现在守卫国土、阻止罗马人向阿拉伯伊斯兰帝国发动的入侵上。赛弗·道莱同罗马人交战达四十余次，如果没有他，罗马人早就乘阿拔斯人不备而占领沙姆地区了。据传说，赛弗·道莱用其在征战中落在他身上的尘土制成了一块手掌大小的砖，他留下遗言：死后，他将枕着那块砖入土安葬。

*　　　　　*　　　　　*

在突厥、波斯和阿拉伯三大民族主义相互倾轧之下，阿拉伯伊斯兰帝国分裂了，并爆发了战争，出现了动乱。波斯人、突厥人和阿拉伯人之间的战争几乎没有一年中断过，有时，他们之间也会联合起来，反对另一方。如哈姆丹人的军队里有时会出现突厥人，而突厥人有时又会与布韦希人站在一起。国家因战争而受到破坏，罗马人则乘穆斯林各埃米尔之间发生冲突之机，向阿拉伯伊斯兰帝国的边塞发动进攻，进行破坏。

当时的民族宗派主义的表现形式与阿拔斯王朝前期已有明显的不同。以前只有波斯民族宗派主义和阿拉伯民族宗派主义，而且大都表现得很隐蔽。当时的哈里发握有实权，能阻止专横暴虐的发生。哈里发一旦发现波斯人过于专横，就会加以惩处，使之不会走得太远。当哈里发的职权被削弱，穆台瓦基勒哈里发被突厥人杀害之后，哈里发就无法阻止异族专权之事的发生了。这时，民族宗派主义抬头了，而且公开进行活动，其表现形式就是战争。

这三种民族宗派主义的相互作用，以及武力的使用，加之哈里发对局势失去控制，使阿拉伯伊斯兰帝国分裂成了若干个势力范围。如果我们看一下伊斯兰历三世纪下半叶和四世纪时的帝国版图，就会发现：安德鲁斯[①]在倭马亚人的统治之下。倭马亚人是阿拉伯人；马格里布诸国，有的由易德里斯人（阿拉伯人）统治，有的由柏柏尔人统治，有的由法蒂玛人（阿拉伯人）统治；统治埃及和沙姆地区的先是突伦人和伊赫什德人，他们都是突厥人，后来是法蒂玛人（阿拉伯人）；统治摩苏尔和阿勒颇的哈姆丹人是阿拉伯人；以阿拔斯王朝哈里发的名义控制伊拉克的是突厥人，而与突厥人争夺伊拉克的哈姆丹人是阿拉伯人；后来，布韦希人控制了伊拉克，他们是波斯人。法里斯（波斯）[②]分裂成若干个小王朝：统治库尔德斯坦杜莱菲王朝的是阿拉伯人；统治法里斯索法里王朝的是波斯人，统治法里斯及河外地区的萨曼王朝的是波斯人，统治米尔加尼齐亚里王朝的也是波斯人；统治库尔德斯坦哈斯奈威王朝的是库尔德人；统治法里斯南部布韦希王朝的是波斯人；统治阿富汗斯坦和印度的伽兹尼王朝的则是突厥人。

上述这些民族都给其所统治的地区打上了本民族特有的印记和自己的特征。

突厥人的特点

崇尚武功，喜欢骑术；大量征集本族青年入伍，以巩固所在地区的统治；分歧众多，难以一致；每支部队都崇拜自己的将领，犹如游牧人对其所在的部落的崇拜一样；看不起被其统治的人民；宗教

① 安德鲁斯：一译安达卢西亚，系指今西班牙。根据阿拉伯文（al-Andalus）的音译应为安德鲁斯。——译者

② 法里斯是波斯的一个行政省区，有时也指整个波斯。——译者

信仰属逊尼派；不喜欢哲学和思辨；对宗教学者，尤其是经学家和圣训学家感兴趣。突厥人喜欢钱财，但只知一味地从百姓身上搜刮，不知开发财源，如兴修水利、健全税收、改良土壤、组织商贸、利用资源等等，只是把眼睛盯住有钱的人，动辄没收查抄，动辄惩罚迫害；一有钱就大肆挥霍，钱用光了，再去抢掠。翻开突厥人的历史，就会发现他们在伊拉克时总是不断向哈里发索要钱财，如果不给，就将哈里发废黜；如果如数奉送，则会安静片刻；恣情享乐用尽之后，再去索要。他们就是这样不停地向哈里发，以及宰相大臣、达官显贵、富商巨贾敲诈勒索，从不考虑广开财路，增加收入。因此，国库很快就被抢掠一空。本来，哈里发拥有数以百万计的家财，但经不住突厥人再三索要，为保全性命，哈里发不得不倾其所有，拱手相送。有关这个时期的史料中多有将财宝埋入地下，或藏于墙内，以及富人装穷的记载。

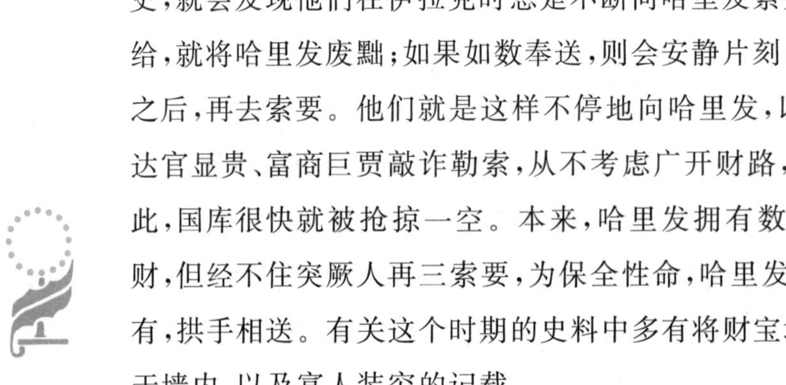

波斯人的特点

爱慕虚荣，喜欢表现。古老的文化传统铸成其与生俱来的长处与不足。波斯人有治国安邦之才，有生财致富之道。他们有文化、有知识，有很高的文学品味，有很高的学术修养。他们鼓励包括哲学在内的各种学问，而不是像突厥人那样只支持宗教学。他们有古老的宗教——摩尼教、琐罗亚斯德教及玛兹达克教派，有众多的伊斯兰教派——宰德派、十二伊玛目派、七伊玛目派等等。他们继承了每个开化民族，以及追求奢华、沉湎享乐而衰败的民族所具有的一切。倭马亚王朝对他们的迫害和蔑视，使他们养就了一种以温和、宽容的方式向阿拉伯人进行报复和复仇的癖好。波斯人善于利用什叶派的“塔基亚原则”[①]进行自我保护，因此，波斯人多诡谲、狡猾，做事机密、隐蔽；为消灭对手，时而耍阴谋，挑起战乱，时而以动听的学术作掩护进行宣传鼓动。

阿拉伯人的特点

喜欢游牧生活，实行部落统治；自视血统高贵，看不起其他人种；炫耀武功与口才，心性急躁易冲动；一旦感到首领软弱无能，迅即反叛抗命。阿拉伯人能很快适应环境、接受文明，一旦接受文明，便沉溺于吃喝玩乐之中，喜过奢华生活，食不厌精、衣不厌轻、饮不厌浓，极尽讲究之能事。在法蒂玛人从马格里布来到埃及，以及阿拉伯人到达安德鲁斯（西班牙），阿拉伯人征服波斯及罗马属地之后就是这般情景。阿拉伯人原本勇敢、率直、朴素，一旦迷恋于享乐，便染上了种种文明的弊病，他们不再坦率，不再朴素，不再真诚。阿拉伯人喜爱的是文学和诗歌，而不是哲学与科学，但他们靠麦瓦里在哲学和科学领域里取得的成就给自己装点门面。

在很多情况下，一个国家或地区经受过两个或三个民族的统治，如伊拉克，先后被阿拉伯人、波斯人和突厥人统治过；埃及则受

① “塔基亚原则”：“塔基亚”为阿拉伯语，含有“谨防”、“掩饰”、“隐蔽”等意的一词的音译。“塔基亚原则”系指穆斯林在遇到危险或难以摆脱的困境时，可以隐瞒自己的宗教信仰，掩饰自己的特殊宗教礼仪和习俗，可在表面上承认流行的宗教和习俗，以免遭受迫害，而作无谓的牺牲。——译者

到阿拉伯人和突厥人的统治。每个统治他人的民族，都会以自己的模式浇灌那里的土地，留下自己的痕迹。每个国家都有自己独特的气质，这一气质是由本民族的民族性格与统治过该国的其他民族的特性融合而成的。

除了突厥人、波斯人和阿拉伯人之外，还有另外两种人对这个时代的社会生活产生过影响，尽管这一影响是次要的。这两种人是罗马人和黑人。

罗　马　人

阿拉伯人原本把拜占庭帝国称作“罗马国”，称地中海为“罗马海”。后来，又把那些与阿拉伯伊斯兰帝国毗邻的基督教国家冠以“罗马”的称谓。因此，对小亚细亚的大多数基督教国家的居民也称为罗马人。阿拉伯伊斯兰帝国与拜占庭帝国之间的边界被称为边塞地带，从马耳他一直到幼发拉底河上游，到塔尔苏斯的边界。双方都加强边塞建设，构筑堡垒。边塞分为两部分：捷齐莱地区边塞和沙姆地区边塞，前者包括马拉提亚、济拜突拉、曼苏尔城堡、哈代斯、马腊什、哈伦尼亚、克尼塞和艾因·宰尔拜；后者包括穆西塞、艾宰奈和塔尔苏斯。

自从在欧麦尔·本·赫塔卜哈里发时代征服了沙姆地区和埃及以来，穆斯林与罗马人之间的战争一直没有停止过。笔者现在所要展示的是公元 9 世纪中叶至 11 世纪末，发生在罗马人与穆斯林之间的战争。频繁的战事，尤其是边塞冲突，犹如潮汐涨落，持续不断。早在穆阿台绥姆执政(公元 833—842 年)时，便爆发了著名的阿姆里耶战役。此后，战事连绵，关于这些战争的历史及其政治背景，笔者并不感兴趣，笔者所关心的是这些战争所产生的社会影响和思想影响。

这些战争使大批罗马人成为俘虏，其中有很多人沦为奴隶。如在阿姆里耶战役之后，"人们带着俘虏和战利品从四面八方涌来。哈里发穆阿台绥姆下令，只把俘虏中的贵族留下，其余的杀掉；还下令在若干地点拍卖战利品……为了节省时间，拍卖时，每件物品最多只能叫卖三次；叫卖奴隶时，五个或十个一批，成批叫卖，以求快速。"[①]伊历 353 年/公元 964 年，罗马人与穆斯林在西西里岛爆发战争，"穆斯林攻陷莱姆托城，杀死了所有成年男子，掳走妇女和儿童，将贵重物品抢掠一空。"[②]伊历 343 年/公元 954 年，赛弗·道莱进攻罗马，"一路杀掠，缴获战利品无数。罗马人战败，很多人被杀，其中包括一些重要人物，如代麦斯台格的女婿及其外孙，以及许多大主教都成了俘虏。"[③]战争几乎持续不断地进行，双方不断有人被俘获。这些战役造成了如下结果：

——给我们留下了一部铿锵有力的阿拉伯战争文学，如：艾布·泰玛姆[④]在描写阿姆里耶之战的诗中就写出了这样的诗句："宝剑比书本上的记述更加真实动听。"穆太奈比[⑤]写了很多描述

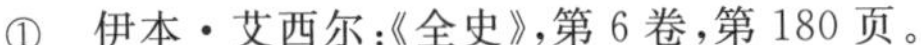

① 伊本·艾西尔：《全史》，第 6 卷，第 180 页。

② 同上书，第 8 卷，第 200 页。

③ 同上书，第 183 页。

④ 艾布·泰玛姆（公元 788—846 年）：阿拔斯王朝著名诗人。——译者

⑤ 穆太奈比（公元 915—965 年）：阿拔斯王朝著名诗人，原名艾布·塔利卜·艾哈迈德·侯赛因，别号艾布·泰伊卜，"穆太奈比"是他的自称，意为先知先觉者。——译者

赛弗·道莱与罗马人打仗的诗。此外，诗人艾布·菲拉斯[①]的代表作品《罗马诗集》，是他在被罗马人俘虏后，因饱受流落异乡的痛苦、思念亲朋好友、厌倦俘虏生涯和疾病的折磨而创作的。

——罗马人，包括男人、妇女、娈童作为奴隶大量充斥哈里发的后宫、富室豪门，以及普通人的家庭，以至有好几位哈里发的母亲都是罗马人，如：穆台瓦基勒的儿子孟台绥尔哈里发的母亲就是罗马人；穆耳台兹哈里发的母亲盖比哈也是罗马人，在历史上她以富有和对穆耳台兹思想的控制而著名；穆耳台米德哈里发的母亲是一位名叫菲特娅的罗马人；穆格台迪尔的母亲据说也是罗马人，她在其子执政时，曾参与朝政，甚至让其女管家审理诉状；拉迪哈里发的母亲祖鲁姆也是罗马人，等等。

哈里发穆格台迪尔拥有众多的罗马、苏丹的侍从和奴隶，据说总数高达一万一千人，而他执政之初只有一千一百人。麦格里基[②]撰写的《埃及志》有这样的记载："艾哈麦德·本·突伦出任埃及总督时，从罗马和苏丹购得很多奴隶……因奴隶及家具过多，府中无法容纳……遂建新宫及广场，他又让他的朋友、娈童及下属自己去圈地……然后，将圈好的地分成若干采邑，努比人分得一块以努比人命名的采邑；罗马人也有一块以罗马人命名的采邑。"[③]"每

① 艾布·菲拉斯(公元 932—968 年)：阿拔斯王朝诗人，曾被罗马人俘虏，著有《罗马诗集》。——译者

② 麦格里基(公元 1364—1442 年)：埃及马姆鲁克王朝著名历史学家，有"埃及史学家之王"之称。著名著作为《埃及志》，该书是一部论述埃及历史、地理、人物、宗教，文化、物产的重要著作。——译者

③ 麦格里基：《埃及志》，第 1 卷，第 315 页。

块采邑住有很多人，相当于开罗的各个街区。”[1]

初建开罗城时，曾建有两个罗马人街区。“伊历 399 年/公元 1008 年，哈里发哈基姆·比拉[2]下令将罗马人街区拆毁，致使该区受到破坏和抢劫。”[3]

同样，在巴格达的舍玛西耶也有一处罗马街区，并有一座聂斯脱利派的教堂，还有一座罗马修道院。

罗马女奴遍布宫中，她们有自己的特点，伊本·布突拉尼写道：“罗马女人是白种人，皮肤洁白红润，头发长直柔软，眼睛碧蓝；她们顺从、听话，又非常能干；她们忠诚可靠，践守诺言，诚实有信，保守含蓄；她们办事认真，不讲情面，适合掌管库房；她们双手灵巧，能够制作各种精美物品。”

有些诗人迷恋罗马娈童，布赫图里[4]有一名叫奈西姆的娈童，“他把娈童当作骗人的工具：他不时将奈西姆卖给豪侠之人，或者肯为文学一掷千金的人，奈西姆一旦成为这些人的财产之后，奈西姆便不断地赞美、思念他的原主人——布赫图里，直到再把他送还给布赫图里为止。布赫图里一再搞这种把戏，直到奈西姆死去才告结束。”

罗马人培育出许多文学家和学者，这些人的艺术和学问有一种在阿拉伯人和波斯人中不常见的特色和气质，其中最著名的学

① 麦格里基：《埃及志》，第 1 卷，第 313 页。

② 哈基姆·比拉：法蒂玛王朝第六任哈里发，伊历 386—411 年/公元 996—1021 年在位。——译者

③ 麦格里基：《埃及志》，第 2 卷，第 8 页。

④ 布赫图里（公元 820—897 年）：阿拔斯王朝著名诗人。著有诗集《金链集》，编有《激情诗集》。——译者

者有诗人伊本・鲁米[①]、语法学家伊本・金尼[②]。

伊本・鲁米，正如他的名字所表明的他是一个有罗马人血统的人，他的全名是阿里・本・阿拔斯・本・朱莱吉。伊本・鲁米的诗具有其他阿拉伯诗人少有的特点，很有些罗马人的风格；他的诗多为长篇，很少有人能与之相比，读他的诗，底气要足。他言必有意，用词考究，多一个字不用，少一个字不成。他的诗长于推理，有较强的逻辑性，像是在作几何论证。如他有这样的诗句：

为什么尘世向世人宣告，
婴儿出世时的啼哭是世上的灾难之一？
没有灾难，便没有哭泣，
来到人间远比在腹中舒适安逸。
睁眼一看放声叫，
预示今生受煎熬。

又如他为一患眼疾的友人写道：

人们说：他的眼睛红了——隐隐作痛。
我说：这是连年厮杀的结果，
那红色是杀人流的血，
那血是枪箭刺中人体的诉说。

伊本・鲁米写的讽刺诗像一幅艺术画，令你赞叹，引你发笑。如他是这样描述啬吝人的：

---

① 伊本・鲁米(公元836—896年)：阿拔斯王朝诗人，父亲为罗马人，母亲为波斯人。诗人生活道路坎坷，其诗数量多，且多长篇，以讽刺诗和写景咏物诗见长。——译者

② 伊本・金尼(公元942—1002年)：巴士拉著名的语法学家。——译者

耳撒啬吝得出奇，

如果可能，他会用一个鼻孔呼吸。

他描写一胖子道：

露出脸盘像块肉，只见凸起不见瞳，

好像慷慨一债主，债务再多可宽容。

描写小人：

小人向来做坏事，想做好事不成样，

就像猴子模仿人，学来学去学不像。

伊本·金尼也是罗马人，其父金尼曾是苏莱曼·本·法赫德·艾兹迪的奴隶。金尼这个名字也许就是拉丁文“Jonah”的阿拉伯译音。伊本·金尼对语法和词法见解独到，他精通词法，擅长分析与类比。巴赫里齐[①]在《宫廷玩偶》一书中写道：“没有一个大文学家能像他那样答疑解难，尤其是解答语法分析上的疑难。”穆太奈比对他的评价是：“这是一个很多人都不知其能力的人。”

他自己在其著作《语法精要》中道：

身世堪高贵，才学数第一，

通览古与今，天下学者嫉，

寻找古人漏，忘却夜来袭，

此学谁开启，谁把前人继，

迷茫中求索，努力解开谜，

难题似火焰，快来将其熄。

---

① 巴赫里齐（公元1075年卒）：阿拔斯王朝时代文学家，长年在巴格达及巴士拉政府机构任职。其代表作《宫廷玩偶》一书为赛阿里比《稀世珍宝》一书的续篇。——译者

……

冥思有乐趣，思考是游戏，

知识如大海，海水似金玉，

……

源头在哪里，条条支流细，

纵深跃溪水，确是汪洋意，

长夜虽漆黑，北斗耀千里。

此诗谈到他的罗马人出身，道：

笑他无家世，我本望族依，

显赫千年史，是我西西里，

凯撒一声喝，天下万物息。

伊本·鲁米和伊本·金尼等人是在阿拉伯环境中出生、长大，并接受阿拉伯教育的阿拉伯人，但是，他们又继承了罗马人的思维方式。从这种意义上说，他们又是罗马人。他们集先天的罗马人思维，与后天的阿拉伯人思维的特点于一身，结出了具有特殊味道的甘美果实。

黑　人

对当时社会产生重大影响的种族中还有黑人，即那些多从非洲东海岸掠购来的黑人。黑人奴隶在巴士拉附近举行的起义显示了黑人的力量。这场黑人革命持续了十四年又四个月（伊历 255—270 年/公元 868—883 年），严重威胁到阿拔斯王朝的生存。这次革命是一场种族之间的战争，是黑人与白人之间的战争。发动这场革命的是一个自称为阿里·本·艾比·塔利卜后代的人，全名叫阿里·本·穆罕默德·本·艾哈迈德·本·阿里·本·尔撒·本·宰德·本·阿里·本·侯赛因·本·阿里·本·艾比·塔利卜。大多数历史学家认为他是阿卜杜·盖斯地区的阿拉伯人，是一个私生子。阿里·本·穆罕默德来到巴士拉后，结识了那些在田里冲洗盐碱地的黑人。当地的地主用这些来自苏丹的黑人开挖沟渠，排除盐碱，使盐碱地变为可耕地，劳动异常艰苦。阿里·本·穆罕默德这个后来被称为黑人领袖的人，在调查了黑人奴隶的悲惨状况，了解了他们的生活和心理之后，煽动他们起来造反。阿里从宗教入手，声称他与真主有某种联系。这一做法果然灵验，阿里周围一下子聚集了很多人。他对这些人讲述他们的不幸，讲述他们主人的暴虐，对他们靠面糊和椰枣充饥表示怜悯和同情，号召他们起来反抗暴君。"阿里许下诺言：率领他们、领导他们，让他们拥有财富。还向他们发誓：决不背叛、决不抛弃他们，要给他们带来利益和好处。"起初，这是一场反对地主的运动，地主一旦落在他们手里，便遭受痛打；后来，这场运动发展成为反对阿拔斯王朝的革命。

阿里·本·穆罕默德认为哈里发和总督是暴君，认为他们亵渎了真主的尊严，号召实行哈瓦立及派的主张。麦斯欧迪在《黄金草原》一书中写道："他（阿里）实行的是哈瓦立及派中的艾扎里格派[①]的主张，其滥杀无辜，滥杀妇女、儿童、老人的行径便是佐证。

① 艾扎里格派：伊斯兰教哈瓦立及派的支派之一，一译"阿扎里加派"或"爱萨里格派"。该支派是哈瓦立及派中人数最多、政治主张最极端的派别。该派首领为纳菲尔·本·艾兹赖格（公元 685 年卒）。因艾兹赖格一词的复数译音为艾扎格里，故名。该派于公元 7 世纪末，被伊拉克总督哈加吉的军队消灭。——译者

阿里·本·穆罕默德在一次演讲的开头说：真主至大，真主至大！万物非主，唯有真主；真主至大，裁决审判，全靠真主。一切罪过都因多神崇拜所至。"[①]大批黑奴参加了起义，黑人作战英勇，打仗机动灵活。阿拔斯王朝政府军中的苏丹军团也加入到黑人兄弟的行列，起义军力量大增。起义军接连大败政府军，先后攻占伊泽、阿巴丹、阿瓦士、巴士拉、瓦西特、努马尼耶、拉姆霍尔木兹等地，缴获大批战利品。白人，甚至是最优秀的白人都成为黑人的奴隶。麦斯欧迪写道："根据黑人首领的命令，拍卖奴隶时，要喊出被卖人家族的名字，如××女人是哈桑、或侯赛因、或阿拔斯的后人；×××是哈希姆家族、或古莱氏部落、或其他阿拉伯家族的妇女或男人。一个白人女奴仅售二至三个迪尔汗。每个黑人拥有十个、二十个，甚至三十个女奴，这些女奴除供黑人交合之外，还要伺候黑人妇女。正统哈里发阿里之子哈桑的后人中，有一位女子落在一个黑人手里为奴，该女子向黑人首领阿里求救，请求将她送给别的黑人，或将其释放，恢复自由身份。阿里指着那黑人对这女子说：'他是你的主人，是你最好的主人。'"[②]

最后，穆瓦法格（哈里发穆耳台米德的哥哥）和他的儿子艾布·阿拔斯（后成为哈里发，别号穆耳台迪德）战胜了黑人起义军，黑人首领阿里被杀。黑人起义给帝国造成了严重破坏，杀死了很多人，仅一次战役就屠杀了三十万巴士拉人。"对在十四年间被黑人杀害的人数，人们有种种估算，多的说被害者无以数计，其具体

① 麦斯欧迪：《黄金草原》，第 2 卷，第 344 页。
② 同上书，第 350 页。

数字只有真主知道……少说也有五十万人被杀害。两者都只是估算、推测；因为没有精确的统计数字。”[①]

摆出上述史实是为了说明黑人的力量及危害，除了破坏与屠杀之外，黑人对社会还是有贡献的。当时所说的黑人包括埃塞俄比亚人。古代，黑人就与阿拉伯人有交往，如：穆圣的宣礼员比拉勒是埃塞俄比亚人；被伊拉克总督哈贾吉杀害的再传弟子的首领赛义德·本·久拜尔是苏丹人；倭马亚时代著名的黑人诗人哈依古塔曾写诗攻击哲利尔[②]，捍卫黑人的荣誉：

黑人，
假如你在战场上遇到他们；
那你便遇到了英雄，遇到了死亡。

黑人引以为荣的是：口齿伶俐，能言善语；体魄健壮，慷慨大方；心地善良，无害人之心；笑口常开，容易轻信。[③] 但黑人往往被认为没头脑，不聪明，少学问。对此，黑人的回答是：你们没见过真正的黑人。你们看到的是来自非洲海岸的俘虏，这些沿海人既不好看，也不聪明。如果你们看到高尚的黑人，就会知道什么是漂亮、智慧和完美。黑人说：看看被你们俘虏的信德人和印度人吧，哪一个不是既有头脑又有学问。信德人和印度人早就以其科学、算术、星相、医学、绘画及工艺制作闻名于世。[④]

---

① 麦斯欧迪：《黄金草原》，第 2 卷，第 350 页。

② 哲利尔（公元 653—733 年）：倭马亚王朝著名诗人，以对驳诗和讽刺诗著称。——译者

③ 查希兹：《书信集》。

④ 查希兹：《书信集》中的第二封信，第 76、77 页。

正如前面看到的，军队的士兵中就有黑人，其中很多人在宫中效力。在这些人当中出现了卡夫尔·伊赫什德这样杰出的人物。就是这个卡夫尔，一个来自苏丹、被伊赫什德用十八个第纳尔买下的黑奴，掌握了埃及和沙姆地区的大权，就连在麦加和汉志的聚礼日都要为他祈祷。

作为他的御用诗人的穆太奈比曾赞颂他道：

白人不堪用，时势造英雄。

而当离开他时，又咒骂他道：

吾奉此厮当君王，白人、渔民比他强，

耳后盖着奴隶印，价廉不足银二两，

白人尚难施仁政，黑奴当权怎指望。

自古以来，白人就拥有黑人女奴。诗人法莱兹达格就娶了一个麦加的黑人女奴，为此，诗人抛弃了好几个女人。阿拔斯王朝时代的女奴众多，无论是在宫廷豪门，还是在中等或贫困之家，到处都有女奴。白人女奴多在富豪之家，黑人女奴数量较多，价格低廉。

伊本·布突拉尼对黑人的特点有如下的描述：

“黑人妇女缺陷多，肤色越黑者相貌越丑陋；她们的牙齿坚硬如铁，没有什么用处，但亦无害。她们脾气坏，爱逃跑；她们没有忧愁，没有悲伤；跳舞是其天性，节奏是其本能……有人说，如果黑人从天上掉到地上，掉下来的就是节奏。黑人男子多唾液，故门齿最干净洁白，唾液多，乃消化不良所致；一旦吃饱喝足，无论怎样折磨他，他都无动于衷。黑人妇女吃苦耐劳，因狐臭及皮肤粗糙而令人毫无兴趣。而埃塞俄比亚女人，则身体纤细，皮肤光滑，但不擅长歌舞，且易患肺病；体质过敏，难以适应新的生活环境，爱行善德，待人宽厚，顺从听话，足以信赖……因消化不良多短命。”

*　　　　*　　　　*

正如阿拉伯伊斯兰帝国被不同民族割据成为许多独立王朝一样，伊斯兰教的各个教派，以及其他宗教也有各自的势力范围。对此，请看下面的介绍：

哈里发是逊尼派人，突厥人大都是逊尼派人；

波斯人大部分是什叶派人；

阿拉伯人有逊尼派人，也有什叶派人；

法蒂玛人是什叶派人，哈姆丹人大都也是什叶派人。

在现存的文物中，有一枚纳绥尔·道莱时代的迪尔汗银币，银币的一面铸有下列字样：

万物非主 唯有真主

穆帖耳·里拉

纳绥尔·道莱

另一面铸有：

穆罕默德

真主的使者

阿里是真主的友人

历史学家传述说，赛弗·道莱在阿勒颇发现了穆赫辛·本·侯赛因的坟墓，并加以修建，还在石碑上刻了如下的字样：

愿这吉祥的殉难地永存

愿真主喜欢并亲近我们的主人

穆赫辛·本·侯赛因·本·阿里·本·艾比·塔利卜

——最伟大的埃米尔赛弗·道莱·艾布·

哈桑·阿里·本·阿卜杜拉·本·哈姆丹

历史学家们还说，赛弗·道莱把他的女儿西特·娜斯嫁给了艾布·台格里卜·哈姆丹尼，为此专门铸造了银币，银币的一面上刻着：

穆罕默德——真主的使者

穆民的领袖阿里·本·艾比·塔利卜　宰赫拉·法蒂玛

哈桑和侯赛因　伽百利

在另一面上刻着：

穆民的领袖穆帖耳·里拉

尊贵的埃米尔纳绥尔·道莱和尊贵的埃米尔赛弗·道莱

埃米尔艾布·台格里卜和埃米尔艾布·麦卡里姆

这些都说明哈姆丹王朝是一个什叶派王朝。

阿拉伯伊斯兰帝国是各种民族宗派主义和各种宗教宗派主义斗争的大舞台。布韦希王朝时代的伊拉克就是最好的例证。当时的伊拉克到处都是突厥人和德伊莱姆人。前者属逊尼派，后者是什叶派的波斯人，双方之间的战争、动乱，以及抄家、没收财产之事从未中断过。为此，很多宰相大臣、书记官和学者都成为牺牲品。米斯凯韦在讲述发生在伊历360年/公元970年的大事记中说："布韦希人巴赫蒂亚尔主张在突厥人首领和德伊莱姆人首领之间联姻，以消除双方之间的敌对和抗争。首先是麦尔扎巴尼·本·耳兹·道莱（布韦希人）和巴赫台金（突厥人）两家喜结良缘，后来双方有很多家庭都结成了亲戚。于是，德伊莱姆人和突厥人实现了和解，双方都向对方发誓要永远修好……表面上的敌对行动不见了，但内在的矛盾和仇恨却没有消失。”[①]

伊本·艾西尔是这样描述发生在伊历443年/公元1051年的事件的：“这一年，逊尼派和什叶派之间的冲突接连不断，其激烈程度和规模都远远超过以往。冲突的起因是巴格达卡尔赫地区的居民在修建的城堡上用金字写了‘穆罕默德和阿里乃人之楷模’几个字。逊尼派反对这种提法，认为在‘人之楷模’之后应加上‘赞成者感谢之，反对者异教也’的字样。卡尔赫的居民对此表示反对。哈里发嘎义姆[②]派人调查此事。卡尔赫人又写出了‘相信卡尔赫人’的标语。见此情景，罕百里派便煽动百姓闹事；哈里发也加紧了对什叶派的镇压，迫使卡尔赫人抹去了‘人之楷模’四个字。逊尼派对此的反应是：要把写有穆罕默德和阿里字样的砖挖掉，并且不许在宣礼时说：‘来做善事吧！’的召祷词。什叶派拒绝了逊尼派的要求。这时，刚好有一哈希姆家族的逊尼派男子被人杀死。死者家人抬着尸床在哈尔比·巴士拉门等逊尼派聚居区游行，号召人们为死者复仇。死者被葬在艾哈迈德·本·罕百里的墓地。从墓地返回时，送葬的人直奔什叶派殉教者的陵墓，将陵墓内的金、银灯具和壁龛洗劫一空。次日，这些人又聚集起来，纵火焚烧了许多伊玛目，以及邻近的布韦希人的坟墓。作为报复，卡尔赫的什叶派人跑到哈乃斐派教法学家下榻的客栈去抢劫，并杀死了哈乃斐派的宣教师艾布·赛阿德·赛尔赫西，放火烧毁了客栈和教法学家的

① 米斯凯韦：《民族之殷鉴》，第6卷，第282页。

② 嘎义姆：阿拔斯王朝第二十六任哈里发，伊历422—467年/公元1031—1075年在位。——译者

住宅。动乱一直蔓延到巴格达东区。”[①]

对发生在伊历444年/公元1052年的事件，伊本·艾西尔是这样记载的：“这一年，卡尔赫的什叶派人与逊尼派人之间的冲突更加激烈，始于去年年底的那场暴乱有愈演愈烈的趋势。当局为控制局势，派突厥军人介入，两派一旦发生冲突，军队便迅速赶赴出事地点，对暴民进行镇压。卡尔赫的一位阿拉维派人被军人抓住杀死，死者的妻女披头散发，走上街头，捶胸顿足，高声呼救。卡尔赫的什叶派人紧随其后，与突厥军人和闻讯赶来的逊尼派人发生一场恶斗，突厥人焚烧了卡尔赫市场，许多店铺被夷为平地。”

当时，库法以什叶派、巴士拉以逊尼派闻名于世。查希兹说：“库法属阿拉维派，巴士拉属奥斯曼派。”查希兹死后，巴士拉也有很多什叶派人，至伊斯兰历五世纪时，巴士拉的阿拉维派人的殉难处已不下十三个。至于沙姆地区，一直是逊尼派的天下。奈萨伊[②]（伊历303年/公元915年卒）说：“我来到大马士革时，很多人都不喜欢阿里（愿真主喜欢他），我便想用这本书让真主引导他们步入正道。”该书系指讲述阿里·本·艾比·塔利卜业绩的《特征》一书。当有人问他对穆阿威叶及其功绩的看法时，奈萨伊回答说：“穆阿威叶难道不愿与阿里直接较量，一决高低吗?!”大马士革人遂将奈萨伊拖出清真寺，送至赖姆莱[③]，奈萨伊最后死于该地。[④]

---

① 伊本·艾西尔：《全史》，第9卷，第215页。

② 奈萨伊（公元839—915年）：奈萨伊因出生于呼罗珊的余萨镇而得名。中世纪伊斯兰教逊尼派著名圣训学家，“六大圣训集”之一的《奈萨伊圣训集》的编辑者。另有《圣门弟子的美德》、《阿里的穆斯奈德》等著作传世。——译者

③ 赖姆莱：巴勒斯坦耶路撒冷东北部的一座城市。——译者

④ 伊本·赫里康：《人物传记》，第1卷，第29页。

阿拉伯伊斯兰帝国被分成什叶派和逊尼派两大派，甚至一个地区、一个王国也分成什叶派和逊尼派两派。如纳布卢斯城[①]在伊斯兰历四世纪下半叶，一半居民是逊尼派，另一半是什叶派。麦格迪西(伊历375年/公元985年卒)说："纳布卢斯的一半居民和大多数的阿曼人是什叶派。"

阿拉伯半岛的情况也是如此，"麦加、帖哈麦、萨那和古尔哈等地属逊尼派；萨那城郊及周围地区，以及阿曼的大部分地区属哈瓦立及派；汉志的其他地区和阿曼的雷伊，以及哈吉尔、萨达等地都属什叶派。"[②]

"阿瓦士的一半居民为什叶派。"[③]"古姆[④]人为极端什叶派，他们不集体作礼拜，清真寺闲置不用，直到鲁克努・道莱[⑤]下令重修清真寺，才强行恢复了集体礼拜。"[⑥]

雅古特[⑦]在《地理辞书》中讲了这样一件事：一个严厉的逊尼派人被委任为古姆长官。有人向他报告，古姆人因痛恨直传弟子，故无人选用诸如艾布・伯克尔或者欧麦尔一类的名字。这位逊尼派长官听罢，将古姆人的首领召来，说：快去给我找一个名字叫艾布・伯克尔或者欧麦尔的人来，否则，我要严厉惩罚你们。众首领请求给他们三天时间去找。他们踏遍了古姆的每个角落，最后总

① 纳布卢斯：位于巴勒斯坦约旦河西岸的一座城市。——译者
② 麦格迪西：《最佳的地区分类》，第96页。
③ 同上书，第415页。
④ 古姆：位于德黑兰南部的一座城市，什叶派的宗教、文化中心。——译者
⑤ 鲁克努・道莱：缔造布韦希王朝的三兄弟之一，公元976年卒。——译者
⑥ 麦格迪西：《最佳的地区分类》，第395页。
⑦ 雅古特(公元1179—1229年)：阿拉伯著名地理学家、文学史家。出生于小亚细亚的希腊人家庭。主要著作有《地理辞书》、《文学家辞典》。——译者

算找到了一个名叫艾布·伯克尔的人。该人是一个赤身露体、口眼歪斜,相貌极其丑陋的流浪汉,其父是从外地来古姆定居的,故给他的儿子起了艾布·伯克尔这个名字。众人带着这个流浪汉去见那位逊尼派长官,被长官痛骂了一顿。[①]

就这样,逊尼派和什叶派这两大教派控制着整个阿拉伯伊斯兰帝国,两派相互敌对,相互厮杀。什叶派不断策划阴谋,企图推翻逊尼派人的统治,建立什叶派政权。对此,后面将有详述。

除了教派之争外,还有另外一种斗争,即教法各派之间的斗争。以前,四大教法学家——艾布·哈尼法、马立克、沙斐仪和伊本·罕百里——在世时,教法分歧主要是看法和论证上的分歧,仅仅表现为某派认为自己一派正确,但可能也有错误;认为其他派别是错误的,但也有正确之处。各派之间除了针锋相对地进行辩论之外,很少见到各派教长之间有誓不两立的敌对情绪。到了四大教长的弟子时代,各派之间的矛盾有所激化,但很少会发展到打斗或厮杀的地步。但是,在此之后,各教法学派之间的宗派主义日益严重,最终导致教法学派之间的大厮杀。例如,伊斯兰历三世纪和四世纪时,罕百里派不时掀起大规模骚乱。伊本·艾西尔对发生在伊历323年/公元934年的骚乱有如下记载:"这一年,巴格达罕百里派人势力最大,锋芒毕露,不可一世。他们公开闯入官府和普通百姓家里,一旦发现有酒,立即把酒倒掉;见到歌女,除鞭打之外,还将乐器砸毁。罕百里派

① 参看雅古特:《地理辞书》,"古姆"条目。

人阻止人们进行商品交易。罕百里派还禁止男人与妇女和小孩一起行走，一经发现，便要追问与其同行者的关系；稍不如意，举手便打，然后扭送警长，证言此人犯有奸情。一时间，闹得巴格达乌烟瘴气，民不聊生。”

为了对付罕百里派人，警长骑马在市内巡视，高喊：罕百里派不得二人同行，不得集会！不得进行教法辩论！罕百里派的教长在晨礼和两次宵礼时，需高声称诵：“以至仁至慈的真主之名！”但是这一举措并未收到预期的效果。罕百里派人更加气焰嚣张，不断挑起事端。他们唆使住在清真寺里的盲人殴打路经清真寺的沙斐仪派人，几乎闹出人命。为此，哈里发拉迪签署了一项敕令，反对罕百里派人的行径，谴责他们将真主拟人化的言论。敕令说：“你们时而声称你们的面孔——丑陋、粗鄙的面孔与真主的面孔相似，声称你们的形态——卑贱的形态与真主相同。你们还说真主有手掌、手指、双脚和一双金鞋，长着卷曲的短发。你们不说‘登霄’与‘夜行’，而讲什么‘升上天空，返回尘世’。你们这些暴民和异教徒的胡言乱语，无损于至高无上的真主的伟大。你们还诽谤最优秀的阿拉伯人，诬蔑穆圣的后裔不信真主，误入歧途。你们号召穆斯林信奉那有明显异端的宗教和不被《古兰经》认可的可耻的教派。你们拒绝拜谒伊玛目的陵墓，指责前去拜谒的人为异端，但是，你们却去参拜一个没有功绩、没有世系、与穆圣也没有任何关系的普通人的坟墓。你们佯称他有先知的奇迹，有圣徒的尊严，你们让人们去参拜他。真主诅咒那用上述丑行装扮你们的魔鬼，这魔鬼太能迷惑人了！穆民的领袖以真主的名义公开起誓：如果你们不放弃你们那罪恶的教派，不走出歧途，将对你们严惩不贷，斩

尽杀绝；利剑将对准你们的脖颈，烈火将焚烧你们的家园和店铺。”[①]

这类事件史书上多有记载。

此外，哈乃斐派和沙斐仪派之间的分歧也十分严重，有时甚至会对某一地区造成破坏。雅古特在《地理辞书》的“伊斯法罕”这一词条中，在提到该地昔日的光荣之后写道：“因受沙斐仪派和哈乃斐派之间持续的派性冲突和骚乱的影响，此时以及在此之前不久的伊斯法罕已变得满目疮痍、伤痕累累。某一教派的人一出现，便哄抢另一教派的店铺，然后放火焚烧，大肆破坏。当局对此不闻不问，这无疑助长了坏人的气焰，致使政权更迭，局势不稳。郊区及农村也如城里一样，遭到巨大的破坏。”

雅古特在“雷伊”词条中说：“雷伊市的居民分为三派：沙斐仪派，人数最少；哈乃斐派，人数多些；什叶派占大多数，因为整个地区约有一半的居民是什叶派。城郊的居民都是什叶派，还有为数很少的哈乃斐派，沙斐仪派则一个也没有。在逊尼派与什叶派之间的教派冲突中，逊尼派中的哈乃斐和沙斐仪两大教法学派逐渐占了上风。经过长期的较量，什叶派被赶出了雷伊，雷伊成了逊尼派的天下。教派矛盾消失了，教法矛盾又冒了出来——哈乃斐派和沙斐仪派之间的教法上的宗派情绪演变成了流血冲突。沙斐仪派人数虽少，但因有真主护佑，最终取得了胜利。雷伊城郊居民的哈乃斐派，曾手执武器进城帮助哈乃斐派人，与沙斐仪派人厮杀，

① 伊本·艾西尔：《全史》，第8卷，第106页。

但没能扭转败局，最终也被沙斐仪派消灭了。”[①]

犹太人和基督教徒

当时的阿拉伯伊斯兰帝国，对持有其他宗教信仰的人，特别是具有天启经典的犹太人和基督教徒可能是最为宽容的国家。尽管有的时候，如穆台瓦基勒哈里发执政时，也发生过迫害犹太人和基督教徒的事件，此事已有前述，但穆斯林遭受的迫害要比其他教徒严重得多。

鉴于真主允许穆斯林迎娶有天启经典的妇女为妻，穆斯林与犹太人和基督教徒早已有了血缘上的融合。

我们看到，随着商业、军事和学术交往的增多，这个时代犹太人和基督教徒的活动较前有了很大的发展。在这些交往中，穆斯林大多能公正对待犹太人和基督教徒，其中有些人还能受到重用；对基督教徒因没有继承人而应上交的遗产甚至还给予退还，即将遗产交给死者的教友。如哈里发穆耳台迪德“就曾下令将没有继承人的被保护人死后留下的遗产，退还给死者的教友”。这一命令是根据巴格达的两位法官——优素福·本·叶耳孤卜和阿卜杜·哈米德·本·阿卜杜·阿齐兹的裁决下达的。法官则是依据逊尼派的如下规定作出上述裁决的：凡没有血缘继承人的各教派的教徒，死后可将遗产交给该派教友继承。[②]

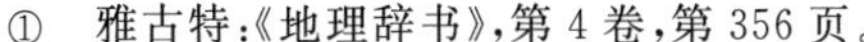

① 雅古特：《地理辞书》，第4卷，第356页。

② 萨比：《大臣书》，第248页。

犹太人和基督教徒遍布阿拉伯伊斯兰帝国的各个角落。根据一些历史学家的统计，伊历 581 年/公元 1185 年，仅伊拉克一地的犹太人就达六十万。其他犹太人多分布在大马士革、阿勒颇、底格里斯河与幼发拉底河沿岸、伊本·欧麦尔岛、摩苏尔、侯莱、库法、巴士拉、哈姆扎尼、伊斯法罕、设拉子和撒马尔罕等地。麦格迪西说："呼罗珊有很多犹太人，基督教徒很少；哈姆扎尼的情况也大致如此。"

伊历 561 年/公元 1165 年去过埃及的旅行家宾亚明说："开罗有七千犹太人，亚历山大有三千人，上埃及有六百人，下埃及有三千人。"[①]

伊斯兰历四世纪初，仅巴格达一地就有大约五万基督教徒。麦格迪西说："沙姆地区大多数有才学的人、珠宝工匠、钱庄老板和制革技师，都是犹太人，大多数医生和书记官则是基督教徒。"[②]

基督教修道院遍布帝国各地。修道院中花园似锦，美酒飘香。文学家与修道院多有来往，他们的作品中也经常提到修道院。

当时的犹太人和基督教徒在一些王朝中有一定的势力，但穆斯林起初并不愿意让他们参与国家事务。据传说，正统哈里发欧麦尔·本·赫塔卜身边有一位擅写公文并能背诵《古兰经》的青年，他是一个来自希拉城的基督教徒。有人对欧麦尔说："让他给你当书记官，如何？"欧麦尔答道："那我就是让不是信士的人当亲信了。"[③]

---

① 引自米特兹：《伊斯兰文明史》。

② 麦格迪西：《最佳的地区分类》，第 183 页。

③ 伊本·古太白：《史事泉源》，第 1 卷，第 43 页。

欧麦尔·本·赫塔卜能善待犹太人和基督教徒，但不让他们参政。这种情况没有持续多久，自穆阿威叶[①]时代起，犹太人和基督教徒就在政府中任职了。我们写的这个时代，任用犹太人和基督教徒的情况就更多了，犹太人和基督教徒的权力也更大了。麦格迪西说："在沙姆地区很难见到有异端思想的教法学家，或者是会书写的穆斯林。泰巴里耶[②]是个例外，它一直是出书记官人才的地方。沙姆地区和埃及的书记官都是基督教徒。"[③]

伊斯兰历三世纪时，一位基督教徒还曾在军队总部任职，穆斯林见到他时都要吻他的手。萨比在《大臣书》中写道："阿里·本·耳撒对宰相伊本·福拉特说：'你让一个基督教徒在穆斯林军队的总部任职，你让伊斯兰教的支持者和国家的保卫者去吻他的手，服从他的命令，你这样做就不怕真主惩罚吗？！'伊本·福拉特答道：'任用基督教徒，不是始于我，更不是我的发明。纳绥尔·里丁拉早就任命基督教徒伊斯拉伊为军中的书记官；哈里发穆耳台迪德也曾任命基督教徒麦立克·本·瓦立德为书记官！'阿里·本·耳撒说：'他俩做的都不对。'伊本·福拉特说：'你说他俩做的不对，但我愿意效仿他们。'"[④]

阿里比在其《塔巴里历史续篇》一书中，对发生在伊历 320 年/公元 932 年的大事有如下记载："艾布·杰马勒·侯赛因·本·卡

① 穆阿威叶（公元 600—680 年）：阿拉伯历史上著名的政治家、军事家。公元 661 年，穆阿威叶自称哈里发，建立倭马亚王朝，定都大马士革。——译者

② 泰巴里耶：位于巴勒斯坦泰巴里耶湖畔的一座城市，犹太文化中心。——译者

③ 麦格迪西：《最佳的地区分类》，第 183 页。

④ 萨比：《大臣书》，第 95 页。

塞姆·本·欧贝德拉·本·苏莱曼·本·瓦哈卜早就对大臣职位垂涎三尺，为此他设法接近穆厄尼斯及其随从，并与之交往，取得他们的信任。然后，又与书记官基督教徒拉关系，对他们说：'我的家人也是基督教徒，我祖父一辈人还是基督教的上层人物。十字架是他祖父欧贝德拉·本·苏莱曼在穆耳台迪德哈里发在位时摘下而皈依伊斯兰教的。'艾布·杰马勒就是用这类办法来接近、巴结穆厄尼斯一伙人的。”①

布韦希人阿杜德·道莱在巴格达掌权时，他的大臣奈斯尔·本·哈伦是一位基督教徒。阿杜德·道莱准许奈斯尔修建教堂和修道院，并允许他向穷苦的基督教徒发放钱物。②

由此，引出了一个教法问题：被保护人可以出任大臣吗？大臣是有限制的吗？（即只能出任执行大臣，而不能出任全权大臣）即使是出任执行大臣，可以吗？教长们对此意见纷纭，各执一词。伊拉克的学者艾布·哈桑·阿里·本·哈比比·巴士里（愿真主怜悯他）教长认为可以；而呼罗珊学者、两圣地的教长艾布·麦阿里·朱韦尼则认为不可以，并称伊拉克学者认为可以的说法是显而易见的错误。

埃及法蒂玛王朝时代，犹太人和基督教徒的权力更大了，雅各·本·基利斯就是其中最著名的人物之一。伊本·艾萨基尔③说：“雅各·本·基利斯原是巴格达的一个犹太人，他卑鄙、阴险、

① 阿里比：《塔巴里历史续篇》，第 85 页。

② 伊本·艾西尔：《全史》，第 8 卷，第 255 页。

③ 伊本·艾萨基尔（公元 1105—1176 年）：阿拔斯王朝历史学家，著有《大马士革史》等著作。——译者

狡猾，但又足智多谋、聪明能干。他是在伊赫什德王朝卡夫尔执政时来到埃及的。卡夫尔见他聪颖，懂政治，熟悉田产业务，便顺口说道：'他要是个穆斯林，便是个当大臣的料！'雅各早就垂涎大臣的职位，遂皈依了伊斯兰教……后又跑到马格里布，结交了跟随穆仪兹[①]的犹太人，并与穆仪兹一起回到埃及。""雅各·本·基利斯终于成为阿齐兹·尼扎尔·本·穆仪兹[②]哈里发的大臣，深受宠信，其地位如日中天。人们对他趋之若鹜，终日门庭若市，车水马龙，络绎不绝。雅各制定了很多政策，为法蒂玛王朝奠定了基础。雅各一言九鼎，无人能出其右。"[③]

雅各·本·基利斯的年俸达十万第纳尔；拥有四千名黑人和白人奴隶；他的一件珠宝价值四十万第纳尔；他有各种豪华衣服，一件就价值五百第纳尔。[④]

很多诗人都歌颂雅各。伊本·赫里康说，我翻阅了一下诗人艾布·鲁盖耳麦格的诗集，发现大部分诗都是颂扬这位大臣的。

操劳终日应时变，解囊慷慨为报恩。

走投无路哪里去，投靠为保此家门。

低头不语觅良策，周密思索好屈伸。

国土固然不能丢，殚精竭虑先做人。

当然，也有诗人，如哈桑·本·拜什尔写诗奚落他、诋毁他。

他有一书吏，叫艾布·纳斯尔，诗人讽刺道：

① 穆仪兹：法蒂玛王朝第四任哈里发，公元952—975年在位。——译者

② 阿齐兹：法蒂玛王朝第五任哈里发，公元975—996年在位。——译者

③ 伊本·赫里康：《人物传记》，第2卷，第491页及其后。

④ 同上书，第449页。

艾布·纳斯尔，枉为殿上臣。
背靠国王势，官位坐得稳。
本是无能辈，予夺随口喷。

他还讽刺国王的宗教信仰道：

基督是正教，时光来作证，
三位为一体，无神可抗争。
父亲雅各布，儿子阿齐兹，
还有一个神，那就是圣灵。①

阿齐兹·尼扎尔哈里发还委任基督教徒耳撒·本·奈斯突里斯为书记官，委派犹太人麦奈沙代他管理沙姆地区的事务。基督教徒和犹太人便以这两个人为荣，神气起来，欺辱穆斯林。埃及人为了出这口怨气，编了一个故事，并用纸做成模型加以图解，还写了几句话："重用麦奈沙使犹太人高兴；信任耳撒·本·奈斯突里斯使基督教徒开心。因为你而使穆斯林蒙受屈辱，你可知道我们的委曲？"人们把模型放在阿齐兹哈里发经过的路上。阿齐兹看见模型后，命人拿给他看。看完模型、读完上面写的字，阿齐兹明白了其中的用意，遂下令逮捕了麦奈沙和耳撒。从耳撒处搜出三十万第纳尔，从犹太人那里也发现了大批财物。②

但是，哈里发哈基姆·比艾姆里拉③在其感情冲动时，也迫害过基督教徒和犹太人。例如，他命令犹太人和基督教徒必须系腰

① 伊本·艾西尔:《全史》，第9卷，第43页。

② 同上书，第42页。

③ 哈基姆·比艾姆里拉：法蒂玛王朝第六任哈里发，公元996—1021年在位。——译者

带、佩戴臂章。“让犹太人戴黑色缠头，不许与穆斯林一起乘船；不许雇用穆斯林仆人；不许骑乘穆斯林的驴；不许与穆斯林在同一浴室里洗澡；为犹太人修建专供他们使用的澡堂。哈基姆执政期间，所有的教堂和修道院都被拆毁。”[①]“哈基姆命令基督教徒脖颈上要佩戴长度为一腕尺[②]、重量为五埃及磅[③]的十字架；命令犹太人在脖子上戴重量与十字架重量相同的木棒。”[④]“禁止基督教徒骑马，基督教徒只能骑配有木制鞍子的骡子和驴子。基督教徒佩戴的黑色带子不能装有饰物；必须系腰带，不得雇用穆斯林，不得购买男、女黑奴。这样做的结果使一些基督教徒皈依了伊斯兰教。”[⑤]尽管如此，宫廷中的书记官和医生仍是基督教徒。

伊历436年/公元1044年，赛达盖·本·优素福出任埃及穆斯坦绥尔[⑥]的大臣，他原是犹太人，后皈依了伊斯兰教。另一位犹太人艾布·赛阿德·台斯突里与他一起掌管国家事务。有位诗人写道：

此时的犹太人已登峰造极，
他们实现了最大的愿望，
他们掌管了国家权力：
荣誉归于他们，
金钱属于他们，

① 伊本·台赫里·比尔迪：《群星灿烂——埃及和开罗编年史》，第4卷，第177页。
② 腕尺：阿拉伯长度单位，1腕尺约等于0.5883米。——译者
③ 埃及磅：埃及重量单位，1埃及磅约等于449.3克。——译者
④ 伊本·台赫里·比尔迪：《群星灿烂——埃及和开罗编年史》，第4卷，第178页。
⑤ 麦格里基：《埃及志》，第2卷，第287页。
⑥ 穆斯坦绥尔：法蒂玛王朝第八任哈里发，公元1036—1094年在位。——译者

顾问和国王来自他们。
埃及人呀，我劝你们改奉犹太教吧！
因为苍穹早已犹太化了。

*　　*　　*

从种族上讲，有突厥人、波斯人、阿拉伯人、罗马人，此外还有黑人等等，由此产生了民族宗派主义；从宗教上讲，有穆斯林、犹太人和基督教徒；从教派上讲，有逊尼派和什叶派；从教法上讲，有罕百里派、沙斐仪派和哈乃斐派，等等。所有这些因素，所有这些矛盾和冲突交织在一起，使阿拉伯伊斯兰帝国这一汪洋大海，时而风平浪静，时而波涛汹涌；时而秘密阴谋策划，时而公开火并厮杀。这一切都对政治、宗教和学术产生了影响，对社会的各个方面都留下了鲜明的印记。

对财政的影响：因受统治方式和政策的制约，这种影响有时是直接的，有时是间接的。财政状况既有发展，也遭受过破坏；既有清正廉洁的一面，也有腐败不公的一面。

对语言和文学的影响：这种影响是由非阿拉伯人进入阿拉伯伊斯兰帝国引起的，这些非阿拉伯人既用各自本民族的语言，也学习阿拉伯语。同时，也把他们本民族的思想、文学和习俗带了进来，从而对阿拉伯语和阿拉伯文学的发展产生影响。

对妇女的影响：具有不同特点的各民族妇女的大量涌入，带来了外表上的美与丑，道德上的善与恶，习惯上的好与坏等不同的审美观和价值观。奴隶贩子在奴隶市场上出售女奴；在与罗马人、突厥人、波斯人的战争中，以及在镇压黑人起义时俘获了大批的俘虏，这些俘虏成了军人及其亲属的奴隶，多余的俘虏被送到市场上出售。各种肤色的女奴进入了每一个家庭。

对宗教的影响：教法学家之间不停的辩论，以及由此而引出的许多以前不为人知的新问题；政治对宗教事务的干预，很多政治和社会问题要教法学家拿出解决办法；逊尼派与什叶派之间的激烈冲突，以及什叶派第一次建立了什叶派国家，这就要求什叶派要用自己的智慧去创造一个符合什叶派教义的统治制度，正如法蒂玛王朝所做的那样；穆斯林、犹太人和基督教徒之间的剧烈摩擦，以及他们之间时而宽容、时而敌对的状况，加之各种宗教派别之间的辩论等等，将各种宗教问题、各种教派问题、各种教法问题摆在了教法学家面前，要他们根据新的情况发表意见，做出创制或者裁决。

对学术的影响：基督教徒和犹太人，波斯人和印度人，都给阿拉伯伊斯兰帝国带来了各自先人所创造的学术文化，并努力把这些宝贵的财富通过阿拉伯语介绍给各伊斯兰民族，使所有说阿拉伯语或者用阿拉伯语的人都能分享其中的成果，并尽量加以消化、吸收，尽量增添、补充新的内容。阿拉伯人、波斯人、罗马人、印度人和突厥人用自己的智慧，以及共同的努力，把这些学术文化提高到一个新的水平、一个新的高度。种族上的民族宗派主义，宗教、教派及教法上的形形色色的宗派主义使阿拉伯伊斯兰帝国四分五裂，但学术、文化却把具有不同信仰、不同种族的人团结在一起；犹太人和基督教徒在向穆斯林学者求教，穆斯林也向犹太和基督教学者学习；波斯人、突厥人、印度人与阿拉伯人坐在一起，不顾政治家对帝国的破坏，而携手共同建设学术王国。

上述一切都是各种因素、各种活动相互撞击、相互作用的结果。笔者提到的一切，只是对这些活动所产生的巨大影响的一个回眸、一种提示。下面的章节将有详细叙述。

第二章　最重要的社会和政治现象

帝国的分裂

这个时代最引人注目的现象是阿拉伯伊斯兰帝国发生了分裂。阿拔斯王朝初期，除了安德鲁斯和部分马格里布小国之外，整个阿拉伯伊斯兰帝国是一个完全听命于巴格达哈里发的整体：哈里发任命各地的总督；接收各地送交的土地税；处理行政、司法、军队等各种事务；聚礼日的宣教中要为哈里发祝福，钱币要铸上哈里发的名号等等；总之，哈里发享有各种权力。后来，随着哈里发地位的下降，哈里发的权力也逐渐减少，直至帝国发生分裂，各地的伊斯兰政权纷纷脱离巴格达宣布独立，各地的总督和埃米尔相互提防、相互厮杀，统一的阿拉伯伊斯兰帝国变成了许多相互独立的小王朝。各个王朝都有自己的财政、军队、司法和行政管理系统，都有自己的埃米尔和铸有埃米尔名号的钱币；有些王朝虽然仍承认巴格达的哈里发，但这只是没有实际内容的表面上的承认！各王朝之间虽有时也结成联盟，但大多数相互敌对，战事不断。由于各个王朝忙于内部厮杀，而顾不上抵御外部的入侵：罗马人不时发动袭击，逐渐蚕食帝国领土，就连黑人和埃塞俄比亚人也常进行袭扰、抢掠，阿拉伯伊斯兰帝国再也不像其统一时那样令人生畏了。

伊历324年/公元935年，巴士拉已落入伊本·拉伊格[①]手中；法里斯落入阿里·本·布韦希[②]手中；伊斯法罕、雷伊和吉勒归了艾布·阿里·哈桑·本·布韦希[③]；摩苏尔、迪亚尔·伯克尔和赖比阿归了哈姆丹人[④]；埃及和沙姆地区被伊赫什德人[⑤]控制；易弗里基亚和马格里布是法蒂玛人[⑥]的势力范围；萨曼人[⑦]统治了呼罗珊及河外地区；德伊莱姆人、白里迪人[⑧]和卡尔马特派人[⑨]则分别在塔巴里斯坦和朱尔加尼，在胡齐斯坦、巴林和叶玛麦建立了

---

① 伊本·伊格：拉迪哈里发的将领，总埃米尔，公元942年卒。——译者

② 阿里·本·布韦希：建立布韦希王朝的布韦希家族三兄弟中的大哥，入主巴格达时被哈里发授予伊玛德·道莱(国家之柱)的封号。公元949年卒。——译者

③ 艾布·阿里·哈桑·本·布韦希：建立布韦希王朝的布韦希家族三兄弟中的老二，入主巴格达后，被哈里发授予鲁克努·道莱(国家栋梁)的封号。公元976年卒。——译者

④ 哈姆丹人：属于阿拉伯台格利卜部落的一个家族，先后在摩苏尔(公元929—991年)和阿勒颇(公元945—1003年)建立了哈姆丹王朝。——译者

⑤ 伊赫什德人：伊赫什德是古代波斯贵族的封号，公元939年，阿拔斯王朝哈里发拉迪将这一封号授予了当时的埃及总督突厥人伊本·图格吉，伊本·图格吉在埃及、叙利亚、汉志建立起自己的王朝，史称伊赫什德王朝(公元935—969年)。——译者

⑥ 法蒂玛人：赛义德·本·侯赛因自称是先知穆罕默德女儿法蒂玛的子孙、什叶派第7代伊玛目伊斯玛仪的后裔，其别号为伊玛目欧拜杜拉·麦赫迪，于公元909年被拥立为哈里发，立国名为法蒂玛王朝(公元909—1171年)。该王朝的哈里发及其家族，连同支持者，被统称为法蒂玛人。——译者

⑦ 萨曼人：萨曼系波斯巴尔赫贵族后裔，原信奉祆教，后改信伊斯兰教。公元847年，奈斯尔·本·艾哈迈德被哈里发任命为河中地区总督，为萨曼王朝之始。公元999年萨曼王朝为喀喇汗王朝所灭。——译者

⑧ 白里迪人：三兄弟之合称，因其父曾任巴士拉驿站站长而得名。白里迪为阿拉伯文“baridi”之译音，意为“信差的”。——译者

⑨ 卡尔马特派：伊斯兰教什叶派的伊斯玛仪派中的一个支派，创始人为哈姆丹·卡尔玛特，他号召以“圣战”推翻阿拔斯王朝的统治，建立一个财产公有、人人平等的美好社会。公元890年，卡尔马特派在伊拉克南部的瓦西特发动起义。公元899年，哈姆丹的助手艾布·赛义德·詹纳比在巴林地区建立“卡尔马特国”(公元899—1077年)。该派于公元12世纪遭当局镇压瓦解后，融入伊斯玛仪派。——译者

自己的王朝。整个阿拉伯伊斯兰帝国留给哈里发的只有巴格达及其周围地区了，甚至在这些地区哈里发也只是名义上存在，而毫无实权了。

麦斯欧迪以极其精辟的见解分析了分裂后的阿拉伯伊斯兰帝国与亚历山大国王死后的马其顿王国之间的相似之处，他说："我们不去评说穆台基、穆斯台克菲和穆帖耳诸哈里发的品德和他们的政治主张，因为他们受制于人，不能发号施令。至于那些偏远地区，大都被各地的实力派所控制，这些实力派兵强马壮、国库充盈，独霸一方，但在名义上仍承认阿拔斯哈里发的宗主权，在聚礼日上仍为哈里发祈祷；但是在首都巴格达，权力则掌握在别人手里，哈里发成了被欺凌的对象，惶惶然不可终日。他们只要能保住哈里发的名分和生命安全，就心满意足了。这与马其顿王国在亚历山大·本·菲利浦国王被杀之后，群雄割据、各自称王的局面十分相似。各地的独立王朝不顾山河破碎、民不聊生，不顾帝国边塞的许多城镇被罗马人和其他拉丁王国占领，仍在争相扩大自己的地盘。"①

当时，很多独立王朝都承认哈里发及其宗教权力。这些王朝认为，只要获得了政治和行政上的独立，承认哈里发并得到哈里发对自己的承认，将有助于增加自己的权势和力量。阿杜德·道莱·本·布韦希在攻克克尔曼之后，表示仍然效忠哈里发。这一表态得到哈里发的欢心，并得到哈里发的委任和哈里发所赠与的

① 麦斯欧迪：《警戒与监督》，第 400 页。

荣誉礼袍及项圈、手镯等物品。[①]

随着时间的流逝和哈里发职权的削弱，各地的埃米尔纷纷中断了与哈里发的臣属关系，自封为穆民的领袖，或哈里发。法蒂玛人是这一行动的始作俑者，他们在伊历 297 年/公元 909 年征服凯鲁万之后，给自己戴上了哈里发的头衔。法蒂玛人这样做，是因为他们是什叶派人，什叶派认为倭马亚人和阿拔斯人剥夺了他们出任哈里发的权利。现在什叶派掌握了政权，便把"阿里及其直系后裔最有资格担任哈里发"的理论付诸实践。安德鲁斯的倭马亚人尽管是逊尼派人，在见到法蒂玛人自称哈里发后，阿卜杜·拉赫曼·纳绥尔于伊历 350 年/公元 961 年将自己的埃米尔称号改为穆民的领袖，而在此之前，倭马亚人只称埃米尔或哈里发的子民。麦盖里说："阿卜杜·拉赫曼·纳绥尔见突厥释奴大权独揽，哈里发地位岌岌可危，便给自己冠以穆民的领袖这一称号；当听到穆厄尼斯·穆扎法尔于伊历 311 年/公元 930 年[②]将自己的主人穆格台迪尔哈里发杀死的消息后，便又给自己加上了哈里发的头衔。"[③]

这里要提出两个问题：第一，阿拉伯伊斯兰帝国的分裂对各地的伊斯兰独立王朝是否有利？这个问题看起来有些奇怪，因为人们习惯上把团结或分裂作为判断国家是发展进步、还是衰弱落后的标准，换句话说，就是把阿拉伯伊斯兰帝国的发展与哈里发联系

---

① 米斯凯韦：《民族之殷鉴》，第 6 卷，第 253 页。

② 此年代有误，穆格台迪尔哈里发被杀的年代应为伊历 320 年/公元 932 年。——译者

③ 麦盖里：《芳香集》，第 2 卷，第 166 页。

在一起：哈里发如果强大，其权力如果能控制全国各地，国家就是强大的；否则，国家就是虚弱的。

笔者以为这种判断标准是不正确的。因为有可能出现哈里发软弱无能反倒对各独立王朝有利的情况。这种情况确实发生了：很多伊斯兰王朝在脱离了巴格达哈里发的统治、获得独立之后，反而比独立前的情况要好得多。如：埃及在受突伦人[①]、伊赫什德人和法蒂玛人统治时的情况，就比巴格达派遣总督统治时要好；萨曼人统治下的法里斯及河外地区比以前受阿拔斯总督统治时要强。当然，各地的独立对巴格达的哈里发来讲是不幸的。

如果我们从被统治者的利益，而不是从哈里发的利益去衡量事情的话——笔者认为这是最正确的衡量标准——分裂在大多数情况下，对分裂出去的国家和地区是有利的，这和独立前的恶劣状况相比，至少是比较有利的。每个国家自己管理自己，财政收入可用于本国的发展，财富分配也较为公正，这些都要比在被软弱无能、且受制于突厥人的哈里发统治之时好得多。

安德鲁斯是在阿拔斯王朝建立之初独立的。在摆脱了阿拔斯人的控制之后，逐渐强大繁荣起来，对学术、文学和文明的建设作出了贡献。笔者认为，倘若安德鲁斯一直在阿拔斯王朝的卵翼之下，其发展是不可能达到这么高的水平的。

是的，分裂之后，在外来侵略面前，如面对罗马人的入侵，人们是软弱无力的。一个独立的小王朝，如哈姆丹王朝独自挑起了原

① 突伦人：系指由突厥人艾哈迈德·本·突伦在埃及建立的突伦王朝（公元868—905年）。伊本·突伦在位期间，锐意改革，兴修水利，发展农业、手工业和商业，赞助发展教育和文化，使埃及和叙利亚得到很大的发展。——译者

本应由整个帝国承担的抵御重任。从这个角度讲,这是帝国衰弱的表现。特别要指出的是,那些独立王朝之间不能达成谅解,不能做出抵御外部敌人入侵的整体安排,因为这种安排需要有很高的思想境界,不能感情用事,而且要把共同的利益放在一国的私利之上。这是一个穆斯林直到今天都没有达到的境界!当时,每个独立王朝与其穆斯林邻国之间大多是敌对关系,相互之间没能达成内部利益高于外部利益的谅解。假如各王朝能在保持各自独立的基础上处理好与邻国的关系,共同抵御外侵,是能取得胜利的。尽管有这些不利之处,笔者仍然认为,很多伊斯兰王朝从其独立之中得到了在听命于巴格达时所无法享有的安全与繁荣。

第二个问题:帝国分裂后的学术和文学状况如何?分裂对学术和文学的发展有什么影响?好影响,还是坏影响?学术和文学是随着巴格达哈里发的没落而一蹶不振,还是因各王朝的独立而得到发展?

笔者认为,学术和文学都得到了发展和提高。巴格达哈里发的软弱对学术和文学的发展没有产生多大影响。这是因为将各民族,尤其是希腊民族的文化宝藏译成阿拉伯文的翻译运动为穆斯林提供了一笔巨大的学术遗产。阿拉伯人所要做的是理解、诠释、消化这笔遗产,是创造、增添新的内容。这就是我们记述的这个时代所做的事情。这是一方面;另一方面,以前的权力都集中在哈里发手里,巴格达是唯一的学术中心,或者至少说是重要的学术和文学中心,其他地方则暮气沉沉、无足轻重。当时,谁如果想在学术或文学上出人头地,谁就要去巴格达,就要用自己的学问或作品去取悦哈里发及其王公大臣,只有这样,才有成名的希望,才有获得财富的可能。当各独立王朝出现之后，各王朝的首都都变成了学术和文学活动的重要中心，各地的埃米尔也像巴格达的哈里发那样，向学者和文人馈赠钱物，他们要用这些人来点缀自己的首都。正如他们相互炫耀军队的强大和宫殿的雄伟一样，还争相炫耀各自拥有的学术和文学财富。这样，就一改过去只有一个学术和文学中心的状况，出现了许多学术中心。例如，埃及学者完全可以与巴格达学者媲美；沙姆地区的文学家已能与伊拉克同行争荣。这无疑鼓励和推动了学术及文学运动的发展与提高。

甚至就连那些阿拉伯语都讲不好的突厥埃米尔们也喜欢用学者、文人来为其宫廷装饰门面。据传说，突厥将领拜吉凯姆驻守瓦西特时，艾布·伯克尔·穆罕默德·本·叶海亚·苏里[①]是他的一名清客。有一天，拜吉凯姆召见苏里，对他说："密探向我报告，当我派人到清真寺请你时（当时苏里正在讲课），听课的人说：'埃米尔急什么？课还没有讲完呢。你们谁见过苏里给他念过诗、讲过语法，或者解释过圣训？'（这样说是意在讥讽拜吉凯姆，因为他不懂阿拉伯语）。"拜吉凯姆接着说，他对此的回答是："我尽管不懂学术和文学，但我喜欢让地球上所有的文学家、学者，以及各种有一技之长的人都能在我身边，听我支配，伴随我左右，不离开我。"[②]

这句话，也许道出了各地埃米尔们的共同的心声。

正因为如此，在各国独立之前，历史学家只有在伊拉克才能看

① 艾布·伯克尔·苏里（公元946年卒）：请见第29页的注释。——译者

② 艾布·伯克尔·苏里：《阿拔斯人的传闻与诗歌——拉迪、穆台基卷》，第195页。

到大量的学术和文学作品，在其他地方只能见到一鳞半爪；而在帝国分裂之后，每个地区都有自己的杰出人物，都有自己的文学家、学者及其作品。

如果说，分裂以后的政治生活比分裂前有所恶化是有道理的话，但认为学术和文学也是如此，就不对了。历史告诉我们，政治上的好坏取决于正义的实现和安定的出现；而学术情况并不是随着政治的强弱而发生变化，可能在出现政治局势很坏的情况下，但学术却很繁荣的局面。而且，暴政可能致使许多有思想、有抱负的杰出人才逃离政治，而转向学术，因为他们发现政治会招致家产被查抄，有时还会引来杀身之祸；而在学术中，即使政治气候风起云涌，险象环生，学术也能使他们拥有一个安静、宁和的特殊环境。很多穆斯林学者都有这样的经历：他们做过大臣，当过官，遇到危险后弃官治学，最终获得成功。此外，学者也受到哈里发和埃米尔的尊重，只要不参与政治，他们都可以在安定的环境中从事学术研究，而不管周围是多么动荡混乱。法拉比就是一个很好的例子。法拉比无论是在阿勒颇的哈姆丹人中间，还是在巴格达突厥人的统治之下，一直生活在动荡的政治环境中，可他都能为自己、为他的弟子们建立一个庇护所，在这个庇护所里作他的学问，从事他的研究。一旦刮起政治风暴，便躲在其中，免受其害。在法拉比的一生中，他关心的只是他的学问，除此之外，对于政治上的种种阴谋手段，对于世俗事务，对于七情六欲，他都不屑一顾。他说：

抛却此谬误，探寻那真理。
生命仅一瞬，难能创奇迹。
你言对我语，争辩无意义。

天地多宽广，何必争一席?!

艾布·阿拉·麦阿里①离开了麦阿里和巴格达及其周围的那动荡不安的世界，为自己创造了一个安静的学术环境。只有学术问题，或者是语言问题，或者是哲学思想才会引起他的注意；只有在为家乡人办事说情时，他才与埃米尔发生联系；他与宰相大臣的关系只限于回答他们提出的学术问题——这就是当时很多学者的生活。在这样安静的环境中，尽管周围是惊涛骇浪，学术怎么会不发展、不提高呢?! 甚至那些或多或少受到过政治伤害的学者，如苏里、萨比和伊本·阿米德等人，也对学术和文学的发展作出了有益的贡献。

在欧洲学术和文艺复兴的时代，各种思想都在发展、变化、创新，而当时的欧洲政治气候并不好，到处是腐败、暴虐、纷争，但却是学术和文学观念发生变化、向前发展的时代，对政治产生了积极的影响，而不是被政治所扼杀。我们这样说，一点儿也不为过。

总而言之，伊斯兰历三世纪末和四世纪初时的学术比以前更加成熟了：这个时代的学者们在学习以前的翻译家们翻译的各种著作，并对这些著作加以注释，加以消化；把零星的理论加以整理、归纳，继承并使用前人在各个领域留下的遗产。如果真主愿意，后面将对此加以说明。

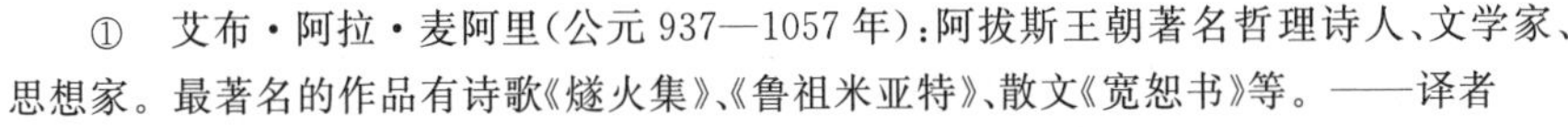

① 艾布·阿拉·麦阿里(公元937—1057年)：阿拔斯王朝著名哲理诗人、文学家、思想家。最著名的作品有诗歌《燧火集》、《鲁祖米亚特》、散文《宽恕书》等。——译者

奢侈与贫困，享乐与艰辛

当我们看一下阿拉伯伊斯兰帝国各王朝的情况时，就会发现财富分配极不公平，就会看到社会各阶层之间泾渭分明，一个天堂，一个地狱；一边是穷奢极欲的享受，一边是极度的凄惨与贫困；一边是食不厌精、挥霍无度，一边是食不果腹、坐以待毙。能享受奢华的只有少数人，他们是哈里发和王公大臣，以及在他们荫庇之下的学者、文人，还有一些商人；而大多数人过的却是贫困与凄惨的生活。很多时候，就连富甲全城的巨商富贾的生活也没有保障，因为他们的财富随时可能激怒对手或者有权势的人，其财产就会被没收、被查抄，一夜之间，就会转福为祸，一贫如洗，甚至比在穷困中挣扎的穷人还要凄惨。这类例子并不少见。

现在让我们来看看贫富悬殊的情况。

哈里发、埃米尔和王公大臣的宫殿、宅府宽广恢宏，豪华至极。伊本·穆耳台兹[①]在其诗集中是这样描述穆耳台迪德哈里发的昂宿宫[②]的：

脚踏昂宿宫，宏伟天下称。

人间无二致，仙界亦难同。

---

① 伊本·穆耳台兹(公元861—908年)：阿拔斯王朝第十三任哈里发穆耳台兹之子，诗人，文学家。著有《诗集》、《诗人评传》、《修辞》。仅做过一天的哈里发即被杀害。——译者

② “昂宿”为天体中牛金宫的七星。阿拉伯人在表达“天渊之别”的词意时，就使用“昂宿”一词表示“天”。——译者

园中一片绿，花果竞葱茏。
枝头鸟儿叫，树间跳不停。
高台若群女，翠柏掩身形。
泉水叮咚至，鲜花绽笑容。
园外芳草地，骏马任驰骋。
如此逍遥地，其主来馈赠。

著名的宫殿还有王冠宫，也是在穆耳台迪德哈里发执政时开始兴建的，后来穆耳台迪德哈里发改变了主意，另修建了昂宿宫。其子穆克台菲继位后，才建成了王冠宫。修建该宫殿所用之砖取自原波斯国王的宫殿，王冠宫的正面建有五条拱廊，每条拱廊由十根廊柱支撑，十分雄伟壮观。

王冠宫和昂宿宫都建在巴格达城东。[①] 在此之前，穆台瓦基勒哈里发在萨马腊修建了雄伟的建筑群。雅古特为我们开列了一张修建萨马腊的费用清单。雅古特写道："穆台瓦基勒修建萨马腊的规模之大，建筑之雄伟，没有一个哈里发能与之相比。在萨马腊的建筑群中，新娘宫耗资三千万迪尔汗；加法尔宫耗资一千万迪尔汗；盖里比宫耗资一千万迪尔汗；希达尼宫耗资一千万迪尔汗；布尔吉宫耗资一千万迪尔汗；苏布哈宫耗资五百万迪尔汗；麦里哈宫耗资五百万迪尔汗；布斯塔尼·伊塔希宫耗资一千万迪尔汗……""总共耗资两亿九千四百万迪尔汗。"阿里·本·杰赫姆赞美穆台瓦基勒哈里发所居住贾法里殿道

听闻国王宫殿雄伟无比，

① 请参看雅古特：《地理辞书》，"昂宿宫"和"王冠宫"词条。

却不知真迹竟然令人惊诧。
当你走近哈里发,
看到他的宫寝,
无不感叹这绝世的豪华。
没有过,千年的波斯,
没见过,自由的罗马。
你让我们由衷地自豪,
感受君主之尊、
感受穆斯林在异教徒面前之大。
无数双眼睛仰望着你的城碗,
无数颗星星照耀着你的穹顶,
无数双女人的巧手编织着你的披挂。
也许有天神将这消息传给所罗门大帝,
让他确信哈希姆的子孙已经打破了他的神话。

此外,大诗人布赫图里也有多首诗赞美这些宫殿。

萨马腊具有很高的文化价值,但由于突厥将领之间的分歧和宗派主义的作祟,使萨马腊受到严重的破坏。哈里发穆耳台迪德又把京都迁回巴格达,他用萨马腊的建筑材料在巴格达修建了昂宿宫和王冠宫。

赫忒布·巴格达迪[①]在一篇有关罗马使节访问穆格台迪尔(伊历295—320年/公元908—932年在位)哈里发王宫的记述中

① 赫忒布·巴格达迪(公元1002—1072年):阿拔斯王朝著名历史学家,其代表著作《巴格达志》共14卷。——译者

这样写道：穆格台迪尔哈里发拥有一万一千名西西里、罗马和黑人阉奴，仅是在室内役使的阉奴就达数千人。不同种族的阉奴分别住在一起。身材魁梧的奴隶担任侍卫扈从。穆格台迪尔命人带领使节在宫内参观……库房打开了，器具物品排放得井井有条，十分整齐，就像为新娘准备的嫁妆一样；幔帐高悬，各种珠宝首饰排放在用黑绸子覆盖着的抽屉里。当使节步入树木大厅时，所看到一切令他惊叹不已：一棵银制的树，重达五十万迪尔汗[①]，树上挂有各种银制的鸟，开动机关，百鸟齐鸣，令使节赞不绝口；悬挂在宫中的各种幔帐多达三万八千顶，其中有镶金的丝绸绣帐，有绘有大象、马、骆驼、狮子和猎犬等图案的幔帐，有拜都阿伊、亚美尼亚、瓦西特、拜赫奈西等地生产的镂空花、贴花、绣花等幔帐……罗马皇帝的使节被带进了御马厩，这是一座庭院，其侧厅的廊柱多为大理石；右侧有马五百匹，每匹马都配有不带垫子的金制或银制马鞍；左侧也有马五百匹，每匹马都披着带有长长的裙边的丝质马衣，每匹马都由穿着漂亮衣服的马夫牵守着。接着，使节来到了动物园，各种动物成群，动物走到使节面前，嗅亲他们的脸，吃取他们手中的食物；另有一个厅内圈养有四头装饰着丝绣织物的大象，每头大象上坐着八个信德人，他们抛耍火炬，令使节们看得目瞪口呆。接着，使节们又被带进一个大厅，厅内蜷伏着一百头狮子，左右两侧各五十头……罗马使节又走进一座美丽的花园，园中坐落着一个结构新颖的亭阁，一座长三十腕尺，宽二十腕尺的水池，四周环绕着铅制河床的潺潺小溪，在阳光照耀下，如同光亮的银子熠熠闪

① 迪尔汗：重量单位。1迪尔汗重3.12克。——译者

烁；池中四只依人的水鸟在镶金的台凳边嬉戏……池子周围种有四百棵枣椰树，树高五腕尺，每棵树的树干都环抱着一个金光闪闪、色彩斑斓的网圈，这个网圈是用镀金的小环一个个地串制起来的……在水池的左右两侧，各竖有十五座骑在马上的骑士塑像，骑士身披彩绸，手持短矛，成相互攻击状。

罗马使节们参观完二十三座宫殿之后，来到一座大庭院里，院内站立着许多手持武器的阉奴侍卫。

最后，使节们来到穆格台迪尔哈里发面前。哈里发在位于底格里斯河河畔的王冠宫中，身着绣袍，端坐在铺着绣金座垫的黑檀木宝座上。宝座右侧挂着九串璎珞，左侧镶有九颗价值连城、光彩夺目的宝石。哈里发的五个儿子分列左右，三个在右，两个在左。[①]

这或许是那个时代哈里发宫殿的绝妙写照。

阿拔斯王朝的哈里发，一个比一个更奢华、更追求享乐、更骄奢淫逸。有钱的人则根据当时的时尚和自己的财力纷纷效仿。

当哈里发穆赫台迪（伊历 255—256 年/公元 869—870 年在位）执政后想一改奢靡之风，过清廉生活时，竟使人们大惑不解，不仅不遵命照办，反而产生反感、厌恶，穆赫台迪哈里发最终被人杀害。

事情的经过是这样的：穆赫台迪哈里发以欧麦尔·本·阿卜杜·阿齐兹[②]为榜样，仿效他的做法：禁止饮酒，禁止歌女演唱；劝

① 参看赫忒布·巴格达迪：《巴格达志》，埃及版，第 1 卷，第 100 页及其后。

② 欧麦尔·本·阿卜杜·阿齐兹：倭马亚王朝第八任哈里发，伊历 99—101 年/公元 717—720 年在位。他以虔信、公正、清廉著称，人称欧麦尔二世。——译者

善戒恶，结交学者，提高教法学家的地位，善待什叶派人；将宫中的金、银器皿铸成第纳尔和迪尔汗，除掉宫中的各种绘画图像；豢养于宫中供玩赏的公绵羊和公鸡一律宰杀；降低宫廷的吃、穿、用的数量和标准，以前的哈里发每天用膳耗资达一万迪尔汗，穆赫台迪将自己的膳食费及其他开支规定为每天一百迪尔汗。

穆赫台迪哈里发日夜辛劳，延长礼拜时间，长跪不起，身着粗羊毛制作的大袍。

麦斯欧迪说："穆赫台迪的做法，引起了上层人物和普通百姓的普遍不满，人们不愿过他所希望的那种清贫生活，不愿他继续执政，便设计将他杀害了。"

人们捉住穆赫台迪后，问他："你想让人们按照他们所不熟悉的生活方式生活吗？"答："我想让人们按照穆圣及其家人和正统哈里发的生活方式生活！"人们对他说："穆圣当年与一些厌弃今生而向往来世的人生活在一起，如艾布·伯克尔、欧麦尔、奥斯曼和阿里等人。而你，应该说是你的手下人——突厥人、赫扎里人、马格里布人等各种非阿拉伯人，他们不知道来世应该做些什么，他们只知道赶快享受今生的快乐。你怎么能使他们按照你所说的生活方式生活呢？！"①

就这样，强大的奢华潮流把想要阻止其前进的人撕得粉碎。穆赫台迪只当了十一个月的哈里发。

阿杜德·道莱·布韦希修建了一座花园，连同引水工程，共耗

① 麦斯欧迪：《黄金草原》，第2卷，第338页及其后。

资五百万迪尔汗。[①]

宰相伊本·穆格莱[②]在其府中饲养了很多动物，"他有一座很大的花园，园内有一棵大树，这棵树有一个丝质网罩，专供那些在树上孵化小鸟的鸟类栖息，如：斑鸠、夜莺、鹦鹉、鹧鸪等；花园中还饲养着羚羊、鸵鸟、赤鹿、野驴等动物。一日，有人向伊本·穆格莱报喜：一海鸟与一陆地上的鸟交配，产下一蛋，并孵出小鸟。伊本·穆格莱遂赏给报喜人一百枚第纳尔。"

"宰相伊本·福拉特拥有一千多万第纳尔的财产，田产的年收入达十万第纳尔。在家中有一个专门供应饮料的房间，任何人都可以派仆人来领取饮料及大麦酒、蔷薇水。"[③]伊本·福拉特使用水晶调羹进餐，每个调羹中的食物他只吃一口，用餐时，桌上要摆放三十多个水晶调羹。

穆仪兹·道莱的宰相艾布·塔希尔每日的俸禄高达白银一千埃及磅。

"哈里发穆格台迪尔的母亲购买一种质地较厚的、专门用于制作鞋子的高级布料，按照她所需的鞋样进行裁剪，然后在布料上涂以融化的麝香、龙涎香等名贵香料，待其凝固后再在两层布料之间填入那些香料……穆格台迪尔的母亲穿的就是用这些质料制作的鞋。这种鞋穿十天左右便会破损、开裂，于是便要换一双新鞋。库

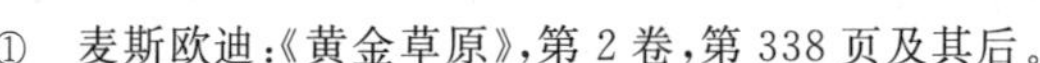

①　麦斯欧迪：《黄金草原》，第 2 卷，第 338 页及其后。

②　伊本·穆格莱（公元 940 年卒）：阿拔斯王朝宰相、诗人和文学家，先后为穆格台迪尔、嘎希尔和拉迪三位哈里发当过宰相，后死于狱中。——译者

③　伊本·赫里康：《人物传记》，第 1 卷，第 530 页。

房人员把旧鞋拿去，取出麝香、龙涎香。”[1]

宰相穆海莱比酷爱蔷薇花，据目击者说：“我看见艾布·穆罕默德·穆海莱比三天内买了一千第纳尔的蔷薇花。庭院内到处摆满蔷薇，就连院内的水池中也撒满了蔷薇，池中的喷泉，随着泉水喷涌，蔷薇花散落在人们的头上。穆海莱比在饮过蔷薇水，欣赏过蔷薇喷泉之后，再把蔷薇分赠众人。”[2]

当时社会上饮宴之风盛行，为此规定了种种规矩和礼节。库沙吉姆著有《酒友之道》一书。人们写了很多咏酒诗和赞美歌女的诗。

哈里发、宰相大臣、埃米尔经常设酒饮宴，极尽奢靡浪费之能事。“据说宰相穆海莱比有一批酒友，每周夜聚两次，席间狂饮豪欢，尽情放荡，全无半点斯文。这些酒友是：伊本·古莱阿、伊本·麦阿鲁夫、法官泰努黑等人，他们一个个都蓄着长长的胡子，穆海莱比也是银须长髯。在酒酣耳悦尽兴之时，人人一反常态，变得轻狂起来，每人手持一盏重达一千米斯加勒[3]的金杯，杯中盛满古突鲁比酒，或阿克拜里酒。他们将自己的长髯浸于酒杯之中，待酒被浸去大半时，众人便用胡子相互甩洒，个个手舞足蹈……破晓时分，这些人又像往常一样，恢复了严肃、庄重的神态。”[4]

在此，我们列举一位总督的财产，看看他都有什么财产及其数量。艾布·侯赛因·阿里·本·艾哈迈德·拉西比曾任君底沙浦

① 台努黑：《演讲巡礼》。

② 赛阿里比：《稀世珍宝》，第 2 卷，第 106 页。

③ 米斯加勒：重量单位，等于 4.68 克。——译者

④ 赛阿里比：《稀世珍宝》，第 2 卷，第 106 页。

尔、苏斯和马扎里亚的总督，于伊历 301 年/公元 913 年以高龄去世，他的儿子都先他而去。他给孙子们留下的遗产是：

445,547 枚　第纳尔金币（现金）

322,237 枚　迪尔汗银币（现金）

43,970 米斯加勒重的金器

1,975 埃及磅重的银器

4,420 米斯加勒重的新鲜的沉香

5,020 米斯加勒重的龙涎香

860 纳菲加的麝香

1,600 米斯加勒重的零碎麝香

1,399 米斯加勒重的伯尔麦克香料

366 米斯加勒重的加利香料

88 件金线织物

13 套马鞍

2 颗大宝石

70 粒珍珠

135 匹马

114 名苏丹奴仆

128 名白人娈童

19 名斯拉夫和罗马奴仆

40 名全副武装的骑兵

价值 2 万银币的各类衣物

128 头快驼、驴

125 顶大帐篷

14 顶驼轿

14 箱陶土和精美的玻璃制品

阿杜德·道莱留下的财产计有：2,875,284 枚金币，100,860,790 枚银币，还有大量的珠宝、钻石、水晶、武器和其他物品。

人们对精美的首饰、华丽的织物、用金银线织成的提花锦缎；对香料、衣物；对雕刻、绘画；对食品、饮料；对花园、果园；对唱歌、音乐等等一切的需求，无不花样翻新、精益求精，在此不能一一详述，总之，这一切都是为王公贵族和富人阶层所享用的。

贵族对生活的讲究使人们对“文雅”一词的含义和“文雅之士”应具备的条件都有了公认的标准。谁要是不符合标准，谁就不能算是“文雅之士”。对此，有很多著作问世。如：沃沙伊[①]的《当代诗歌、传闻、轶事录》和《文雅之规》；拉齐的《上菜的先后》、《吃水果的顺序》和《澡堂的礼貌》；侯赛因·本·易司哈格的《打扮与化妆》；伊卜拉欣·哈尔比的《送礼之道》；古斯塔·本·路伽的《枣椰酒及在宴会上之饮用》，等等。沃沙伊在《当代诗歌、传闻、轶事录》一书中写道：“须知真正的文人雅士的‘文’与‘雅’的标准是：不介入别人的谈话，不窥视别人正在看的书，不打断他人的谈话，不探听他人的秘密，不询问别人不想告之的学问，不讲别人有意隐瞒的事情”等等。人们还规定了有关“文雅”的标准及细则，如衣帽的穿戴，香水的使用，以及喝饮料都有种种讲究。什么是男人的文雅，什么是女人的文雅，也都有详细的规定，不可混淆。

如果离开伊拉克到别的地方去，如在沙姆，我们就会看到以赛

① 沃沙伊(公元 936 年卒)：巴格达语言学家。——译者

弗·道莱为首的哈姆丹家族过着的奢华生活。据传说，“当赛弗·道莱来到巴格达后，一日骑马闲逛，他手持长矛，一个小厮跟随伺候。当他路过哈高尼开设的奴隶街市时，见一处有女奴正在卖唱，便进去听唱饮酒。店家并不认识他，但也好生伺候着。在赛弗·道莱要离去时，向店家要来纸笔，写下一张便条，放在笔匣内，便离店而去。众人打开笔匣，只见便条上写着：到某钱庄兑取一千第纳尔。众人称奇，以为是在开玩笑。但到钱庄后，钱商当即支付了一千金币。[①] 众人忙问开汇票者何许人也？答曰：赛弗·道莱·布·哈姆丹。”[②]

赛弗·道莱还特制了一批金币，以作为馈赠之礼品，每枚金币重十个米斯加勒，上面铸有他的名字和头像。[③]

一位诗人谒见赛弗·道莱。诗人从衣袖之中抽出一个空口袋和一个纸卷，纸卷内写有一首诗。诗人请求赛弗·道莱准其朗诵其诗，赛弗·道莱准其请，诗人便开始朗诵。诗的第一句是：

你有送礼的习惯，
　　你的命令有灵验；
你的奴仆
　　需要一千枚迪尔汗！

诗人把全诗诵读完毕后，赛弗·道莱哈哈大笑，命人赏给他一千枚银币。银币装满了诗人带来的空口袋。[④]

---

① 这证明当时已使用支票。

② 《哈姆丹尼》手稿，现在巴黎。

③ 赛阿里比：《稀世珍宝》，第1卷，第282页。

④ 伊本·赫里康：《人物传记》，第1卷，第462页。

赛弗·道莱的宫中到处都是女奴，尤其以罗马女俘为多。"赛弗·道莱有一女奴，原是罗马某国王的女儿。赛弗·道莱认为她天生丽质，举世无双，对她是恩宠有加，关怀备至，甚至连刮风都怕吹坏了她，因而引起其他妻室的妒嫉。"[①]赛弗·道莱去拜谒他母亲的陵墓，竟有五千士兵，两千侍从随行。

当时埃及的国王和埃米尔也过着十分奢华的生活。例如在突伦时代（公元 868—905 年），从现在的伊本·突伦清真寺及其周围的萨拉丁城堡，直至阿比丁宫这一地区，当年是一片雄伟的建筑群，其中有高大的清真寺、宏大的医院、高耸的宫殿和宽阔的广场。伊本·突伦清真寺附近原有一个广场，胡马赖韦·本·艾哈迈德·本·突伦[②]将广场改建为一座精致的花园。花园中栽种各种芳香植物和树木，还从各国运来了各种果树及蔷薇、玫瑰。胡马赖韦别出心裁，给枣椰树的树干围上一圈镀金的铜罩，在铜罩与枣椰树之间装有置铅制的水管，水从围在树干上的铜片上流出，进入喷泉，喷泉中的水再流入沟渠，浇灌整个花园。花园的构造精巧别致，每种芳草都有标牌说明。花匠悉心照看，按时修剪，不使花叶过分茂密。园中还有一座用麻栗木修建的塔，该塔的镶嵌、雕刻工艺十分精细。塔中放养着各种鸽子和各种鸣禽，塔上还为雏鸟建有鸟巢，并在鸟巢周围竖起固定的枝干，供雏鸟练习飞翔时栖息，啭鸣嬉戏。花园中还放养有孔雀、火鸡等。园内建有一屋，名为金屋，整个墙壁涂有黄金，并镶有一人半高的胡马赖韦的木质雕像，

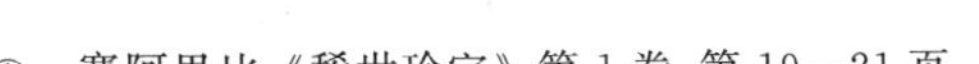

① 赛阿里比：《稀世珍宝》，第 1 卷，第 19—21 页。

② 胡马赖韦：突伦王朝第二任国王，伊历 270—282 年/公元 883—895 年在位。——译者

旁边绘有装饰华丽、形象逼真、色彩鲜艳的歌女。这座花园是当时世界上最奇妙的建筑之一。

胡马赖韦在花园里还修建了一座放满水银的池子，池内放置了一个充气床垫，床垫四周系有带银环的带子。当胡马赖韦睡在垫上时，床垫就轻轻晃动，他常常这样在月夜里观赏月光与水银光交织在一起时的奇异景象。

胡马赖韦在宫中一隅修建了一座狮子馆。每个狮舍养有7头狮子，舍门从顶部开启；每个狮舍有一小窗户，饲养师可从该窗进入喂食；狮舍及其周围铺有沙土，不时进行更换。

胡马赖韦使用了大批奴仆，训练他们掌握各种各样的烹饪技术。当时的埃及奴隶以擅长烹调著称，这就是胡马赖韦训练的结果，慕名的人纷纷从各国、各地到埃及来购买奴隶厨师。

最能说明当时奢华程度的也许要算胡马赖韦送女出嫁了。向他女儿卡特尔·奈达求婚的是巴格达阿拔斯王朝的哈里发穆耳台迪德。胡马赖韦为女儿制备、运送嫁妆费尽了心思，耗尽了国库，更使埃及的财政状况受到严重破坏。

在陪送的嫁妆中，有一把用黄金制作的长椅，在椅子上方有一镂空的金制顶罩，每一个镂空处挂着一个金环，环上镶着一块无价的宝石。嫁妆中还有一百个金乳钵，嫁妆仅此一项就耗资四十万第纳尔。

新娘从埃及到巴格达，路途遥远，胡马赖韦遂下令在沿途广建行宫，供新娘下榻之用。送新娘的队伍行走缓慢，有如幼儿学步。每走完一段行程，便有一座新的宫殿建成，宫内设备一应俱全，整个行程犹如在其父宫中一般。新娘于伊历282年/公元895年

1月1日到达巴格达。[①]

突伦时代的杰萨斯家族的财产达数百万第纳尔。该家族的一个成员——著名的珠宝商哈桑·本·阿卜杜拉·杰萨斯，讲述了他发财的经过。他说："我是在胡马赖韦军队中服役时开始发财的。当时，我负责给众将领采购珠宝及其他物品。有一天，一位女管家拿着一盒宝石来找我，盒内装有一百颗宝石，我从未见过比这更精美、更华丽的宝石，我估计每颗宝石都值十万第纳尔（金币）。女管家说：把这些宝石磨小些，以便能放在耳坠和项链上。听罢我高兴得几乎跳了起来，忙接过宝石说：遵命，遵命！我马上出去找来商人，买了一百颗管家所要的宝石，一百颗的价钱还不到十万迪尔汗（银币）。另外，我又向他们索要了二十万第纳尔的手工费。"[②]

法蒂玛王朝时代（公元909—1171年）的铺张豪华更加考究、更加排场，读一下麦格里基写的《埃及志》中对法蒂玛人的宫中生活、对法蒂玛人的库房以及各种供其享乐的物品的描述，会令读者惊叹不已。麦格里基写道："哈里发有两座库房存放衣物，一座是公开的，内放供人们观赏的哈里发家人穿用的衣服；另一座则不公开，专放哈里发的衣物，该库房由一妇人管理，她手下有三十名女奴供其差遣。哈里发每换一件衣物都要经过她的手。……为了这座库房，在尼罗河畔专门建了一座花园，园内长年种植长寿花、素馨，冬夏两季每天都要给库房送花，从不间断，以保护衣物和存放

① 详见麦格里基：《埃及志》和伊本·台赫里·比尔迪：《群星灿烂——埃及和开罗编年史》。

② 伊本·沙基尔：《人物传记补遗》，第1卷，第138页。

衣物的箱子。”

哈里发阿迪德[1]私人库房的司库清查库房时，发现内有100箱镶有宝石和刺绣织物的华丽衣服，以及大批贵重的项链和昂贵的宝石等贵重财物。[2]

在穆斯坦绥尔哈里发[3]执政的困难岁月里，有人从宫中的一个库房中找出一个箱子，箱内装有七莫德[4]的祖母绿。有人问在座的懂得宝石行情的诸位大臣，这些祖母绿值多少钱？答：我们只知道世上有些祖母绿的价值，而这些祖母绿从未见过，系无价之宝！……后又找出一宝石项链，价值最少在八千第纳尔以上；又找出一千二百枚镶有各种不同颜色、价值不等的钻石、金、银戒指……后又找出一个口袋，内装约一威伯[5]的宝石。请来珠宝专家问价，答曰：都是无价之宝，只有帝王之家才买得起这些宝石！另有一只镶有贵重宝石的金孔雀，孔雀的双眼是用红宝石镶的，羽毛是由涂金的珐琅玻璃，配上各种孔雀毛颜色制成的；一只金制的公鸡，鸡冠是用红宝石，再镶配一些珍珠、宝石制作的，眼睛用的是蓝宝石；一只镶满贵重宝石、珍珠的羚羊，白色的肚子是由许多精美的珍珠镶嵌而成，等等。[6] 此外，麦格里基对存放哈里发宝座的库房、家具什物的库房，对存放兵器、军旗、马鞍、帐篷的库房，以及存放饮料、调料的库房等等，均有描述。

① 阿迪德：法蒂玛王朝最后一任哈里发，公元1160—1171年在位。——译者

② 麦格里基：《埃及志》，第1卷，第413页。

③ 穆斯坦绥尔：法蒂玛王朝第八任哈里发，公元1036—1094年在位。——译者

④ 莫德：容积名。1莫德约等于18公升。——译者

⑤ 威伯：埃及容积名。1威伯为32.9公升。——译者

⑥ 详见麦格里基：《埃及志》，第1卷，第414页及其后。

据说，当埃及的征服者穆仪兹[①]离开马格里布时，带走了大批财产，他命人将这些财产铸成了金磨盘，仅这些金磨盘就动用了一百头骆驼来驮运。进入埃及后，穆仪兹将金磨盘安放在宫门的外面。穆斯坦绥尔哈里发执政后，时日曾一度艰难，物价飞涨。当人们无计可施时，哈里发命人用锉刀去锉那些放在宫门外的金磨盘，用锉下来的碎金度日。贪婪使人们拿走了大部分的金磨盘，哈里发只得又命人把余下的金磨盘搬进宫内。

穆仪兹哈里发还用部分金磨盘给宫中的一个门垒了两个门柱，该门被称为金门，此门所在的大厅称为金厅。[②]

当萨拉丁[③]进入法蒂玛人的王宫时，发现在宫中的一万二千人当中，只有哈里发和他的儿子，以及部分亲属是男性。[④]

不管麦格里基和其他人在描写突伦人和法蒂玛人的财富时有多少夸大之处，应当说，描写基本上是正确的。那就是贵族和有钱人的富足，他们对享乐、对豪华的追求，与拉希德时代的阿拔斯人相比，可说是有过之而无不及。

“阿齐兹[⑤]哈里发的宰相伊本·克里斯的年俸达十万第纳尔，拥有四千名黑人和白人奴隶，他的一颗宝石价值达四十万第纳尔，

① 穆仪兹：法蒂玛王朝第四任哈里发，公元953—975年在位。——译者

② 麦格里基：《埃及志》，第1卷，第432、485页。

③ 萨拉丁：阿尤布王朝的缔造者，抗击十字军东侵的英雄，被阿拔斯王朝哈里发授予“埃及、叙利亚、马格里布及也门素丹”的称号，公元1171—1193年在位。——译者

④ 麦格里基：《埃及志》，第1卷，第384页。

⑤ 阿齐兹：法蒂玛王朝第五任哈里发，公元975—996年在位。——译者

他的衣服每件可值五百第纳尔。”[①]

诗人阿玛拉·也门尼描写法蒂玛宰相伊本·祖里克为自己建造的庭院道：

豪宅精心造，贫富见门楣。

庭院美如画，埃及亦生辉。
青藤垂檐下，浓绿似滴翠。
椰枣与石榴，满满枝头坠。
战马真英武，鞍辔道富贵。
气势贯长虹，民众安然睡。
千人亲眼见，无不称其最。
玉石铺满地，金银叮当脆。
琥珀嵌樟脑，象牙黑檀配。

景色实在美，装潢令人醉。
红花与白花，缤纷是玫瑰。
白色绘条纹，黄色映朝辉。
任你千种色，由他巧搭配。

如此，当时的钱太多了，哈里发的皇宫、王公大臣及商贾富豪的宅邸富丽堂皇、太奢华无度了！但是，一般的老百姓却大都十分贫穷和不幸！

那个时代的社会只存在着两个截然不同的阶级：哈里发、国家

① 伊本·赫里康：《人物传记》，第2卷，第499页。

要员及其亲属、随从，属于一个阶级，其人数与整个国家的人口相比是少数；其余的人，他们是大多数，包括学者、商人、工匠、农民和牧人，他们属于另一个阶级，除了那些与哈里发和王公贵族有来往的人之外，这些人中的大多数都是穷人。

这是因为，最大的财政来源是人头税和土地税，这些税收都进了在哈里发等人支配下的国库，其中一部分用于公共事业，剩下的很大一部分就要依哈里发和众埃米尔的意愿支配了：送给诗人和赞美者的赏赐；向珠宝商购买珠宝；向奴隶贩子购买女奴；向古董商购买古董；发给宫廷小丑的奖励。此外，富人中也有慷慨好施者，向穷人设桌舍饭，发放衣物，成千上万的人吃过他们的饭，得到过他们的施舍。如：法蒂玛时代侍从官鲁厄鲁厄一天就分发了一万二千张大饼及其相应的食品，斋月时发放的数量还要加倍，鲁厄鲁厄亲自站着分发；[①]哈里发穆格台迪尔的大臣阿里·本·耳撒向阿里家族的人、向阿拔斯人、向辅士的后人发放钱物；[②]伊本·福拉特给教法学家、学者、穷人和穆圣家族的后人发放钱物，最多的每人每月一百第纳尔，最少的每月五个迪尔汗。[③]

正因为如此，当时人们的目光都盯着哈里发和埃米尔们，因为学者如果想要富有，就只有为他们效劳；诗人想要生活，只有给他们唱赞歌；商人手中一旦有了值钱的珍宝，或者漂亮的女奴，只能在他们的宫中找到销路；工匠如果做成了一件精美制品，要找的也是他们。至于其他阶层的人，则是些连肚子都填不饱的穷人！学

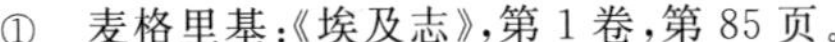

① 麦格里基：《埃及志》，第1卷，第85页。

② 《大臣传》，第323页。

③ 伊本·赫里康：《人物传记》，第1卷，第372页。

者如果远离宫廷，其生计就难以维持；诗人不是为自己，也不是为抒发自己的情感而写诗，他们是为了钱，为了从哈里发和埃米尔手里得到钱而写诗。因此，大多数诗歌都是歌功颂德的赞美诗。艺术家、商人也是如此。对哈里发和埃米尔所赞颂的，大多是他们的慷慨、豪爽，而不是他们的公正廉洁，也不是善理朝政的政治美德。

哈里发和埃米尔们的钱财一旦告罄，他们就去没收富人的财产，掠夺他们的财物，然后再去挥霍。由此便出现了藏金装穷，不愿与哈里发及其家人接近的现象。在阿拉伯文学中出现了很多赞美贫穷，赞美远离宫廷的诗歌和散文。[①] 与此同时，苏菲派得到发展和传播，并受到人们的欢迎。

一边是穷奢极欲，一边是一贫如洗。那些与哈里发、埃米尔们及其圈内的人不沾亲带故、不来往的学者和普通老百姓，都属于后者。

这位是马立克派的阿卜杜·瓦哈卜，巴格达人，他既是教法学家，又是文学家和诗人。他的教法著作见解精辟，在当时的马立克派教法学家中，没有人能与之相比。在他外出游学时，曾拜访过麦阿里[②]，受到麦阿里的款待和称赞。就是这样一位学者，在巴格达举步艰难，甚至连吃饭都成问题，为了糊口，他不得不远游。当巴格达的各界名流为他送行时，他说了这样一句话："每日午餐，如有两个大饼可以糊口，我也不会离开这里了。"说罢，吟诗道：

巴格达，对每个人来说都是和平之城，

① 请参看赛阿里比：《稀世珍宝》，第1卷，"王权"章。

② 麦阿里（公元937—1057年），请见第105页注释。——译者

真的，她对我更加和平。
指真主发誓，
我不是出于憎恶而离开她。不！
我知道她，了解她，
我在这里出生，在这里长大。
巴格达，那么大，
但她无法把我容下。
她没有大饼让我糊口，
没有生计把我挽留。
她像一个我原想亲近的朋友，
但她的禀赋，她的性格，
使我离她远游。

阿卜杜·瓦哈卜到达埃及后，当他吃到第一顿饭后，就死去了，那是一顿他渴望已久的饭菜。据说，他在临死前一边辗转反侧，一边说道："万物非主，唯有真主。我生活过了，也就死了。"[①]

这位是艾布·哈彦·陶希迪（约公元1010年卒），巴格达人。他学识渊博，有着极高的文学修养，对哲学、修辞学、苏非派都有研究；他与宰相、学者交往；他以经营文具、誊写书稿、著书写作为生。尽管如此，他是这样来谈论自己的："在花费了很多时间用于交际、应酬之后，我还是不得不去吃沙漠中的野菜，不得不去向权贵们、甚至普通人卑躬屈膝地乞讨，去出卖信仰和尊严，去干口是心非、

① 伊本·赫里康：《人物传记》，第1卷，第431页。

沽名钓誉的勾当，去做那伤天害理的、难以启齿的事情。”[①]

当这一切使艾布·哈彦·陶希迪感到疲惫、感到厌倦之后，他的追求、他的谄媚、他的口是心非，都变成了对人们的愤怒和仇恨。临死前，他把他的著作付之一炬，他说：“我写这些书大都是为了人们，也是为了能得到人们的尊重，为了我的体面，也是为了我能成为他们的首领，但这一切，我什么都没能得到。”在他所著的《慰藉与温馨》一书中，通篇都是对贫穷与失意的控诉。艾布·哈彦·陶希迪曾向很多宰相和富翁诉苦、求助，但都一无所获，空手而归。

这位是艾布·苏莱曼·曼推吉（大约公元 985 年卒），他是巴格达最有头脑、最有理智、最富有哲理的人。他视野开阔，思想深邃；他精通希腊哲学，深知其奥妙和要领，同时又有自己的独立见解。他一只眼睛失明，且患有麻风病，无法与外人接触，只能每日待在家中。只有那些了解他的价值，而从别人那里又学不到他所掌握的知识的学生与他有些来往。艾布·苏莱曼一贫如洗，其弟子艾布·哈彦·陶希迪这样写道：“他最需要的是得到一张大饼，其境况使他无力支付房租，无法吃上一顿午餐和晚饭。”宰相伊本·赛耳丹送给他一百个第纳尔，这使他喜出望外，连走路也神气起来，说话时更加咬文嚼字了。

这位是巴格达的艾布·阿里·高利[②]。他在去安德鲁斯之前，境况十分窘迫，以至于不得不把他最珍爱的书卖掉。他将《辞

① 伊本·哈彦·陶希迪：《慰藉与温馨》，第 1 卷，第 31 页。

② 艾布·阿里·高利（公元 893—967 年）：阿拔斯王朝时代阿拉伯著名的语言学家。主要著作有《口授录》和《词语精华》。——译者

语总汇》[①]卖给了谢里夫·穆尔台迪[②]。当谢里夫·穆尔台迪打开书时，在扉页上看到了艾布·阿里的手迹：

(这部书)伴我廿载，最终将它卖；
痛失钟爱物，痛苦永相随。
从未想过我会把它出手，
纵使要我在牢房度过一生，
也难以补偿我欠下的罪过。
但是，一想到贫穷、疾病，还有那幼小的孩子，
我，我禁不住热泪纵横，
我以一颗备受烙烫的心，
写下这些文字。

这位是艾布·阿拔斯，即著名的伊本·哈巴兹，摩苏尔人。他是一位大语法学家和文学家。他在为他的《诗歌奇解》一书所作的演说中说道："谁知道我的真情，谁就会原谅我的不到之处；苦恼使我无法记忆，烦闷使我找不到该用的词句：

高山若有我的苦闷，高山就会倒塌；
火焰若有我的苦闷，火焰就会熄灭；
河水若有我的苦闷，河水就会断流。

别人若遇到我的苦闷，他们就会活不下去；

① 《辞语总汇》：这是阿拉伯古代继《艾因书》之后著名的字典之一，作者是伊本·杜雷德(公元837—933年)，著名的语言学家、诗人。——译者

② 谢里夫·穆尔台迪(公元966—1044年)：阿拔斯王朝文学家、诗人、教义学家。——译者

时间若遇到我的苦闷，时间就不复存在；
太阳若遇到我的苦闷，太阳就不会升起；
星星若遇到我的苦闷，星星就不再闪耀。

我请求至高至尊的真主保佑我，使我不要再受到伤害，不要再给我增添灾难！每当我想得到舒适、安逸之时，它们总是离我而去。无时无地都在助人的真主啊！一切始于你，一切止于你，一切都靠你！”

这是宰迈赫舍里[①]，他写道：

使我伤心的是，
我的业绩被驼队传颂；
我的诗歌传遍各地，
我的书信像日月行走。
多少演说，
多少作品，
我为它绞尽了脑汁，耗尽了心血！
在文学上我很富有，
但到头来，却两手空空，
除了手指 一无所有。

这位是艾伯尤尔迪，诗人兼教法学家。赫忒布·巴格达迪在其著作中曾引用过他的作品。艾伯尤尔迪曾连续两年在冬季穿不上一件敞袍。他对朋友说：“我患有一种病，一种不能穿厚暖衣服

① 宰迈赫舍里（公元1075—1144年）：伊斯兰教著名的经注学家、教法和教义学家，同时也是著名的语言、语法和修辞学家。主要著作有《古兰经注》、《修辞词典》、《圣训冷僻词语解》等。——译者

的病。”他所说的“病”，是指“贫困病”。

这位是赫忒布・泰伯里齐[①]，他有一部艾资海里[②]编纂的《纯正语言词典》，该词典有好几卷。他想对这部词典进行考证，听听语言学家的意见。有人建议他去找艾布・阿拉・麦阿里，向其请教。赫忒布・泰伯里齐因无钱租用牲口，只好把字典装在一个布袋里，背着字典徒步从泰伯里兹去见麦阿里。[③] 汗水湿透了衣服，湿透了布袋，字典上留下了斑斑汗迹。

艾布・哈彦・陶希迪还给我们讲述了一个可怕的自杀事件。他说：“最近几天，有一位老人——一个做学问的人，生计无着，度日艰难，人们嫌弃他，避而远之，一连数日都是如此。有一天，老人走进屋内，系绳于房梁，自缢身亡。我们得知此事，悲痛不已，相互传告，为他办理了后事。”艾布・哈彦・陶希迪和他的朋友还就老人该不该自杀进行过辩论。

上述几件事讲的都是学者，普通老百姓的情况就更糟了。造成这一状况的原因有如下几个方面：宫廷的开支满足不了那无度的挥霍和浪费；土地税和其他捐税的征收权卖给了私人，这些人拼命压榨老百姓，以榨取数倍于他们应缴付给官府的钱；司法因政府官员的干预及贿赂盛行而紊乱不堪；军队分成突厥军团、德伊莱姆军团、马格里布车团等等，各军团中的民族宗派主义严重，各军团

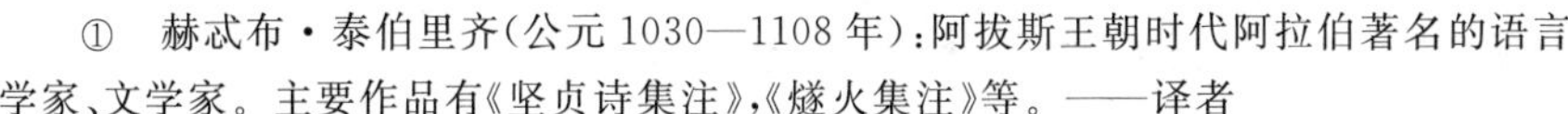

① 赫忒布・泰伯里齐（公元1030—1108年）：阿拔斯王朝时代阿拉伯著名的语言学家、文学家。主要作品有《坚贞诗集注》，《燧火集注》等。——译者

② 艾资海里（公元895—980年）：语言学家，以《纯正语言词典》一书闻名于世。——译者

③ 泰伯里奇：位于今伊朗西北部的一座城市。麦阿里：位于今叙利亚境内。——译者

之间相互敌视；政权因要用大笔钱财取悦军人而加重了财政负担；国家官员的命运也难以预测，今日被任命为宰相大臣，明天就可能被革职抄家；宰相大臣的助手、亲信的荣辱升降与宰相大臣本人的命运息息相关，这些人惶惶不可终日，无法安心理政。

所有这一切造成了财政恶化，继而导致了人民贫困，社会动荡，风火四起。

另一个社会现象是，艺术只有在哈里发、埃米尔们的宫廷中才能得到发展。诗人为自己写诗的很少，为自己而献身艺术的艺术家更是罕见。诗人和艺术家都是向哈里发和埃米尔们展示自己的商品——诗歌或者艺术。因此，诗歌、散文和艺术有着浓厚的乞求别人施舍的色彩。那个时代不像现在，不是艺术家可以为自己或为人民而生活、创造的民主时代，而是贵族时代，是只有贵族和那些想靠贵族吃饭、甚至甘愿吃其残羹剩饭的人才能享乐的时代。如果对赞美文学作品作一统计，就不难看出大部分作品都是出于利己的动机而写的。

那时的学者同样也分成两部分：一部分与哈里发、埃米尔们有交往，或者在官府中担任职务，如司法、文秘等，这些人比较富有。因此，我们看到这个时代许多学者的著作都是奉命之作，不是遵照某宰相的命令，就是遵照某位埃米尔或其他人的指示，序言里要写上这些人的名字，并且还要说些溢美之词。至于那些远离宫廷的学者，则大多穷困潦倒，几乎无法糊口。

在这种社会条件下，产生了很多现象，诸如哈里发、埃米尔们及有权势的人生活得无比奢华；普通老百姓和那些与富人没有交往的学者、文学家的极端贫困；以及由于追求享乐而产生的奢靡之风，形形色色的纵欲放荡、腐化堕落。贫穷又导致了妒嫉、仇恨、欺骗、诽谤等邪恶现象的出现；贫穷还使苏菲派得到传播，因为生活中的失意会使人禁欲苦行，这些人便用今生得不到的享乐向来世去追求的想法来安慰自己。贫穷还助长了骗术、谵语的流行，人们因无法用合法的手段得到财富，便把希望寄托在幻想之中：相信占星术，相信能给人带来幸福或厄运的吉兆、凶兆；学习炼金术，想把铜、锡等金属变成黄金；求助于圣徒的教诲，认为他们的许诺也许能够实现，真的能由穷变富；此外，还相信巫术、符箓，去寻找埋藏在地下的宝藏等等。

总而言之，当时的财政状况十分混乱。由于分配不公，贫富差距悬殊，一边是穷奢极欲，一边是食不果腹。财政上的不稳定，源于对财产所有权的不尊重，这是由统治者对人们手中财产的贪欲造成的。宰相一旦被解职，其财产就会被其继任者充公。巨商富贾则是总督垂涎的对象，富人死后，他的财产就会遭到没收、查抄的厄运，其罪名要么是没有公认的继承人，要么是在确认继承权问题上设置障碍，或者干脆没有任何理由！如伊赫什德在埃及掌权时，如果某个将领或书记官死了，死者的继承人就要倒霉了，伊赫什德会将他们的财产没收。他对待富商也采取同样的办法。

宰相穆海莱比死后，穆伊兹·道莱就没收了他的遗产。穆伊兹·道莱对伊本·阿米德也照此办理。财政状况的混乱和人们对财产安全感的缺乏，必然要导致收支失衡，国情恶化。这时，统治者又采用增加各种苛捐杂税，大量没收、侵吞富人钱财的办法，以满足军队等庞大的开支。这种饮鸩止渴的办法只能使财政更加恶化。情况愈恶化，任免官员便愈频繁。那些提出保证要使财政预算做到收支平衡的人，则受到哈里发和素丹们的重用，而所谓保证，不过是采取导致毁灭的暴虐与压迫而已。

人们分别属于不同的阶层，有的人津津乐道自己的世系、血统和先人的业绩，如阿拉维派人和阿拔斯人都以自己是穆圣的后裔而自豪，前者认为自己是阿里和法蒂玛的后代，后者则以阿拔斯为荣。这两个家族相互嫉妒，前者认为自己与穆圣的血缘更近，后者则以握有哈里发的职权而自视高人一等。不管怎么说，在他们看来，世系、血统都是骄傲的本钱，是评判一个人身份地位的依据。这些人享有特殊的俸禄，掌握着贵族联盟等组织。

以宗系、血统为荣的人，还包括那些以出身名门望族而感到自豪的人，如倭马亚王朝的著名埃米尔穆海莱布·本·艾比·苏夫拉的后裔就是这类人。该家族在巴士拉颇有势力，其中的穆海莱比曾任布韦希人阿杜德·道莱的宰相，后面将会提到此人。再如拜奈韦人的后代，他们是曾为建立阿拔斯王朝出过力的呼罗珊人的后裔，他们当中有人以自己的波斯血统，以王室出身，或以出身于波斯望族，如布韦希家族而感到骄傲。属于这个阶层的人，可能是富人，也可能是身遭不测、命运不济，仅能以其名门出身而聊以自慰的穷人。

另外，还有一个以自己担任国家职务，如宰相、大臣或其他官府部门的首脑而感到自豪的阶层，这些人的家属和亲戚也以此为荣。但是，他们的骄傲是暂时的，因为他们有时高高在上、不可一世；但随时都有遭到免职、查抄，甚至流放或被杀头的危险。到那时，其地位便会一落千丈，跌入社会的底层。这些以职位而自豪的人，就是我们在文学和历史书中常见到的那些享尽荣华富贵，过着纸醉金迷、醉生梦死生活的人。这些人不代表人民。中间阶层的人则极力效仿他们，梦想有朝一日也能过上他们那样的生活。此外，以继承遗产、经商和经营其他事业而发财的富人阶层，其人数相对来说是有限的。

除此之外，还有一批以学问或宗教而感到自豪的人，但这是在一些特殊范围内的自豪。比如学者，为他们感到自豪的是其同行和弟子等有限的人。这些人因为贫穷，只能享受这种道义上的自豪。苏菲派人、教法学家和讲经说道者等宗教人士的自豪也仅限于在他们之间，以及那些从他们那里能得到祝福的普通老百姓。至于其他的人，都是穷人，他们既无地位，又无金钱，也无令人羡慕的宗系，他们没有任何骄傲的资本。伊本·费吉赫[①]把他们说成"是糟粕、废物，是泡沫、沉渣，是卑鄙、下贱的人。他们所关心的只是吃饭、睡觉"。

事实并非如此。人民，普通老百姓，他们是民族的支柱，是民族的大多数，是民族真正进步与发展的标志。他们付出了辛勤的劳动，却得不到应有的报酬和收获。他们关心吃饭、睡觉，有什么错?！在财产分配上，当时的社会已失去平衡，我们所看到的那些对文明、对享乐追求的描述，只是少数人的事情，这些少数人的奢侈是以绝大多数人的贫困为代价的。从道德方面讲，富人道德败坏，世风日下；掌权者妄自尊大，不可一世；穷人卑躬屈膝，自轻自贱。人们所说的尊严、清廉，所说的坚持真理，所说的美德善举，只

① 伊本·费吉赫：阿拔斯王朝时代地理学家。生卒年月不详。因于公元 903 年左右发表《诸国志》一书而成名。——译者

不过是极少数人的品德而已。

奴　　隶

这个时代的奴隶多得惊人，宫廷中到处皆是。奴隶对社会生活产生了重大影响。女奴的后代越来越多，血统越来越混杂，就连哈里发本人也多为婢妾所生。伊本·哈兹姆[①]在其《新娘拾趣》一书中写道："倭马亚王朝时的众哈里发中，只有韦立德的两个儿子叶齐德和伊卜拉欣为女奴所生；阿拔斯人当中，除了赛法哈、麦赫迪和艾敏哈里发的母亲是自由人以外，其他诸哈里发的母亲都是女奴；而安德鲁斯的倭马亚王朝的埃米尔们和哈里发们，无一人的母亲是自由人。"

教女奴唱歌已成为一种时尚。她们的主人为她们准备了卖唱的场所，当时巴格达有很多这种地方。艾布·哈彦·陶希迪说："我们这些住在卡尔赫的人曾做过统计，整个巴格达共有四百六十名女奴、一百二十名自由女人和九十五名漂亮的少年在卖唱，她(他)们既漂亮又文雅，既会唱歌又会交际应酬。至于那些因其尊贵或戒备森严，我们无法去的场所，那些因一时兴起，纵情放荡而聚在一起的吹拉弹唱的场合，尚不包括在内。"[②]

这些有歌女的公共场所经常有人光顾，就连学者文人、法官名流、苏菲派人前去听唱也绝无难色或觉不雅。如：苏菲派人伊本·

① 伊本·哈兹姆(公元994—1064年)：阿拉伯安德鲁斯著名诗人、哲学家、教义学家、历史学家，主要著作有《斑鸠的项圈》和《关于教派和异端的批判》等。——译者

② 艾布·哈彦·陶希迪：《慰藉与温馨》，第2卷，第183页。

费赫姆喜欢听妮哈雅的演唱，妮哈雅是伊本·穆赫尼的女奴；商人伊本·盖拉尼喜欢听伊本·叶齐迪的女奴拜鲁莱唱的歌；法官艾布·哈桑·吉拉希则爱听舒阿莱的歌；大哲学家、逻辑学家艾布·苏莱曼和艾布·哈彦·陶希迪则喜欢听一个风靡一时的摩苏尔少年演唱的歌曲。

从这些记述中可以看出，当时的演唱场所有雅俗之分，雅处多较为保守的人常去听唱的地方；俗处则多为厚颜无耻之徒的淫荡去处。

据史料记载，那时演唱的内容多是些通俗易懂、易于上口、韵脚鲜明的阿拉伯诗歌。如巴士拉歌女吉奈瓦唱的歌词是：

但愿我能生活在他们身旁，
如果失去他们，
我就将死亡。

歌女桑德斯唱道：

坐卧相依伴，衷情诉不完，
同心共命运，好似连理缠。
相见热泪洒，对坐美酒含，
若无两情悦，哪来香醇甘。

歌女杜莱唱道：

怎忘得了那次的幽会，她敲门，我走进，她后退。
鲁萨法的美女啊，你的琴艺最佳，你的歌儿最美，
多少个夜晚我们共欢乐，多少杯美酒你我同醉，
如今你离我而去无踪影，往事如烟令人心碎。

当唱到最后一句，诗文真是感天动地，她接着唱道：“心事道出

谁人解，只见我衣衫褴褛，满眼是泪。”

歌女阿尔瓦唱巴格达卖酒的小巷道：

为何你两颊绯红，是遭人打，还是醉酒沉迷？
既无人欺，为何一醉不醒，对仆人不睬不理？
发昏了吧！既喝干了杯中酒，怎不让人亲吻你？
看到你的笑脸，我心中既有惊叹又有焦虑，
嫩枝上可爱的鲜花呀，是谁如此造化了你！

巴格达鲁萨法区伊本·里达的小妾劳阿唱道：

别怪我，瞻念未来，心中口里总是你，
你是众人的开心果，你将所有的目光集聚。

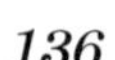

歌女们唱的都是些通俗易懂的、意思浅显的诗，其内容大多是围绕着情、爱、离别、相聚等主题。

人们在这些场所里尽情喧闹，几至癫狂，有的撕破衣服，有的顿足打滚儿，有的瞪着双眼，有的呼喊救命，有的连声大叫：别无办法，只靠真主等等，千奇百怪，不一而足。[①]

这种场所被称为“盖依奈之家”。“盖依奈”一词在阿拉伯语中的含义是唱歌或不唱歌的女奴，但一般通指唱歌的女奴。这些歌女中，有的用恋情和唱歌作交易。她们设下圈套，让那些纨绔子弟上钩，待将钱财榨取一空之后，再将他们抛弃。有人对此作了细致的描述：“歌女在唱歌时，看到家境好的、有钱的阔少后，便上前搭讪，施展手段：频送秋波，眉目传情，扭动腰肢，送上一曲，尽力讨得少年的欢欣、满意，直至那可怜虫落入圈套；接着便施展哄骗伎俩，

① 参看艾布·哈彦·陶希迪：《慰藉与温馨》。

曲意奉承，百般谄媚。隔日，便派人递送柔情蜜意的情书，诉说为了那少年，她已寝食不安，夜不思眠。一会儿送去自己的戒指；一会儿又派人送去一绺剪下的青丝，再附上一封情意绵绵，落有几滴相思泪痕，用龙涎香加封的情书……待将那少年弄得失魂落魄之后，便开始索要衣物、首饰；开始无病呻吟，以确保礼物源源不断，直到那阔少挥霍殆尽、濒临破产。此时，歌女即刻变脸，开始对他冷淡、疏远，表现出不耐烦；不愿见他，不愿与之交谈，进而责备、非难，不再理会他的感情，不再与之周旋，并告诉他，她，已另有新欢。"

有的诗人对此也作了同样的描述：

一梦醒来悔不当，原来此举甚荒唐。
歌女怎有真性情，追来追去爱无望。
只要花礼送不断，你是情哥爱意长。
堂前一个富家子，百般阿谀张情网。
换来痴心真感情，为爱消瘦病在床。
厚重礼物不嫌贵，情爱价高可倾囊。
脚链戒指加手镯，再配项链闪金光。
直至家破财散尽，美女转身变了样。
谁爱歌女听我言，劝你千万别上当。

由此还引发了一场争论：谁更好，是歌女还是自由女？一些人打趣道：

女奴配男奴，君子请自爱。
自由女无价，因有族人在。

但是另外也有诗人道：

聪明智慧无人比，温柔可爱是歌女。

这些女奴对当时的学术也产生了影响。有的人为女奴著书立说，如伊本·布突拉尼就写了一篇有关买卖奴隶、教育奴隶的论文，其他人纷纷效仿。他们列举了世界上的各种人种，并对各人种的奴隶做了研究，对各人种的女奴的优点与缺陷，对身体各个部位的美与不足，以及如何掩盖缺陷，都有详细描述。此外，对如何给娈童或女奴相面，奴隶贩子的伎俩、手段等等，也都有记述。

与此同时，人们对“美”还做了哲学论述，并想定出“美”的标准。人们还发现，那些被称为“杰出评论家”的人都是美学家。艾布·法拉吉·伊斯法哈尼[①]说：“对妇女的研究得最透的是那些评论家，他们推崇的纤细是那种介于胖与匀称之间的纤细，不是瘦骨嶙峋的纤细。”

人们还谈到皮肤的颜色和肤色美的问题。艾布·法拉吉·伊斯法哈尼写道：“白色皮肤再加上红、黄两种颜色就更加艳美。皮肤发红是因皮肤薄，血液健康所致；皮肤发黄则是由于皮肤遮蔽过多，厮守家中，生活舒适、安逸，以及使用香水过多而造成的。据称，具有古典美且肌肤光滑的妇人，其皮肤的颜色，天亮至傍晚时微红，傍晚到深夜微黄。”评论家们还对身体的每个部位，对头发、额头、眉毛、眼睛、鼻子、面颊、嘴、嘴唇、脖颈、手腕、四肢等的美丑；对指尖以及指甲染成红色或黑色，对胸脯上部、胸部和乳房，以及乳房的大小；对腰、小腿和脚等等都有细致的描述和评论，在此不

---

① 艾布·法拉吉·伊斯法哈尼（公元897—967年）：阿拉伯阿拔斯王朝著名的文学家、历史学家、诗人。主要著作有《诗歌集成》（20卷）、《塔里布人殉难记》等。——译者

便一一详述。

此外，这些评论家对歌女的歌唱的细微差别，对歌唱哲学也有自己的看法。他们认为，歌女阿勒瓦如能把嗓音再提高一些，歌女尼哈娅如能唱得再激情一些，歌女拜鲁莱如能加上伴唱，歌女盖莱姆歌唱时如能将调子提高一点，节奏加快一些，曲调唱得更加伤感、婉转一些，效果会更好，声音会更美；而歌女桑德斯若能更加放开些，更加娇媚、婀娜多姿，那一定会更加迷人，更令人心醉。评论家对唱歌作了哲学探讨，诸如唱歌是感官享受，还是精神享受？为什么歌唱家的声音如此悦耳，如此动听？等等。[①]

*　　　*　　　*

奴隶有两种：白奴和黑奴。白奴来自突厥人、斯拉夫人、亚美尼亚人和希腊人。白人奴隶市场大都在撒马尔罕和欧洲东部。来自突厥斯坦、河外地区及保加利亚的奴隶都在撒马尔罕出售；欧洲东部的奴隶市场则出售来自日耳曼、安德鲁斯、意大利和法兰克王国的奴隶。黑人奴隶来自苏丹、埃塞俄比亚等地。

白人奴隶售价昂贵，他们最适宜学习艺术和音乐，技艺愈精，售价愈高。每个大城市都有很多奴隶市场，大的奴隶市场备有房间，供展卖的奴隶居住，这是普通奴隶的情况。至于那些特殊的、优秀的奴隶，包括妇女、少年及成年男子，奴隶贩子则直接将他们送到王公贵族、富豪巨贾的家中供其挑选。

奴隶不仅担负着各种繁重的劳动，而且深入到社会生活的各个方面：有的奴隶充当了国家在战争中所需要的士兵和将领，有的

① 艾布·哈彦·陶希迪：《慰藉与温馨》，第2卷，第82页及其后。

奴隶当上了总司令，如伊拉克的穆艾奈斯、马格里布、埃及的焦海尔·赛格里和卡夫尔·伊赫什德，阿富汗的苏布克特金，等等。

女奴中有的在公共场合卖唱，有的则为主人生了孩子，成为孩子的母亲，有望成为自由人。这些女奴进入到哈里发、王公大臣、富豪巨贾和中等阶层的家庭之中，有的只干家务杂活儿，有的则攀上了高枝。

男奴中有的替主人经商或从事各种工艺制作。男奴中还有一个阉人阶层，当时使用阉人已很普遍。

“艾敏哈里发时代（公元 809—813 年）已大量使用阉人。据说，艾敏曾派人专门负责阉人的选购、训练，艾敏的饮食起居、颁布政令，都由阉人侍候。”①

查希兹在其《动物志》一书中专门写了“阉割”一章，该章描述了阉割对身体、声音、毛发、神经，乃至智力的影响，同时还列举了信德、埃塞俄比亚、努比亚和苏丹各种阉人的情况。查希兹说，罗马人是最早实行阉割术的人……

白人和黑人都有阉割的习俗，穆斯林则很少作阉割术，他们购买被阉割的奴隶。因阉割有死亡的危险，故阉人的售价很高。

我们所写的这个时代，为了家中女人的“安全”，哈里发的宫中和富人的家里大量使用阉人。有些阉人成为杰出的军事将领，如穆艾奈斯和萨曼人的将领法伊格；有的阉人得到了宫廷总管的高位，受到埃米尔们的恩宠，如阿杜德·道莱的侍从沙克尔便是一例。

---

① 塔巴里：《艾敏传》。

除了阉人之外，还有娈童，他们在放荡的群体中颇有市场，有些文人学者也有这种癖好，这种现象在伊斯兰教初期阿拉伯人掌权时是极难看到的。据查希兹讲，玩娈童的嗜好始于呼罗珊人，他们在出征时有娈童陪伴，这是因为艾布·穆斯林·呼罗萨尼规定妇女不准与战士一起出征，这与倭马亚人允许妇女随军的做法恰恰相反。[①]

伊斯兰历四世纪下半叶时，文学及名人传记中便有很多关于娈童的记载，艾布·哈彦·陶希迪告诉我们说：当时巴格达有九十五个漂亮的娈童为人们唱歌，其中有一位摩苏尔少年歌手，把整个巴格达搞得乌烟瘴气。不论是虔诚的修士，还是威严持重的长者；不论是大人，还是小孩，无不被他那漂亮的脸蛋，笑口常开的小嘴，迷人的谈吐，甜蜜的话语，匀称的肢体，修长的身段，令人销魂的风骚，弄得丑态百出，洋相出尽……他会使你魂不守舍，无所适从；他百态千姿，令你不知所措；他把城里人和游牧人都迷住了。[②] 艾布·哈彦·陶希迪还谈到伊本·欧鲁斯的娈童阿拉旺：他一出场，一脱下外衣，解开纽扣，对在座的人说：开始吧，点歌儿吧！我是你们的孩子，我是你们的奴仆！我愿用我的歌为你们带来欢乐，用我的忠诚来与你们亲近……在场的人一下子就会精神恍惚，脉搏加速，四肢发热，心旷神怡，想笑，想唱，想动，云云。[③]

娈童的名字也很有讲究，从中可以看出主人的用意，如："迷人的"、"优美的"、"惠风"、"小仆役"、"香草"、"漂亮的"、"佳音"，

① 《伊斯兰教历四世纪时的伊斯兰文明》，第 2 卷，第 135 页。
② 艾布·哈彦·陶希迪：《慰藉与温馨》，第 2 卷，第 174 页。
③ 同上书，第 178 页。

等等。

综上所述，可以看出奴隶对社会、军事、财政和道德产生了多么大的影响。

文学及其对社会生活的描述

这个时代的文学作品——诗歌和散文，对当时社会生活的繁荣、奢华、贫困和不幸，对政治和社会生活的动荡，对享乐生活和严肃生活，对道德的沉沦，对文人的堕落及对奢靡之风的指责等等，都做了准确的描述。赛阿里比的《稀世珍宝》一书也许是这个时代文学的代表作。

最有代表性的散文作家大概要数伊本·阿米德[①]、伊本·阿巴德[②]、花拉子密[③]、白迪阿·宰曼·哈迈扎尼[④]和艾布·哈彦·陶希迪[⑤]等人了，而最有代表性的诗人，则是穆太奈比、伊本·哈加

① 伊本·阿米德(公元？—970年)：阿拔斯王朝时代文学家、诗人。主要作品有《书信集》等。——译者

② 伊本·阿巴德(公元938—995年)：阿拔斯王朝时代文学家、语言学家，曾任布韦希王朝宰相。主要著作有《辞海》(7卷)、《大臣书》、《书信集》、《词语总汇之精华》等。——译者

③ 花拉子密(公元928—993年)：阿拔斯王朝时代诗人、写作大师。著有《书信集》、《诗集》等。——译者

④ 白迪阿·宰曼·哈迈扎尼(公元969—1007年)：阿拔斯王朝时代著名的文学家，新文学体裁“玛卡梅”的确立者。写有玛卡梅韵文故事400篇，传世者仅50余篇。——译者

⑤ 艾布·哈彦·陶希迪(约公元1010年卒)：阿拔斯王朝时代苏菲派哲学家，写作风格独特的智者。主要著作有《友谊与朋友》、《求知录》、《慰藉与温馨》等。——译者

吉[1]、谢里夫·拉迪、艾布·阿拉·麦阿里和赛奈拜里[2]。属于上层社会的著名的作家有：伊本·阿米德、伊本·阿巴德、穆海莱比、胡赛比[3]、萨曼王朝的宰相伊斯卡菲，其次是几乎当上大臣的易卜拉欣·本·希拉勒·萨比[4]等人。

这些作家文人，由于地位显赫尊贵，生活富裕、豪华，其文学作品也很讲究艺术性。食不厌精、穿戴讲究的生活必然使他们在文学作品的创作上也要精益求精。当时的文学在文字韵脚、润色和修辞夸张等方面有长足的进步。如萨比和伊本·阿巴德的行文都讲究韵脚，几乎是言必合辙，字必押韵。其他人虽不像他俩这样讲究，但也多用带韵脚的文字。此外，他们还注重借喻、隐喻、比喻的使用，极尽修饰、润色之能事，犹如文雅之士用饰物和化装打扮自己一样。由于这些人处于社会生活的中心，故他们的作品自然成为人们模仿的对象。他们创造了一套被普遍接受的鉴赏文学的标准，其他文学家竞相模仿。读者在赛阿里比[5]的作品——不管是他自己的创作，还是他传述的内容——中，可以清楚地看到这

① 伊本·哈加吉（公元？—1001年）：巴格达诗人。善写讽刺诗，诗中多鄙俗、淫秽、放荡之词。——译者

② 赛奈拜里（公元946年卒）：阿拔斯王朝时代哈姆丹王朝埃米尔赛弗·道莱的宫廷诗人。——译者

③ 胡赛比（公元968年卒）：阿拔斯王朝时代诗人，阿拉维派首领。主要著作有《光明大道》、《伊玛目姓名考》、《兄弟集》等。——译者

④ 萨比（公元925—994年）：阿拔斯王朝时代的文学家，为布韦希人效力的书记官，著有《萨比文集》、《诗集》。——译者

⑤ 赛阿里比（公元961—1038年）：阿拔斯王朝时代的文学家、语言学家和历史学家。主要著作有《稀世珍宝》（一译《时代的宝石》、《语言学》、《谚语集》、《知识趣闻》等。——译者

一点。

艾布·哈彦·陶希迪在描述萨希布·本·阿巴德时写道:“无论是言谈,还是行文;无论是严肃的写作,还是诙谐的嘲弄,他都爱用带韵脚的文字,这一点十分突出。我问伊本·穆赛伊比:‘伊本·阿巴德对韵文的喜爱达到了什么程度?’他说:‘如果他见到一篇优美的韵文,即使其文字会危及王位,引起国家的动乱;即使要为此付出沉重的代价,冒很大的危险,他也绝不会弃之不用,而是要拿来,要引用,全然不顾由此产生的一切后果。’”

除了讲究韵律对仗之外,人们还喜欢用夸张的手法,如萨比写道:“大法官的行文可谓妙到极点,其文词如遇海水,海水就会变甜;其意境如遇黑暗,黑暗将被驱散。”

白迪阿·宰曼·哈迈扎尼对一向他索要文字的人说:“如果可能的话,我要用我的皮肤,不,用我的面颊当纸,用我的指尖作笔,用我的眼睑作墨汁来进行写作。”

押韵与夸张有多种表达方式,如伊本·阿巴德在描述一聚会时就使用了很多比喻和借喻:如“水仙睁开了双眼,紫罗兰的面颊泛起红晕,佛手柑芳香四溢,酸橙的清香胀破表皮;琴声四起,觥筹交错,到处是欢声笑语,龙涎香的香气直冲云际。”这种描写像是在玩文字游戏:在空格处填上字母,可从正、反两面去读。

这种文字上的韵律与雕琢,是生活奢华讲究的反映。当时很多文学作品都仅有华美的形式,而无实际的内容,正如当时的奢靡生活只有躯壳而无灵魂一样。

矫饰文风的盛行导致了短诗的流行。同时,在音乐中除了长的曲调之外,人们更喜欢轻松诙谐的小曲、小调。这种现象的出现也许与经常在朋友、富人、文学家中举行非正式的文学聚会有关。在聚会上，人们爱听如珠的妙语，喜闻新奇的轶事。诗人们往往触景生情，即兴赋诗，佳句迭出，这些诗句描写的对象五花八门：一个戴女人头巾的下流男人；出身高贵而心灵卑鄙的人；得到封地后发现封地已荒芜的人；互送美醇，亲切的聚会，对礼物的感谢，奚落啬吝人或令人生厌的人；描写一枝花或一枚椰枣；记述一个突发的奇想，描写一个意外的事故，等等，都是吟诗的素材。这类诗一时充斥整个诗坛。[①]

这是一个方面，另一个方面是奴隶对社会生活的影响及其在文学中的反映。当时的文学对歌女，对白人女奴和黑人女奴，以及娈童的描写比比皆是，几乎没有一个诗人没写过这类作品。

描写白人女奴如何漂亮、艳丽的诗很多，诗人们常把白人妇女称为红色美人。一位诗人写道：

白中透红人更美，
红白相间眼生辉。

为此，诗人把白人女奴比喻为一团火。当然，有的诗人对黑色皮肤的女奴情有独钟。谢里夫·拉迪就写过很多诗描写黑皮肤女人，其中一首道：

我爱你，你是青春的色彩，你是心脏和眼睛，
圆月爬上你的额头，在你的脸上投道光影。
你和月亮一样，住在我心里，谁是最爱我分不清。
目光之箭怎能射中心扉，假如没有了明亮的瞳孔，

① 赛阿里比的著作中有很多这类诗歌。

如果你的羚羊有黑色的嘴，怎怪我爱的那只通身黑亮晶莹。

另有一首：

咒骂声声令人厌，责备之人听分明。
明明好事当丑闻，怪来怪去吵不停。
我看黑白无差异，喜新厌旧绝不能。
爱上一个黑女子，视她黑夜衬月明。
如若白色极可爱，为何黑发垂在颈。
黑夜深藏爱与美，白昼一展真性情。
夜行勇士可迷路，白日迷失笑无能。
她是心来她是眼，无心无眼寿即终。

早在谢里夫·拉迪之前，伊本·鲁米写过一首长诗表达这个意思：

黑色更添美，眼睛映心灵。
笑口微微张，珍珠闪不停。
好像漆黑夜，曙光现地平。

诗人赛拉米[①]写道：

黑歌女陪伴，千杯还嫌少。
嗅她两腮香，看她神情妙。

有人说，诗人伊本·赛克莱为描写一个黑人歌女，写下了万言诗一首，如此等等。

他们在描写歌女和演唱方面争才斗艺，别开生面，而伊本·鲁

① 赛拉米（公元1003年卒）：阿拔斯王朝时代巴格达诗人。——译者

米则首屈一指，例如他赞美歌女瓦希德的诗《瓦希德》中吟诵道：

心里有羚羊般的你放牧，耳中有夜莺般的你婉转的歌声。
你的美貌迷醉了众人，你的驻留令人辗转不宁。
歌唱时你时而沉吟不语，其实歌词早已熟谙于胸。
你拖着袅袅长音不绝，就好像爱人对你的绵绵痴情。

另一首诗里他描写能歌善舞的突厥艺人：

太平岁月箭穿心，原是突厥一女人。
我等似靶凝神等，利箭竟是美妙音。
见你高大她昂首，见你低矮她屈身。
明亮之处腰肢展，光芒四射宛若金。

社会上因迷恋娈童所引起的灾难在文学作品中也有反映。以前为娈童唱赞歌的只有艾布·努瓦斯[①]等几个人，而此时，大多数诗人都加入了赞美娈童的大合唱。他们时而放荡不羁，时而谨慎含蓄，如：艾布·泰玛姆、布赫图里·赛奈拜里、库沙吉姆、艾布·法塔赫·比斯提、伊本·哈加吉、伊本·赛克莱、台努黑、赛阿里比、艾布·法拉斯和萨比等人，都写了很多这类诗，就连身居高位的宰相穆赫莱比也写诗赞赏他的一个漂亮的突厥奴隶，该青年奴隶曾率军与哈姆丹人厮杀。

娈童与女奴一样也是奴隶，在家中劳作，或在外经商。诗人或者钟情于自己的娈童，或者恋上别人的娈童。诗人赛义德·哈利迪写的诗最为著名，诗中将他的娈童称为恋人、管家、厨师、酒友和诗歌评论家。

---

① 艾布·努瓦斯（公元762—813年）：阿拔斯王朝时代著名的咏酒诗人。——译者

从这类诗歌中，我们可以看到一种奇怪的现象，即那些身居高位的显贵们，如宰相、法官等都毫无羞惭地大谈这类艳诗。这说明舆论对此已不以为然，认为那只不过是风流韵事。只有那些强硬派人士才认为那些诗是淫词秽语。如艾布·哈彦·陶希迪说，当艾布·阿卜杜拉·巴士里听到一娈童唱道：

你可否记得，
咱俩在玫瑰床上共度的良宵？
像绶带缠身紧紧相依，
像两粒璎珞串在一起，
像两条垂怜相抚的树枝，
相拥相抱系为一体。

艾布·阿卜杜拉听后兴奋异常，但别人却指责他，说他寡廉鲜耻。[①]

社会风气的恶化，对玩乐的追求，对淫逸的放纵，造就出两位淫荡诗人：伊本·哈加吉和伊本·赛克莱。赛阿里比对伊本·哈加吉的评价是："他的诗从不用理性遮掩，他的话大都没有意义……他伸出那淫荡的手去揪正人君子的耳朵；他打开那轻狂之门，用污言秽语去打智者贤士的耳光。"伊本·哈加吉使用了一些老百姓的语言，运用了最粗俗的比喻。但他的诗却大行其道，大受欢迎，在平民阶层和上流社会都有市场，他的诗集当时能卖到50—70枚第纳尔（金币）的高价。"学者们欣赏的是他的诗文，大人物看中的是他的脱俗的气质，文学家被他写诗的灵气弄得心荡

---

① 艾布·哈彦·陶希迪：《慰藉与温馨》，第2卷，第175页。

神怡，腼腆、规矩之人也能容忍他那猥亵的词语……伊本·哈加吉赞颂过国王、埃米尔、宰相、大臣，但没有一首诗不带有嘲讽的语句，没有一首诗没有粗俗的话语。伊本·哈加吉的运气好，他的讥讽非但没有惹恼他们，反而得到丰厚的赏赐。”

对于伊本·赛克莱，赛阿里比写道：“他是一位杰出的、无与伦比的诗人，他妙语如珠，是讲俏皮话的高手。无论是谐谑淫秽之词，还是粗鄙下流之语，他都挥洒自如，随心所欲。”

伊本·哈加吉和伊本·赛克莱可以毫无顾忌地用最直率的语言表达出最下流的意思，但他俩的诗却广为流传。赛阿里比所选用的诗，是他俩诗中最“干净”的作品，可这些诗已经相当淫秽了。这种诗能受到普遍的欢迎，充分说明当时的社会道德已堕落到何种地步。

*　　*　　*

上述的文学反映了社会生活中悠闲、享乐、奢华、放荡的一面。生活中的另一面，即贫穷、不幸在文学作品中也有反映。

富人、商人、文学家和学者的生活也有其窘迫、艰辛的一面。富人的财产可能被查抄没收，商人被捐税压得喘不过气来，文学家和学者只有找到依附的靠山，才能维持生计。失意的文人学者和破产的商人富贾沦为乞丐，他们时而沿街舞文弄墨，时而要弄计谋诈取钱财。这些人被称为萨珊人，或被称为乞丐。

关于“萨珊”一词的来源，有几种不同的说法。一种说法是：“萨珊”原是萨珊王朝的国王萨珊·本·伊斯凡德亚尔的儿子，国王临终时，将权力交给了女儿。萨珊对此不满，便买了些羊，以牧羊为生，自称牧羊人。于是，便有了牧羊人萨珊、乞丐萨珊的说法。

后来把凡是靠乞讨度日的人都称作是萨珊家族的人。另一种说法是：萨珊原是波斯诸王国中的一个国王，后被波斯国王战败，其财产被抢劫一空。萨珊一无所有，成为沿街乞讨的穷人，萨珊遂变成为乞丐的代名词。还有人说，萨珊原本就是一个有见识的穷人，以乞讨、诈骗为生，后来把凡操此职业者都称为萨珊人。

萨珊人周游各地，四处乞讨、骗钱。其中有些人颇有才气，他们沿街献艺，其情景与埃及街头艺人情况相仿；有些人则狡猾奸诈，四处招摇撞骗，攫取钱财。

作为时代的回声，随着这类人的出现，产生了一种新的文学形式，即白迪阿·宰曼·哈迈扎尼和哈里里[①]所使用的韵文故事体裁——“玛卡梅”[②]。玛卡梅讲述的都是些短篇故事，其内容多是某某人用乞讨的方式设计骗取钱财。白迪阿的玛卡梅故事的主人公都是艾布·法塔赫·伊斯坎德里，哈里里的玛卡梅故事的主人公则是艾布·宰德·萨鲁基。

在白迪阿的玛卡梅韵文故事中提到了萨珊人。哈里里在其名为《萨珊玛卡梅》的韵文故事中，通过主人公艾布·宰德·萨鲁基之口，道出了造成行乞之风的原因。艾布·宰德说：“我闻谋生之道有四：称王、经商、种田、制作工艺。这四种行业我都尝试过，结果没有一种令我满意，没有一种能让我过上舒适的生活。想当一

---

① 哈里里(公元1054—1122年)：阿拉伯文学家，玛卡梅韵文故事创作的早期代表人物之一。写有五十篇玛卡梅韵文故事，受到当时和后世人们的喜爱。——译者

② 玛卡梅：由白迪阿·宰曼·哈迈扎尼(公元969—1007年)创立的一种新文学体裁——韵文故事。“玛卡梅”原意为“聚会的场所”或“人群”，引申为在一定的场所或某些人面前讲述故事，与我国的“平话”或“评书”形式有相似之处。语言特点为散韵结合，重视排比、对偶等修辞技巧。这种文学形式对后世有较大影响。——译者

地之君，犹如白日作梦，婴儿断乳，黑暗中寻找影子，根本没有可能；经商卖货，易遭风险，易受袭击，有如飞出之鸟，一去不回；种田务农，受苦无穷，遭人鄙视，永无休歇，有如枷锁，动弹不得；工艺制作，销滞无时，入不敷出，难以果腹……我看唯有萨珊创下的行业，最合我的意。萨珊为世上众生点燃了火炬，指明了出路，萨珊的职业是能发财、能吃上可口食物，饮上清凉饮料的职业。……因为这个市场永远不会萧条，货源永远不会枯竭……干这一行的人是最可爱的一群，是最幸福的一代，他们不会受暴虐的欺凌，不会受利剑的恐吓，不怕有人大发雷霆，也不管别人会出什么事情……他们走到哪里，就在哪里谋生，就在哪里落脚，就在哪里生根。他们没有祖国，四海为家；他们不避权贵，我行我素。”接着，艾布·宰德又分析了干乞讨这一行业成功的条件，他说，干这一行要活泼、好动；要聪明、机警；要脸皮厚，诡谲狡猾。他说，去年我们的祖师爷萨珊的拐杖上写着这样几个字：“求则有，游必得。”此外，行乞还需要善用花言巧语、信口雌黄，需要忍耐，不失望、不灰心，请记住：宁要现金一枚，不要许诺的珍珠一串，等等。

伊斯兰教历四世纪时，“萨珊人”中出现了两位著名的诗人：艾哈奈夫·阿克拜里和艾布·杜莱夫·赫兹里吉，他俩的年纪比哈里里大，而与白迪阿是同时代的人。艾哈奈夫是巴格达“萨珊人”的帮主，他的诗以风趣、细腻著称，如：

真主把我的糊口之资分散在各地，
我只能零敲碎打才能把它聚齐；
我不是靠哲学，也不是靠诗歌为生，
我靠的是不可思议的奇迹；

人们都知道我是计谋的兄弟，
但我只是为了糊口，为了填饱肚皮。

艾哈奈夫写了一首“达利亚”（以字母“达勒”为韵脚），描写这个职业：

我自身处光荣之地，
萨珊一群是我兄弟，
靠勤奋还有几分机遇。
我们拥有宽广的大地，
呼罗珊、喀山和印度，
罗马、非洲、巴尔干，
还有遥远的新德里，
有谁会为难军人和乞丐，
随便你伸手去讨乞。
但要小心呦，
阿拉伯人和库尔德人与咱为敌，
且你我无枪也无戟，
害怕权贵的人无不投靠咱这里。

艾布·杜莱夫曾经徒步千里，前往呼罗珊的雷伊，拜在萨希布·本·阿巴德门下。他模仿此诗，写了一首“拉米亚”（以字母“拉姆”为韵脚），首句为：

几番遭呵斥，眼中泪涟涟。

诗中吟道：

我本出豪门，祖先是萨珊。
漫长岁月里，我一族当先。

陆地与海洋，无人能比肩。
中国到埃及，遍地收租钱。
马踏丹吉尔，非洲信手拈。
大地皈依我，不问伊斯兰。
夏日雪上飞，冬日枣椰前。

艾布·杜莱夫在诗中使用了一些“萨珊人”的行话，道出了很多他们常用的计谋及诈取手段，如：“兜圈子”，意为在大街小巷调戏妇女；“使发抖”，意为在店铺附近转悠，随手在这里拿一个核桃，在那里拿一个巴旦杏；“说谎话的女人”，意为将头巾缠在头上，佯装病人，等等。

赛阿里比在描述萨希布·本·阿巴德时说：“令人惊讶的是萨希布记住了很多“萨珊人”的行话，他非常佩服艾布·杜莱夫的见多识广。他们俩聊天时，常常讲一些别人听不懂的黑话。”①

“萨珊人”有自己的语言，自己的文学，也有别人几乎听不懂的行话，被称为“萨珊人的烦恼”。“烦恼”一词可能来自“奈卡”，意为“惹恼”、“战胜”，即做一件事，以惹怒别人，进而胜之。这说明，“萨珊人”采用假装争吵、谩骂、打架的办法，搅乱事态，乘机抢钱。白迪耳的玛卡梅韵文故事《第纳尔篇》描述了这种情景。小说中的两个男人，使用了最下流的语言相互谩骂，作者把当时所有有关骂人的话都用上了。如：老太婆最怕的冷天；你这脏鬼！废物！扫帚星！对方回答说：你这个耍猴子的！无用的东西！白迪阿在其玛卡梅韵文故事中把这两个人都说成是“萨珊人”。

① 赛阿里比：《稀世珍宝》，第3卷，第175页。

读者从中可以看到因经济恶化、社会不公和奢华无度所造成的不幸，这种不幸，在文学作品中得到了反映，创造出了玛卡梅这样的乞丐文学，同时也写出了很多针砭时弊的诗歌，如伊本·兰凯克·巴士里写有这样的诗句：

今日的世道啊！
你使自由的人屈辱不堪，
你不是我的世界，
你只为他人撑腰。
真主啊！
我们生活在黑暗的时代，
即使是在睡梦中见到它，
也会惊出一身冷汗。
在这里，
人们苦不堪言，
只有死去，
才能得到祝愿。

伊本·兰凯克写了很多这类既严肃、又有嘲弄意味的诗。

这个时代有一批诗人，他们写的诗反映了社会生活的不同侧面。如赛奈拜里的诗表现的是舒适、豪华的生活。他喜欢豪华的宫殿和美丽的花园，他写诗赞美花、赞美大自然，他有一首写玫瑰的诗，还有一首写花园的诗。他还写了很多描写玫瑰、水仙、雏菊、百合、野百里香、蔷薇、紫罗兰、茉莉等花卉的诗句。他还写诗，让玫瑰与水仙辩论谁更美。此外，他还写了少量的爱情诗。

赛奈拜里之所以能写出这类诗，是因为他在阿勒颇拥有一座豪华的寓所。寓所周围栽种了很多树木和芳香植物，还种植了酸橙。当然，他有很高的艺术鉴赏力，所以才能写诗，吟诵百花之美。

与赛奈拜里相对照的是描写贫困与不幸，描写命运对人的捉弄的诗人伊本・兰凯克。赛阿里比是这样评论他的："文学的职业触动了他的神经，人间的灾难使他无法平静，他心高气盛，但命运却把他捉弄。"伊本・兰凯克写了很多控诉人间不平之事的诗。

社会上总是有人福星高照，有的人却厄运不断。前者快乐地赞美鲜花，歌颂豪华舒适的享乐；后者则忧伤地诉说贫困与不幸，诉说世道对他的不公。

穆太奈比在当时社会代表了哈姆丹人与东罗马人之间绵延不绝的战事。他起初是哈姆丹国王赛弗・道莱的诗人，而且又是战士，和赛弗・道莱一起参加了历次战斗，用文学形式记录了战争的过程、胜利与失败、进攻出击与被俘关押，他的诗是厮杀战场和战争生活的写照。

穆太奈比是贵族文学的代表，他的文学是国王餐桌上的文学，他所颂扬的都是王公大臣，但他从未赞颂过宰相萨希布・布・阿巴德，因为他俩有着相同的声望。穆太奈比的诗可分为赛弗诗、卡夫尔诗和阿杜德诗，这些诗都是赞美诗，是为赛弗・道莱、为卡尔夫和阿杜德・道莱写的赞歌。穆太奈比在诗中把自己摆到了与赞美对象等同的地位，因为穆大奈比是他们的朋友，而不是乞讨恩赐的奴仆。他是这样写卡夫尔的：

我今吟诗不邀宠，无能之辈才为财。

诗文对你明心迹，唯你是我心中爱。

身边美女如粪土，得你青睐财自来。

对伊本·阿米德，他吟诵道：

岁月眷顾将你我汇聚，
也许颂歌会断送友谊，
我愿将情意埋藏心底，
绝不做小人忘恩负义。

对赛弗·道莱，穆太奈比写道：

除了面对至亲人，公平正直你第一。
你我争执无结局，对手法官都是你。
……
在座之人都知我，天下才学无人比，
盲人能见我诗文，聋人能懂我诗意，
乱世纷扰人慌乱，唯我安然着睡衣。

穆太奈比对社会作了尖刻的批判，但他不是像伊本·兰凯克那样因食不果腹，也不是像艾布·阿拉·麦阿里那样因社会本身的腐败而对社会进行批判。他是在把他自己与国王、埃米尔们进行比较之后，发现自己在军事、文学和建功立业等方面的才干比他们更强，更应该当国王，当埃米尔，于是他对时代、对世界、对万物进行了抨击。他诅咒世道不公：

世道黑暗难走运，苦中痛煞励志人。
……
时下之人皆为小，尽管肉身肥又沉，
生在其中不为伍，废铁成堆唯我金。
蝇营狗苟混世界，物以类聚我不群。
……

大众芸芸不识丁，智者良策埋腹中，
翻云覆雨多奸诈，口说信主心不诚。
……
人问我为何走遍大小国家，
图什么？我称这难以细细描画。
所有人都怀疑我贪的是那钱财，
水火难融竟难不过头脑不开化。
……
我本清高傲世人，怎容龌龊藏于心。

他看到社会的腐败皆是统治者所为，不是阿拉伯人，而是阿拉伯的王侯们，于是自荐当国王，为此吟道：

各国之主皆英杰，唯我穆族一侏儒，
支流涛涛水充盈，干流赤地水源涸。
看我挥剑高声喝，驱散疑窦洗污浊。
……
敢入火海求一死，远离羸弱与牲畜，
不站阵前提枪问，怎称史上光荣族，
疆土何在剑饥渴，鹰隼枝头盼肉哺，
双刃锋利已备好，谁敢犯我乾坤怒。

他以此批判社会，抨击世道，抱怨自己壮志难酬。

穆太奈比还从另外一个细微的方面反映了当时的社会。在沙姆地区、在伊拉克和埃及都有游牧人和城市人，穆太奈比所受的教育既有游牧人的教育，又有城市文明的教育。他曾与游牧人在一起，经历过游牧人的生活，学习过游牧人的语言和他们的表达方

式;穆太奈比后来又先后与赛弗·道莱、卡夫尔和阿杜德·道莱等人结交,成为他们的座上客,目睹了他们的富贵生活。这些在他的诗中都有反映,可以说,穆太奈比是一个城市化的游牧人。他诗中的语言,他的风格,他的洗练,他的气魄,他的很多有关战马及武器的描写都是游牧人的。但他对织有罗马皇帝的画像,对织有各种动物图像的丝绸也有生动的描写,对工艺品西瓜也有细致的描述:西瓜的表皮是用竹子做的,上面镶有珍珠项圈,项圈的顶部是一块可以转动的龙涎香……这些又说明穆太奈比是个城里人。

穆太奈比同情并喜欢游牧的阿拉伯女人,他写诗赞美她们,歌颂她们,他不太喜欢城市里的女人。

大眼美女驼上骑,红色首饰红色衣。
城里娇娥美色多,牧民女儿亦出色,
那里展环姿艳逸,这里露天然柔和。
公羊何处觅青草,不见美貌摄魂魄,
不善婉转吐话语,不会修整眼上蛾,
不会沐浴现身姿,皮肤虽细难触摸,
爱上天生丽质女,白发肩头任飘拂,
此言笃信不为虚,何必染发费折磨。

总之,穆太奈比既描述了当时游牧人的简朴生活,又描写了城里人的复杂文明。

*　　　*　　　*

伊本·哈加吉和伊本·赛克莱代表的是大众文学,表现的是那个时代的游戏人生、腐化堕落,是那个时代的不顾道德,不讲品位的暴露文学。他们的文字不管多么露骨,内容不管多么下流,都能登上大雅之堂，都能写进诗里，都能在国王、大臣、法官面前谈论，都能让学子们学习。赛阿里比在其《稀世珍宝》一书中，都做了详细的记述。

谢里夫·拉迪代表的是贵族阶层，是那些受过教育、有着广博知识，过着豪华生活，并以自己的宗系血统和身份地位自居的人。他们一方面能与哈里发、宰相大臣平起平坐，一方面又与普通百姓保持着联系。谢里夫·拉迪本人就是什叶派圣裔贵族的首领，他自视血统高贵，曾写诗给哈里发嘎迪尔：

穆民的领袖啊，且慢发威，
你我都是金枝玉叶——出身名门；
荣耀门第难分仲伯，
血统世系都很尊贵；
只不过你身居王位，被群臣包围，
我是自由之身——无业游民。

谢里夫·拉迪以其特殊的地位，记载了很多他亲眼目睹的重大历史事件。波斯人杀死哈里发塔伊耳那天，他正好在场，正如突厥人刺杀哈里发穆台瓦基勒时，布赫图里在场一样，他与布赫图里一样，都快快离去。为此，谢里夫还写了几首诗。其中一首第一句为“思念使你我怅惘”。另一首中有这样的诗句：

高山岂肯低头泣，昂首挺拔自嵯峨。
青春葱茏去，日月似穿梭。
王位既痛失，权力忽蹉跎。

还有一首吟道：

是谁撼我高山摇，是谁震我大地动。

部落前辈怎知晓，改朝换代大业成。

野兽不顾人尊严，先闯禁地后夺宫。

好比人间一弃儿，伤口才愈愤怒生。

倘若你我敌人共，岂能猎物独自烹。

抛弃主帅夺王尊，勇士仍在睡梦中。

百姓浴血为今朝，幸福已成昔日梦。

夺位之战你占先，诗文之战我必胜。

布赫图里的叛逆精神比谢里夫·拉迪更强烈，更直率。布赫图里因遭受太多的苦难而不愿使用"塔基亚"原则。

除了写诗之外，谢里夫·拉迪还记载了布韦希王朝要人的很多事情。

谢里夫·拉迪是一位什叶派诗人。他控诉时代对什叶派人的不公，列举了什叶派人的优点及他们应得的权利，痛悼什叶派人的不幸。他为侯赛因大唱挽歌，他是阿拉维派和塔利卜派的代言人，他给他们带来恢复其权利、得到所失去的一切的希望。

在私人生活方面，谢里夫·拉迪的诗反映了那些有钱的文人雅士与自由妇女和女奴调情、恋爱的生活。受当时社会风气的影响，他也曾迷恋过娈童，并为此写过诗文。

赞美女：

鲸香麝香和檀香，红花黄花加肤肌。

想要上前她回避，美貌如此价不低。

赞娈童：

爱你我心急，不问你族裔。

你话我不懂，当是鸟儿啼。

谢里夫·拉迪的很多诗句是描写花草、天空、星星、鸽子、闪电、黎明的。

谢里夫·拉迪患有多种疾病，数次病危。他害怕衰老，对成为白发老人怀有恐惧，他写了很多诗加以描述。他为亲戚友人写的悼念诗堪称一绝，与他同时代的很多学者、朋友都先他离世，他把对他们的哀思写在感情细腻的诗中，作为永恒的纪念。

*　　　　*　　　　*

艾布·阿拉·麦阿里在其《鲁祖米亚特诗集》中，对当时的社会进行了批判，他的批判不像穆太奈比那样是由于社会对他个人的冒犯，而是由于社会本身受到了伤害。

麦阿里对社会上的各种人逐一作了批判，他认为：

——国王理应是百姓的公仆，但是实际上，他们却是暴君，是剥削老百姓的人：

苦难重重是我族，国王只把安乐图。
压榨百姓施诡计，劫夺财富加羞辱。

——那些统治百姓的省长，既没有头脑，又不主持公正。他们是披着省长外衣的魔鬼，只要他们自己酒足饭饱，大腹便便，便不管百姓是否饥肠辘辘，食不果腹：

官吏似鬼蜮，出没在大地。
撑饱酣然睡，百姓饿肚皮。

——省长周围的亲信，感情麻木得像石头，甚至比石头还硬。对受害者的眼泪毫无怜悯之心，对求救者的呼喊无动于衷：

贪婪劫财富，百姓泪满襟。
伸手去讨乞，冷面无回音。

——法官既无学识，又不能秉公执法：

法官数两千，冤案无人问。

——教法学家只知曲解教义，好像人们没有灵魂，没有梦想：

安拉亲眼见，哪里有人心。

什么教法家，只晓空理论。

——训诫者只说不做，言不由衷：

小心别上当，专把女人骗。

晨言禁喝酒，晚醉泥一摊。

——诗人都是些窃贼，他们一面剽窃前人的言论；一面为富人大唱赞歌，以抢夺他们的钱财：

不是诗人是饿狼，马屁拍得啪啦响，

想赞谁来就赞谁，猫言鼠语甚荒唐。

——有些人被迷信缠身，向星相家、占卜者、念咒语的人求助，而那些人根本没有学问。但是，这些糊里糊涂的信男善女，却把钱财白白奉送：

巫医神汉算命人，花言巧语为生存。

轻衣便鞋早早起，找个术士求卦签。

学问全无侃侃道，满嘴胡言称神仙。

胸有成竹知天命，云山雾罩说得欢。

有人让他赌个誓，嘟嘟囔囔不敢言。

娘问法师孩寿命，索取银两一旁称。

活个一百没问题，谁知当月就丧命。

艾布·阿拉·麦阿里在逐一批评了从国王到法官，从训诫者到商人、妇女等各个阶层的人之后，说道：所有的人，在任何时代、任何地方都是要死去的。

人生本恶天之道，谁道后天才养成。
试将好人筛子过，竟然一个都不剩。
人说火狱不超生，燃尽尸身装裹扔。

阿丹子孙纵眼观，人间苦涩皆尝遍，
谁人独自洁身好，利益当头不争先。
难比山上一石头，不说瞎话不信谗。

麦阿里认为，人们腐化堕落的原因，在于人们虽有理智，但却不能听从理智的劝告，也没有采纳理智的建议。给人指出正道的理智，与使人迷惑的天性在人们的头脑中激烈斗争，最终，人们还是跟着天性走，对理性的忠告置之不理。

夏娃后人走得远，离开正道陷深渊。
罪恶令人变肉团，唯有黑瘦当另看，
不依理性思正道，却任本能尽追欢。

人心需修炼，不练草一株，
吃得万般苦，乌鸦不再乌。

头脑似废墟荒芜，愚昧遍大地建屋，
漆黑天下无白昼，慈悲真主降神武。
妓女窈窕巧诱惑，无聊男人费追逐，
谁抵挡如火欲望，谁拒绝冰肌玉骨。

人心是欲望，本能胜理性，

污浊混沌水，怎保不害病。

艾布·阿拉·麦阿里对当时的社会及社会上的种种现象进行了淋漓尽致的批判。批判是成功的，其标志是麦阿里对社会弊端做了整体的剖析和具体的分析，他不仅揭露了现象，而且能触及到人们的心理，揭示了人们的内心世界。

艾布·哈彦·陶希迪的文学及其作品表现了文学家和学者与总督、大臣、富豪之间的关系：后者如果肯施舍，前者的境遇就好，否则，日子就不好过，因为他们没有其他的生活来源。艾布·哈彦·陶希迪的行乞生涯是不成功的，其原因可能是他不够精明圆滑，不够阴险奸诈——他既不会搬弄是非，也不会用恶毒的语言去谩骂那些不肯给钱的人，因而一直过着穷困、凄惨的生活。对此，他有如下的描述："我失去了所有的亲人、朋友和同情者。凭真主起誓，如果我在清真寺作礼拜，周围没有人会与我一起祈祷，如果有人站在我身边，那一定是个小贩，不是卖菜的，就是卖水果的，要不就是卖肉的，或者是弹棉花的，站在我身旁的人，其狐臭和异味熏得我头晕眼花。我成了一个怪人，我的处境，我的信仰，我的脾气都与众不同。我喜欢沉寂，喜欢孤独；我习惯于缄默不语，我总是不知所措。我忍受着伤害，无奈地面对一切，等待着那必将发生的事情：生命之光即将熄灭，生命之水即将枯竭，生命之星即将陨落。"

艾布·哈彦·陶希迪原本对伊本·阿米德、伊本·阿巴德、伊本·萨阿丹、艾布·瓦法·布兹加尼等人抱有很大的希望，但是，他们让他大失所望。在艾布·哈彦·陶希迪的《友谊与朋友》、《慰

藉与温馨》、《求知录》等著作中，到处都可看到他对他们的抱怨，但这都已于事无补。

这，就是这个时代的文学，它描绘了社会的方方面面。

第二篇

自穆台瓦基勒时代至伊斯兰教历四世纪末期的文化生活中心

第一章　埃及和沙姆地区

自穆台瓦基勒哈里发时代至伊斯兰教历四世纪末期，先后有下列王朝统治过埃及和沙姆地区：突伦王朝（伊历 254—292 年/公元 868—905 年）、伊赫什德王朝（伊历 323—358 年/公元 935—969 年）、阿勒颇和摩苏尔的哈木丹王朝（伊历 317—401 年/公元 929—1010 年）、法蒂玛王朝（伊历 297—567 年/公元 909—1171 年）。

埃及和沙姆地区的学术活动是依照进化论的规律逐步发展的。当时最重要的学术活动是宗教学，即圣训、教法和《古兰经》颂读学，因为宗教学是阿拉伯伊斯兰帝国占主导地位的学科。当时的宗教学家是最活跃的学者，他们出于强烈的宗教动机，最喜欢到帝国各地讲学或学习。伊拉克、波斯、汉志和马格里布的很多宗教学者来到埃及和沙姆地区传授知识，并向当地的学者学习。福斯塔特的阿慕尔·本·阿绥清真寺、艾哈迈德·本·突伦清真寺，以及后来的艾资哈尔大学，是当时宗教文化的重要发源地。埃及人及沙姆地区的人也同样到外地向当地的学者求教。

赖比耳·本·苏莱曼是突伦时代前后最著名的圣训学家和教法学家之一。他以收集、背记大量圣训著称，在保留和传述沙斐仪学说上功绩显赫。赖比耳是沙斐仪的得意弟子，他虽不十分聪慧，但却非常认真、严谨，正因为如此，沙斐仪才信任他，悉心向他传授学问。赖比耳使埃及受益良多。他享有高寿，活了九十六岁(伊历174—270年)，其中，在突伦时代享寿十六载。他原在福斯塔特清真寺任教。艾哈迈德·本·突伦清真寺建成后，被艾哈迈德·本·突伦召去在该清真寺授业。赖比耳在埃及传播了沙斐仪传述的圣训和沙斐仪教法；同时，也传述了阿卜杜拉·本·瓦海卜、叶海亚·本·侯萨尼、艾赛德·本·穆萨等人传述的大量圣训。赖比耳成为各地圣训学家朝拜的偶像，他们纷纷来到埃及，向他及其他学者求教。赖比耳传述了《艾布·达乌德圣训集》、《奈萨仪圣训集》和《伊本·马哲圣训集》。总之，赖比耳是当时一场声势浩大的宗教学术活动的动力源泉。

正如赖比耳·本·苏莱曼是埃及沙斐仪派的教长一样，艾布·加法尔·塔哈维[①]则是埃及哈乃斐派的教长。塔哈维出生在上埃及米尼亚省的一个古老的小镇塔哈。塔哈维是从阿拉伯半岛迁移来的艾兹德部落的后裔。他的教法是向其舅父——沙斐仪的朋友穆宰尼学的，但后来，他又转向艾布·哈尼法的主张，并向埃及当地及外来的学者求教。在教法上，塔哈维像艾布·优素福和穆罕默德·本·哈桑一样主张创制，他集沙斐仪派和哈乃斐派的观点于一身，这使他获益匪浅。他在人证、物证是否成立的问题上与艾布·哈尼法的意见相左；他对某些圣训持批评态度，尽管这些圣训的传述世系在圣训学家看来是完整的、正确的。塔哈维与赖

---

① 塔哈维(约公元843—933年)：公元9—10世纪埃及著名的伊斯兰教义学家，埃及哈乃斐教法学派首领，伊斯兰教塔哈维教义学派创始人。塔哈维学派与艾什尔里学派、马图里迪学派并称为伊斯兰教逊尼派三大教义学派。但其传播和影响较小，仅限于埃及。——译者

比耳不同，前者是传述圣训的权威，而后者则是理解圣训的巨匠。塔哈维是埃及最早的百科全书式的著作家之一，著有《古兰经释义》、《传述材料中的疑难问题》等著作，并对穆罕默德·本·哈桑的部分著作进行了注释。此外，他还有历史及教法珍闻轶事等作品问世。塔哈维生于伊历229年/公元843年，卒于伊历321年/公元933年，经历了整个突伦王朝，他为埃及留下的哈乃斐派教法足以同赖比耳的沙斐仪派教法相抗衡。哈乃斐派教法除注重传述外，更推崇理性思维。

除了上述的教法学家之外，还有许多著名的马立克派的教法学家，如：鲁哈·本·法莱吉·赞巴尔·祖拜里（伊历282年/公元895年卒）、艾哈迈德·本·哈里斯·本·米斯金尼（伊历311年/公元923年卒）等，这里不再一一赘述。

当时，对宗教学的研究，主要依靠对《古兰经》经义的理解，对圣训的传述，以及教长的言论和教律的裁决，每个教法学派都有自己的理论。当时的研究，从内容到形式都受到伊拉克的影响，学者们经常云游四方，进行学术交流。辽阔的阿拉伯伊斯兰帝国，对于游学的学者来说是一个整体，是一个随时可以前去游学的地方。

埃及著名的宗教学者，要么是征服埃及的各阿拉伯部落首领的后裔，或者是后来到埃及定居的阿拉伯人的后代；要么是科普特人的子孙，其本人或他的先人皈依了伊斯兰教。例如，著名的颂经家、有“雉鸠”美誉的奥斯曼·本·赛义德就是科普特人，他后来成为埃及的首席诵经家。奥斯曼卒于伊历197年/公元812年，他后继有人，其学派一直持续到公元10世纪末。

最能代表当时宗教文化的也许要首推艾布·伯克尔·本·哈

达德了。人们说他是一个博学多才的人，他不仅精通《古兰经》、圣训，而且对姓名、别号很有研究；对语言、语法，对蒙昧时代的人物传记，对诗歌、谱系，以及教法学家的分歧也有很高的造诣。他是当时最博学的人，还曾出任过伊赫什德的法官。艾布·伯克尔·本·哈达德曾在阿慕尔清真寺执教，许多后来成名的学者都曾受过他的教诲。他有埃及的教法学家和雄辩家的称号，卒于伊历344年/公元955年，享年七十九岁。

伊本·祖拉格将艾布·伯克尔·本·哈达德称为埃及的西伯威。他写道："艾布·伯克尔·本·哈达德具有伊斯兰教初期学者所特有的品质：能背诵《古兰经》，对《古兰经》了如指掌，熟知其中的词义、读法、语法、分析、律例等等；精通圣训，对圣训中奇异的内容、词义及转述人都知道得一清二楚；他精通语法，有'西伯威'的雅号；他了解人类初期的历史、诗歌、奇闻轶事；他的教法学派属于沙斐仪派。"

艾布·伯克尔·本·哈达德的知识结构基本上代表了从事宗教文化研究的学者应具备的基本素质。

突伦时代和伊赫什德时代学校尚未问世，传业授课都在清真寺，如在阿慕尔清真寺和伊本·突伦清真寺里进行，或者是在王公大臣及学者文人的家中进行。开罗有个"文具市场"，既出售图书，有时也在店铺中进行学术讨论。[①]

除了宗教活动之外，对埃及的历史及其重大事件的记述也很重视。记述历史的方法与圣训学家收集圣训的方法大致相同，都

① 伊本·祖拉格：《埃及的西伯威传》，第18页。

采用“某人听某人说”的追溯传述世系的方法。但是，二者的最大区别在于：圣训学家收集的是穆圣、直传弟子及再传弟子讲述或传述的有关教律等宗教问题的言行录；而历史学家传述的是有关历史事件的传说；此外，后者在收集史料时的精细程度不如前者。艾布·艾斯沃德·努代里·本·阿卜杜勒·贾巴尔告诉我们说，伊本·海伊阿听叶齐德·本·艾比·哈比比说：“阿慕尔·本·阿绥征服埃及时，欧麦尔·本·赫塔卜担心阿慕尔兵力不够，便增派祖拜尔率领一万两千人马，与阿慕尔一起攻占埃及。”[①]

与有关伊斯兰教扩张之前的史料相比，这些历史学家对传述的有关伊斯兰教扩张及扩张之后的史料的真伪更容易作出判断，因为他们对希腊、罗马的历史，对更古老的古埃及人的历史知之甚少，故史料中有很多虚妄的传说与神话。

埃及著名的历史学家有三位：

1. 伊本·优努斯：即艾布·赛义德·阿卜杜·拉赫曼·本·艾哈迈德·本·优努斯·本·阿卜杜·艾阿拉。伊本·优努斯出生于一个精通圣训及教法的名门之家，他的阿拉伯血统源于赛迪夫部落。他的祖父是沙斐仪的朋友，沙斐仪对其祖父的评价是：“在埃及我还没见过比优努斯更有理性的人。”他的祖父最终成为埃及学术界的首领。伊本·优努斯在受过教法和圣训的教育之后，对埃及历史发生兴趣，读过伊本·阿卜杜·哈克等埃及历史学家的著作。伊本·优努斯生于伊历 281 年/公元 894 年，卒于伊历 347 年/公元 958 年，经历了突伦和伊赫什德两个时代。伊本·优

① 伊本·阿卜杜·哈克：《埃及的征服》。

努斯对撰写埃及历史独有情钟，对有关埃及的事件和人物异常关注，他写的历史人物有两类：一类是埃及的土著人物，另一类是来自异乡他地的外来人，这类数量较少。伊本·优努斯博览群书，注意收集普通百姓的资料，深受民众的喜爱。有位埃及诗人在悼念他的诗中写道：

你一直热爱历史，撰写历史，
在你写的史书中，
我们看见了你。
你写埃及，写埃及人民，
你崇敬埃及，宣扬她的美丽；
你把埃及当成一面旗帜，高高举起。
你热爱埃及，
你歌颂埃及人民的美好心地。

诗虽然平淡，但却道出了人们对这位热爱埃及的历史学家的崇敬与感激之情。

2. 肯迪，即出身于肯迪部落的穆罕默德·本·优素福。他是当时最通晓埃及历史的学者之一，他了解埃及人，对埃及的行政区划、边关要塞了如指掌。肯迪是一位埃及人，他于伊历283年/公元896年生于埃及，伊历350年/公元961年在埃及去世。

肯迪接受的是圣训学家的教育，他的老师当中最著名的是伊本·古戴德和六大圣训实录编著者之一的奈萨仪。奈萨仪访问埃及时，肯迪年仅十七岁，奈萨仪在埃及逗留期间，肯迪常去求教。后来，肯迪对埃及历史发生兴趣，并有多部著作问世，如《埃及总督与法官传记》（该书流传至今）、《埃及志》、《埃及的麦瓦里》，这些著作都是后来麦格里基撰写《埃及志》时的重要资料。流传至今的《埃及总督与法官传记》一书，记述了埃及当时的政治、社会及文学情况，列举了每位总督在位时所发生的事件，以及总督对这些事件的处理，诗歌对这些事件的描述。

3. 伊本·祖拉格，即哈桑·本·伊卜拉欣·莱斯，他也喜欢埃及历史，他将肯迪的《埃及总督与法官传记》一书续写至伊历386年/公元996年，即他临终前一年，他卒于伊历387年/公元997年。伊本·祖拉格也写了一本《埃及志》，他的这本《埃及志》成为后来的古达耳、伊本·拜莱卡特、麦格里基等人撰写《埃及志》的基础。

伊本·祖拉格还为我们留下了《埃及的西伯威传》一书，埃及的西伯威指的是有疯狂的智者之称的艾布·伯克尔·本·哈达德。该书为人们记述了艾布·伯克尔·本·哈达德的精彩诗句和奇特的经历，该书对了解伊赫什德时代的社会状况大有裨益。

此外，还有一位著名的历史学家麦斯欧迪，在他先后游历了波斯、印度、锡兰、中国、印度洋、阿塞拜疆、朱尔加尼、沙姆等地之后，于伊赫什德时代来到埃及，住在福斯塔特。麦斯欧迪在埃及大约逗留了两年之后，于伊历346年/公元957年在埃及去世。麦斯欧迪是一位优秀的历史学家，与以前的历史学家相比，他以大量的游历经验，众多的见闻，广博的学识，细致的观察，以及广阔的历史视野著称于世。麦斯欧迪对社会生活、经济生活、宗教派别、文明的起源等等都有自己独到的见解；在撰写历史时，他摒弃了圣训学家收集圣训时的做法，采用纪事本末体，将历史编写向前推进了一大步。毫无疑问，麦斯欧迪在埃及的停留，以及其著作在埃及的传播，对埃及历史文化的发展产生了很大的影响。

*　　　　*　　　　*

伊拉克教义学家的分歧也传到了埃及。事情是由麦蒙哈里发命令学者、法官承认"《古兰经》为被造之物"，并命令各地总督执行而引起的。敕令在伊历 218 年 6 月/公元 833 年 6 月传到埃及。埃及总督先审查法官，迫使法官承认"《古兰经》为被造之物"，接着又审查圣训学家和证人。这一运动来势凶猛，很多人受到迫害，尤以瓦绥格哈里发时代最甚。肯迪写道："要求人们承认'《古兰经》为被造之物'的宗教迫害，在穆阿台绥姆哈里发执政时，埃及还是比较平和的，人们不管是否赞同这一官方信条，都没有受到太大的责难。瓦绥格哈里发继位后(伊历 227 年/公元 842 年)，下令严格审查人们对'《古兰经》为被造之物'一说的态度，敕令交到埃及法官穆罕默德·本·艾比·莱斯手上后，犹如火上浇油，掀起了一股新的迫害浪潮……教法学家、圣训学家、宣礼员、教师，无一不受到审查、甄别。于是，引起很多人出走逃亡，监狱里关满了反对审查、否认'《古兰经》为被造之物'的人。穆罕默德·本·艾比·莱斯命人在清真寺里写上'万物非主，唯有真主——受造《古兰经》之主宰'的字样。在福斯塔特的所有清真寺都写上了这样的条幅。穆罕默德·本·艾比·莱斯还禁止马立克派和沙斐仪派的教法学家在清真寺设座讲学，命令他们不得接近清真寺。"

这种强迫人们信奉官方指定信条的做法，自然会在埃及引起有关穆阿台及勒派教义的辩论，有些人接受该派的主张，有的则加以拒绝。穆台瓦基勒哈里发执政后，关闭了辩论之门，并停止实施宗教审查。但仍有人信奉穆阿台及勒派的教义，在突伦和伊赫什德时代仍在进行宣传，但都以隐蔽的方式进行。伊本·祖拉格写道，法官艾布·阿里·穆罕默德·本·穆萨·瓦绥退当时是埃及教义学家的首领，他曾教授过穆阿台及勒派的主张。穆阿台及勒派的元老之一——波斯籍的艾布·欧姆兰·穆萨·里巴哈当时也在埃及。埃及的西伯威艾布·伯克尔·本·哈达德也是穆阿台及勒派人，他的教义学讲的就是穆阿台及勒派的观点，他承认"《古兰经》为被造之物"。尽管如此，人们对他表示了更大的宽容。这都是发生在伊赫什德时代的事情。

*　　　*　　　*

后来，在埃及又出现了一种新的宗教现象，其发起者是苏菲派的创始人之一的祖努·米斯里，他提出了埃及以前没有过的教义学主张。

祖努·米斯里是上埃及伊赫米姆地区的人，其父母都是努比亚人。他在埃及学习了圣训和教法。据说，祖努·米斯里会炼金术，并能识别古埃及神庙中的象形文字。他到各地游学，如马格里布的塔呼尔特、耶路撒冷、安提俄克、也门、巴格达、麦加和麦地那等地，他都去过，会见修行者，并与之交谈。游学回到埃及后，他便向人们说出了一些他们以前从未听过的话语，诸如"状态"、"阶段"、"神爱"等。[①] 知识的来源分为转述的知识和依靠理性思维而得到的知识，祖努又增

① "状态"和"阶段"：系指苏菲派人精神修炼的过程，最早是由祖努·米斯里提出的。"阶段"被认为是在净化灵魂过程中修功者克己、自制、勤修、苦炼的结果，"状态"则是随着精神修炼的每个阶段结束而得到的，"状态"是真主的一种恩赐，不是修行者主观苦修的产物。

"神爱"的主张最早是由巴士拉的女圣徒拉比亚（公元717—801年）提出的。该主张认为真主是一种爱，而不是敬畏的对象，真主与人的关系是爱者与被爱者的关系，人应时时思念真主，亲近真主，最终达到与真主的合一。——译者

加了第三种知识，即只有圣徒才能得到的“神智”[①]，它既不是“天启”，也不是理性思维，而是源于真主的一种直觉的感知。祖努还将学问分为外在的学问和内在的学问两种。上述这些言论都是通过迷人的诗句表述的。

祖努的这些言论自然要受到那些只相信转述的天启知识的教法学家的反对。教法学家有时也承认理性思维的存在，但对于通过圣徒的心灵凝视真主，真主向其揭示自身而得到的知识，对内学、神爱、寂灭[②]等提法，则是闻所未闻的，故加以反对。反对派的首领是马立克派的长老阿卜杜拉·本·哈克，还有埃及专制残暴的法官——哈乃斐派的伊本·艾比·莱斯。他俩对祖努本人及其主张大为恼火，祖努因此而受到迫害，被诬为伪信、异端，他被送往哈里发的所在地——巴格达，关入地牢。后来经巴格达苏菲派人的努力，得以受到穆台瓦基勒哈里发的接见，哈里发听了祖努的陈述，为其说教所感动，遂以礼将其送回埃及。祖努返回埃及后又生活了九年，其间，他得以安心传播他的教义，直至伊历 245 年/公元 860 年去世。

自此以后，埃及出现了苏菲派的活动，并日渐强大，致使一些总督为此而遭罢免。继祖努之后，埃及又先后出现了一批苏菲派的首领人物，如艾布·哈桑·拜纳尼·本·穆罕默德·本·哈姆

---

① “神智”：神智论思想是埃及人祖努首先提出来的。“神智”是指源自真主的、关于真主的神秘的直接的“知识”，这种知识是修行者经过精神修炼达到一定阶段时，真主所给予的一种恩赐，是修行者关于真主的一种直接经验。——译者

② 寂灭（或无我）：系由波斯人巴亚齐德·比斯塔米（公元？—874 年）从印度人那里引进的概念，指苏菲神秘主义者进行精神修炼的高级阶段，即在人与真主合一时，人被真主吸收、融化或者消失。——译者

丹·本·赛义德·贾马勒，他陪同祝奈德来到埃及，成为苏菲派的领袖。阿里·本·突伦反对他的所作所为，命他要行善戒恶。据载，阿里将艾布·哈桑放入一狮笼中，狮子竟不伤害他，于是，艾布·哈桑在埃及名声大噪。艾布·哈桑卒于伊历316年/公元928年，为其送葬时人们倾城出动，场面甚为壮观。艾布·哈桑说过这样的话："苏菲派的最高境界是相信内涵，遵从命令，保守秘密，放弃今生与来世，追求真理。"

*　　*　　*

以上是宗教活动的几个方面。除了宗教学之外，受到重视的便是语言学和语法学。因为这两门学问是了解《古兰经》与圣训的钥匙，是掌握律例的工具。伊本·瓦拉德和艾布·加法尔·努哈斯是当时杰出的语言学家和语法学家。

伊本·瓦拉德·艾哈迈德·本·穆罕默德·本·瓦立德是埃及人，属泰米姆部落。伊本·瓦拉德出身于语法世家，其祖父、父亲和他本人都是著名的语法学家，穆拜莱德将他视为埃及的阿拉伯语长老。伊本·瓦拉德在巴格达跟随祖加吉学习语法，后来到埃及传播伊拉克的语法学派，著有《西伯威的胜利》、《减尾名词与延尾名词》[①]等著作。作者在《减尾名词与延尾名词》一书中列举了阿拉伯语名词中所有的减尾名词与延尾名词，并一一加以注释、考证，且做出词尾变化。这是一种十分有趣的研究方式。

伊本·瓦拉德卒于伊历332年/公元943年，时逢伊赫什德

① 减尾名词与延尾名词：这是阿拉伯语中比较特殊的词尾为柔弱字母的两种变尾名词。这两种名词的词尾变化较其他名词词尾的变化要复杂、特殊。——译者

王朝。

艾布·加法尔·努哈斯也是埃及人，但祖籍是阿拉伯人，属穆拉德部落。他也曾在伊拉克学习语法，受教于小艾赫费什、穆拜莱德和祖加吉。他与伊本·瓦拉德是同时代的人，他俩在巴格达求学时是同学，在埃及执教时则成为同事。艾布·加法尔·努哈斯著述颇丰，计有《〈古兰经〉的语法分析》、《〈古兰经〉词义》、《巴士拉学派与库法学派分歧纲要》、《悬诗注释》、《穆方才里诗集注释》、《西伯威语法诗句注释》、《派生词》、《著作家的文学》，等等。

伊本·瓦拉德与艾布·加法尔·努哈斯以他们的广博学识，在埃及掀起了一场颇有声势的研究语言和语法的热潮，很多埃及人向他俩拜师求教。努哈斯在伊本·瓦拉德死后的第六年，即伊历 338 年/公元 949 年去世。

诗人穆太奈比在其赞美卡夫尔的诗句中提到当时有人在埃及教授宗谱学，即一个来自伊拉克的奈伯特人讲授阿拉伯人的宗谱世系，成为当时的一大笑谈。

据载，穆太奈比诗中所指的那个人就是伊本·哈扎白。穆太奈比的讥讽有欠公允，因为伊本·哈扎白是当时埃及最为杰出的人物，是最优秀的学者之一。他是伊拉克著名的大臣伊本·福拉特的儿子，曾任伊赫什德王朝的宰相。他本身是个学者，并喜爱与学者交往，向学者广施钱物，众多各地的学者纷纷投到他的门下。伊本·哈扎白担任宰相时，还在埃及讲授圣训，圣训学家都前去听讲。伊本·哈扎白在姓氏及宗谱方面多有著述。穆太奈比曾为他写了一首赞美诗，但未当众诵读。后来，穆太奈比对埃米尔卡夫尔感到不满，便迁怒于卡夫尔的大臣伊本·哈扎白。穆太奈比离开了埃及，转而用那首诗为伊本·阿米德大唱赞歌。

*　　　*　　　*

在文学领域中，诗歌是个薄弱环节，自伊斯兰教开始向外传播起，直至突伦和伊赫什德时代，埃及没有产生过一个足以与艾布·泰玛姆、布赫图里和伊本·鲁米等伊拉克诗人相媲美的大诗人，这是一个值得思考的现象。当时的埃及建筑艺术已达到很高的水平，福斯塔特和伊本·突伦清真寺的建筑便是佐证；歌唱艺术也很有水准，这从突伦时代对歌女的描述中便可窥见一斑；埃及人对园艺、花卉也十分讲究。尽管如此，在埃及却没有出现过一个有才气的诗人，在来到埃及的阿拉伯人及其后代中没有，在那些学过阿拉伯语的纯正的埃及人中也没有。但是，我们却可以找到与伊拉克的伊玛目一比高低的埃及教法学家，如莱斯·本·萨阿德；找到与伊拉克大圣训学家相媲美的圣训学家，如伊本·莱希阿；找到与巴士拉和库法的语法学家同样水平的语法学家，如伊本·瓦拉德，并且他们这些学者的弟子也像伊拉克学者的弟子一样出色；但是，我们却找不到可以与伊拉克诗人同日而语的有才华的诗人。难道只有在哈里发的宫廷里才会产生高雅的诗歌吗？还是诗人的出现像伟人和领袖的出现那样，是有其尚未被人们发现的种种规律？还是由于其他的原因？

不管怎么说，以“骆驼”这个雅号著称的侯赛因·本·阿卜杜·萨拉姆是突伦时代埃及最著名的诗人。他的诗没有全部流传下来，只有些零散的片断。他为艾哈迈德·本·突伦写了这样的赞美诗句：

他有一双巨大的手，

他的手，像一片云，
带来喜雨遍地；
在战场上，
他是一头雄狮，
可以把千斤重担擎起；
请看看埃及吧！
由于他，
人间正道已铺满大地。

也许侯赛因是埃及人的缘故，他的诗写得十分诙谐、俏皮。他常常给埃及的土地税务官伊本·穆代尔写诗，一旦税务官对他写的诗不满意，便命人把他送到清真寺，强迫他做一定次数的礼拜。为此，“骆驼”写道：

我赞美税务官，
我把他颂扬。
税务官说：写得好，
　　　　赏你去“礼拜”一趟。
我说：礼拜岂能把家养？
　　　这不是奖赏，分明是“天课”一桩。
税务官命我把“礼拜”一词的第一个字母改读齐齿音，啊！
　“礼拜”一词变成了“奖赏”！

肯迪在其《埃及总督与法官传记》一书中传述了“骆驼”的另一首诗，该诗是为在埃及发生的某些事件而写作的。

突伦和伊赫什德时代的其他诗人与“骆驼”的水平不相上下。

因此，当穆太奈比于卡夫尔执政期间来到埃及时，与穆太奈比相比较，这些埃及诗人便相形见绌，难以望其项背，无人能与之抗衡了。

散文的命运也许比诗歌好一些，这可以从《伊本·阿卜杜·卡奈书信集》中看到这一点。如他以艾哈迈德·本·突伦的名义写信给艾哈迈德反叛的儿子的信，该信具有伊拉克散文的风格，既有查希兹式的长句，又有阿慕尔·本·麦斯阿德的洗练；喜用带韵脚的词句，多用排比、铺张的手法。如在信中写道："你要知道，承蒙真主允诺，灾难已将你笼罩；如蒙天佑，不幸已将你包围。赞颂真主，军队已在夜里如洪水而至，这预示战争和苦难已经降临。我们发誓，我们祈盼，我们决不滥杀无辜，决不暴虐凶残；我们不会对你听之任之，也不会对你放任不管……为了你，我们一掷万金；为了你，我们不畏万种艰难。到头来，你却不顾一切，铤而走险，掀起祸端……"①

此外，伊本·达耶，即艾哈迈德·本·优素福撰写的《奖励》一书，也是一部很好的散文集。该书写于突伦时代，是根据一些行善事得善报的故事写成的。该书的文字简洁、洗练。

*　　　*　　　*

除了宗教与文学活动之外，还有哲学活动。哲学包括医学、星相学、神学等学科。当时，埃及的哲学属于亚历山大学派，尽管因伊斯兰教扩张而使哲学有所削弱，但哲学研究依然存在。那时人们要想接受阿拉伯文化，就得学习阿拉伯语，就要研究用阿拉伯语表述的宗教。因此，文化研究大多集中在伊斯兰教和阿拉伯语的

① 全文请见盖勒盖山迪：《夜盲者的曙光》，第 7 卷，第 5 页及其后。

各个学科，对哲学的关注就很少了。从事哲学研究的人，大多是把基督教与新柏拉图学派融合在一起的基督教徒。当基督教徒在教义上发生分歧，形成派别，并发生辩论之后，各教派都求助于希腊哲学，用哲学来支持自己的主张。

埃及的埃米尔和省长们都离不开医生和星相学家，而这些人大都是基督教徒。医学和星相学是希腊哲学的两个分支，凡从事医学和星相学研究的人，都要阅读希腊哲学中的神学、物理学及炼金术。

当时著名的人物有：伊本·突伦的御医——基督教徒赛义德·本·努菲勒和赛义德·本·巴突里格，后者是“埃及福斯塔特的基督教徒医生，他对基督教的各教派颇有研究，曾被任命为亚历山大城的大主教，卒于伊历 328 年/公元 939 年，著有医学及基督徒与反对者的辩论等著作。”①

亚里士多德的《动物篇》和《天与世界》都被译成了阿拉伯文。有些埃及穆斯林学者与哲学有过接触，并读过一些哲学书籍，如前面提到过的伊达·达耶——正如雅古特所说的——他是一位著名书记官和星相学家，他在《奖励》一书中就引用过柏拉图说的话。著名的苏菲派人祖努·米斯里懂得巫术、符录和炼金术。尼克尔松教授认为，祖努的一些论述与新柏拉图派的主张有某些相似之处。

由此可以看出，由于翻译希腊典籍的缘故，埃及的哲学活动受到了亚历山大学派的影响，同时也受到了来自伊拉克的学者们的影响。与研究宗教和语言的情况相比较，哲学研究是在很小的范

---

① 伊本·艾比·乌赛伊拜阿：《医学家传记》，第 2 卷，第 86 页。

围内进行的，只有少数埃及学者在从事这方面的工作。

*　　　　*　　　　*

在突伦时代和伊赫什德时代，沙姆地区的学术活动与埃及的情况相差无几，只是规模略小一些。这是因为埃及是总督的所在地，又是富饶之乡。但是，沙姆地区的诗歌要略胜埃及一筹。

学术的繁荣，在多数情况下，靠的是宫廷的庇护，王公大臣的鼓励和大量金钱的支持。

与埃及一样，沙姆地区也有一大批圣训学家、教法学家、苏菲派人和颂经家，如：贝鲁特的伊玛目奥扎耳(伊历 157 年/公元 773 年卒)，他像埃及的莱斯·本·萨阿德和沙斐仪一样，在圣训和教法方面对沙姆地区有很大的影响；有“逊奈”大师之称的宰克里亚·本·叶海亚·希吉兹(伊历 289 年/公元 901 年卒)；熟谙沙姆地区传述的圣训的穆罕默德·本·奥夫·塔伊·侯姆斯(伊历 269 年/公元 882 年卒)，以及艾布·伯克尔·穆罕默德·本·拜莱卡·哈米里·叶赫苏比·甘斯里尼等人。

苏菲派的活动，通过祖努·米斯里及其弟子从埃及传到了沙姆地区。在沙姆地区出现了一位苏菲派人——塔希尔·麦格迪西，他师承祖努、米斯里等人。什布里[①]称他为“沙姆的墨水”。塔希尔有很多苏菲言论被人引用，如“沙漠已到尽头，道路已经消逝。智者乃与平民百姓为伍之人。”

沙姆地区的苏菲派人还有大马士革的艾布·阿慕尔，他是通过祖努的弟子加入苏菲派的。他说，加入苏菲派就是要对一切不

① 什布里：苏菲派的著名人物，公元 946 年卒。——译者

足、一切缺陷视而不见，以看到完美无瑕的人。他卒于伊历 320 年/公元 932 年。艾布·伊斯哈格·里基是沙姆地区最著名的长老之一，也是该地区最著名的苏菲派人之一，卒于伊历 326 年/公元 937 年。

埃及与沙姆地区相距不远，两地的学者互访频繁，故两地的圣训、教法及苏菲派的活动几乎是同一种模式，以致有很多学者因在两地生活的时间都较长，很难算他是埃及人，还是沙姆地区人。

*　　　　*　　　　*

埃及先后有伊本·阿卜杜·哈克、伊本·优努斯、肯迪和伊本·祖拉格等学者为记述埃及的历史、编撰《埃及志》做出过重要贡献。艾布·阿卜杜拉·本·艾哈迈德·麦格迪西（伊历 336—约 380 年/公元 947—990 年）则以另外一种形式，为沙姆地区增添了光彩。麦格迪西发现，伊斯兰教历四世纪时的阿拉伯伊斯兰帝国尚未有人对其做过地理学或社会学上的描述，如地理学上的沙漠、海洋、湖泊、河流、城镇、边界、植物、动物，等等；又如社会学上的语言、肤色、教派、货币、特点、缺陷、土地面积及肥沃程度，等等。麦格迪西认为现有的著作有很多不足之处，决心补上这一空缺。为此，麦格迪西周游了帝国的大部分地区，历尽千辛万苦，冒着各种危险，干过各种工作，想尽各种办法，耗资一万迪尔汗，最终写出了《各地区的最佳分类》一书。这是一部观察细致、描述真实、编排合理的佳作。麦格迪西在书中绘出地图，而且是彩色的地图：边界和道路用红色，沙漠用黄色，海洋用绿色，山脉用灰褐色。

麦格迪西的足迹踏遍了阿拉伯半岛、伊拉克、沙姆地区、埃及和摩洛哥、波斯、信德、印度等地。他在周游各地后，于伊历 375

年/公元985年写出了该书,为地理学的发展做出了伟大的贡献。

*　　　*　　　*

但是,沙姆地区最大最重要的学术活动,要算是文学和语言的各个学科了。当时,在阿勒颇的哈姆丹王朝的宫廷里,尤其是当赛弗·道莱在位时,诗歌、语言和语法的活动超过了其对手埃及,也许也胜过了伊拉克。赛阿里比说:"沙姆及其附近地区的阿拉伯诗人,比起伊拉克及周围地区的阿拉伯诗人来,要略胜一筹,不管是在蒙昧时代,还是在伊斯兰时代,都是如此。要说起在这之前的诗人那就多了,单是新出现的诗人就可以举出阿塔比、曼苏尔·奈麦里、艾什加耳·苏莱玛、穆罕默德·本·宰耳阿·大马士基、赖比耳·莱基等人的名字,但只要提一下其中的两个代表人物——艾布·泰玛姆和布赫图里就足够了……对于那些新出现的诗人,只要看一下他们的代表作品就足以证明他们在诗坛的领先地位了。"

不论是过去,还是现在,沙姆这一地区能不断出现杰出诗人的原因,就在于他们远离非阿拉伯人的国度,而离阿拉伯人、特别是汉志人很近;在于他们的语言纯正,没有受到伊拉克人语言的影响,伊拉克人因与波斯人和奈伯特人交往而使其语言受到了损害。此外,沙姆地区的当代诗人既保留了游牧人语言的纯正,又增添了城市文明的甜美。诗人们侍奉着哈姆丹家族和瓦尔高人的国王及其大臣,这些人是阿拉伯人的后裔,酷爱文学,以出身高贵和慷慨大方著称于世。他们集武功与文笔于一身,每个人都仗义疏财,喜欢诗歌而且是很有品味的文人。对于优秀的诗人,他们慷慨解囊,一掷千金;他们生性追求完美,他们以温和的方式控制着文坛;他们尽情发挥,随心所欲。

萨希布·本·阿巴德的一些朋友说,伊本·阿巴德很欣赏以布赫图里为代表的写作风格,即洗练、优美、畅达的风格。伊本·阿巴德十分留意收集他们的佳作,他还请人讲述该地区的奇闻轶事,并且一一记在本子上,足足记了一大本。这本材料与他形影不离,也从不示人。这些素材成为他言谈和笔写的内容,时而在演说或辩论中引用,时而又出现在他的信函里。①

据记载,艾布·伯克尔·花拉子密和《在穆太奈比及其对手间调停》一书的作者——法官艾布·哈桑·阿里·本·阿卜杜勒·阿齐兹·朱尔加尼,也是阿勒颇哈姆丹学派的才子。

赛弗·道莱的优点——如果你愿意的话,也可以说成是他的缺点——就是大力鼓励诗歌、文学和学术的发展。赛弗·道莱是台格里卜部落的阿拉伯人,他为其家族和谱系的荣耀而自豪,在他身上有着阿拉伯大家族的气质。他对民间传说极感兴趣。他所关心的是他周围要有最伟大的诗人为他唱赞歌,要让每个角落里都能听到对他的颂扬。赛弗·道莱又是一位骑士,具有高傲、夸耀、扶弱济贫、解人危难的品质。他看重荣耀与豪侠气概,为了荣誉,他不吝惜金钱,他把向朋友和诗人慷慨赠与作为实现其抱负的手段;他关心的是花钱,是如何大把大把地花钱,而对钱是怎么来的,来路是否公正,却不感兴趣。他死后,很多人哭泣,有的人是因为失去他而痛哭流涕,有的人则是为他的死而乐极生悲。有人说,赛弗·道莱具有阿拉伯人的两个突出的品质——那是阿拉伯人的光荣——勇敢与慷慨,这是阿拉伯人除了品评、鉴赏诗歌的特性外,

① 赛阿里比:《稀世珍宝》,第1卷,第6页及其后。

阿拉伯人最为赞赏的、最具有男子汉气概的两大品质。

诗人、文学家和学者闻知赛弗·道莱仗义疏财，褒奖学术，纷纷从四面八方投奔于他，把自己最好的作品呈现给他，这些诗人、学者也得到了他们所希望得到的一切。这对艺术和学术来说是一件幸事，是一笔不朽的财富，尽管哈姆丹家族为此失去了万贯家财。

赛弗·道莱专门铸造了用于赏赐的第纳尔金币。每枚金币重十个米斯高勒，金币上铸有赛弗·道莱的名字和他的图像。金币铸成后，赛弗·道莱给了诗人拜卜高[①]一枚，诗人赞道：

在慷慨的埃米尔的荫庇之下，
多么舒适安乐；
铸造这样的金币，
过去从未有人想过；
埃米尔的名字和画像，
已成为我们的护身符。

赛弗·道莱听罢，又赏给诗人十枚金币。

当艾布·伊斯哈格·萨比决心离开阿颇勒时，有人求他为赛弗·道莱写一首诗，萨比遂说了三句诗文，便得到了一个盖有赛弗·道莱印章的密封袋子，内装有金币三百枚。[②]

法官艾布·奈斯尔·穆罕默德·尼萨浦尔拜谒赛弗·道莱时，从衣袖中抛出一个空口袋和一个纸卷，纸卷内有一首诗，请求

---

① 拜卜高：是赛弗·道莱的御用诗人艾布·法莱吉·阿卜杜·瓦希德的绰号的音译，意为鹦鹉。——译者

② 请见赛阿里比：《稀世珍宝》，第1卷，第14页。

赛弗·道莱准其朗诵该诗。赛弗·道莱准其请求，该诗的开头是这样的：

你有送礼的习惯，

你的命令真灵验；

你的奴仆啊！

他需要一千个迪尔汗！（银币）

赛弗·道莱听罢，命人给他一千个第纳尔（金币），金币装满了他带来的空口袋。[①]

在穆太奈比写给赛弗·道莱的赞美诗中，有一句一连用了14个命令式动词。赛弗·道莱在每个动词下面都作了批示：在“给予吧”一动词下面写道：“我给你银币，你要多少，都行”；在“赐与封地吧”一动词下面写道：“我把阿勒颇的某某田庄赏给你”；在“高兴吧”一动词下面写道：“我已使你满意了”，穆太奈比看罢说道：“我这里指的是‘纳妾’”，赛弗·道莱便赏给他一名女奴，[②]等等。

赛弗·道莱的慷慨好客、广施钱财的名声远扬四方，各地穷困潦倒的文人墨客都去投靠他；需要帮助的学者，或者曾经有过显赫过去而遭受不幸的人所需物品的清单总是摆满赛弗·道莱的案头。白迪耳·宰曼·哈迈扎尼写了一篇玛卡梅韵文故事，取名《哈姆丹玛卡梅》。故事的情节是这样的：赛弗·道莱召集了一批文人聚会，在会上展示了一匹骏马。赛弗·道莱对众人说：“都来描写这匹马吧！谁写的最好，我将以马相送。”艾布·法塔赫·伊斯坎

① 伊本·赫里康：《人物传记》，第1卷，第521页。

② 欧克拜里：《穆太奈比诗集注释》，第2卷，第79页。

德里(白迪耳韵文故事的主人公)夺得头名佳作，赛弗·道莱便把该马送给了他。这个故事显然是虚构的，但它却显示了赛弗·道莱在文学家心中的形象。

赛弗·道莱举办的文学聚会也很出色。他通过赠送礼物和鼓励竞争的办法使文人学者们争相献出精品佳作。他掌握着聚会的进程节奏，使聚会有很高的文学品味。赛弗·道莱有时先说一句诗，让诗人们来对句，有一次，他改动了穆太奈比的两句诗，引起两人争执，双方各执己见，相持不下。[①]

有一天，赛弗·道莱问一些学者：你们知道一个延尾名词的复数是减尾名词吗？伊本·哈拉维答道：我知道有两个名词是这种情况，但我不说，你给我一千枚银币，我就告诉你。在得到钱后他说：这两个名词是沙漠和处女。

文学作品中多处提到在赛弗·道莱的聚会上，穆太奈比与其对手辩论一事，此事造成穆太奈比最终离开了赛弗·道莱。

赛弗·道莱的宫廷是当时最辉煌的宫廷。花拉子密在回忆其在那里度过的岁月时写道："在今天的聚会(艾斯法罕的艾布·穆罕默德·阿拉维的聚会)上，我见到了曾在赛弗·道莱宫廷里看到的那些人，这使我想起了我在那里度过的岁月，想起了我在那里的抱负与理想。真诚、甜美，如泉水流淌；青春、闪亮，逝去的一切，犹如昨日一样。"[②]

穆太奈比在赛弗·道莱的宫廷里写出了他最优美、最动人的

---

① 赛阿里比：《稀世珍宝》，第 1 卷，第 13 页。

② 《花拉子密书信集》，第 171 页。

诗句，表达了他最真挚的情感。穆太奈比认为赛弗·道莱除了他的慷慨之外，还具有一种骑士的气质。赛弗·道莱为其阿拉伯血统而自豪，他喜欢打仗的生活，他渴望得到荣耀。这些都是穆太奈比向往的并视为典范的性格。因此，穆太奈比把赛弗·道莱当成理想人物来歌颂。“莫求天下客，慷慨独一人。”可以这么说，如果没有赛弗·道莱，穆太奈比就是另外一个人了。离开赛弗·道莱以后，穆太奈比所写的诗，除了那些感叹光阴流逝和自责的作品之外，都是些应景之作。

艾布·菲拉斯是赛弗·道莱的堂弟，比赛弗·道莱约小二十岁。在其父被害后，得到赛弗·道莱的关怀和照顾，在他家中学习、长大，并与赛弗·道莱一起参加了部分战役。艾布·菲拉斯写道：“我与赛弗·道莱一起出征，于伊历339年/公元950年攻克了欧优奈城堡，那年我刚好十九岁。”艾布·菲拉斯在一次与罗马人的交战中被俘，被解往君士坦丁堡，四年后获释。其间，艾布·菲拉斯写出了他最好的诗歌，他把大部分作品寄给了赛弗·道莱，求他设法将自己赎回。艾布·菲拉斯因身陷囹圄，远离家乡，激起了他的诗情才思，情感格外真挚细腻。他的诗抒发了他的哀怨、悲愁，充满了对故乡的思念，对祖国的热爱，反映了俘虏生涯的屈辱与不幸：

哭你千声眼红肿，唤你通宵难入梦。
危难不问生与死，灾害哪管人年龄。
宁愿随父鞍前死，不愿独自榻上病。

怎能受辱基督徒，奴颜婢膝难活命。

为国已尽忠和义，岂能座前将我拒。
曾经多少雨露润，招致亲朋生妒意。

十年沧桑路漫长，如刀似剑在胸膛。
没有侠肝义胆在，怎将生死掷一旁。
七十胜千无人敌，闻风丧胆蓝眼狂。
你是主人追随你，你是北斗我兄长。
你指引我走正路，你教会我求高尚。

一首诗中他哀叹病重的母亲即将离世：

大灾大哀伤，主难出手帮。

他为祖国悲哀道：

爱国爱亲人，有爱人坚强。

如果说，穆太奈比是赛弗・道莱造就出的一位杰出的赞颂诗人的话，那么艾布・菲拉斯便是他推出的一位优秀的哀伤诗人。

艾布・阿拔斯・纳米也是赛弗・道莱宫中的一位优秀诗人，对赛弗・道莱来说，其地位仅次于穆太奈比。诗人赞赛弗・道莱道：

雨露似琼浆，滋润我成长，
大海有震怒，教训是平常，
发怒又安慰，深怕你受伤，
忽而红似火，忽而白如霜。

诗人艾布・法莱吉・拜卜高在赛弗・道莱的宫中度过了他的青春年华，他的后半生是在巴格达度过的。

沃厄瓦乌・大马士基也是赛弗・道莱的诗人，是一位很有天赋的诗人。他的诗语言优美，以善用比喻、借喻见长。诗中写赛弗·道莱：

> 谁说你是乌云面，简直是一派胡言，
>
> 你解囊从来面带笑，他施舍却是哭丧脸。

艾布·伯克尔·穆罕默德·本·哈希姆和艾布·奥斯曼·赛义德·本·哈希姆是兄弟俩，人称“哈立迪亚[①]双杰”。他二人原是赛弗·道莱图书馆的监理，后来都成了诗人。伊本·奈迪姆说：“艾布·伯克尔（哈立迪亚双杰之一）说：‘我背记了一千个故事（夜谈），每个故事需用一百张纸书写。’他能背记这么多的故事，而且能一字不差地表达出来，真令我惊叹。尽管如此，一旦发现好的作品，他俩会不择手段地据为己有，他俩不是不会写诗，只是秉性如此。”[②]他俩著有《拜沙尔诗选》、《伊本·鲁米诗选》、《布赫图里诗选》、《穆斯林·本·瓦立德诗选》。

伊本·努巴台·赛阿迪也是赛弗·道莱的诗人，他写了大量的赞颂诗。

若要把赛弗·道莱的宫廷诗人一一列举出来，篇幅就太长了。可以这样说，赛弗·道莱创造的这种气氛和环境激发了他身边的每一个人写诗的激情。例如，他的图书馆监理成了诗人；卖西瓜的小贩沃厄瓦乌·大马士基也成了大诗人；库沙基姆（这是个复合名词，由四个名词的第一个字母组合而成，这四个名词分别是作家、诗人、仗义疏财者和星相学家）是位极风趣的诗人，据说他原是赛

① 哈立迪亚：城镇名，位于摩苏尔附近。

② 伊本·奈迪姆：《目录大全》，第169页。

弗·道莱的厨师。他有自己的诗集，并著有《酒友之道》、《快乐的特点》及《套索与短矛》等书。

此外，伊本·努巴塔·法里基是赛弗·道莱最著名的演说家之一。请注意，他不是前面提到的伊本·努巴台·赛阿迪。伊本·努巴塔·法里基的演说都是号召圣战，鼓动人们支持赛弗·道莱对罗马人的战争。

*　　　　*　　　　*

在赛弗·道莱的宫中，最著名的语言学家和语法学家是艾布·阿里·法里西、伊本·赫拉维和伊本·金尼。

艾布·阿里·法里西是当时最伟大的阿拉伯语语法学家，他在阿勒颇和巴格达都居住过。他和他的弟子伊本·金尼被认为是最大限度地使用类比，而不拘泥于语法条文的语法和词条学派的两大创始人。该学派与其他学派的区别，就如同教法当中哈乃斐派主要依靠类比，而马立克派主要依靠圣训进行立法一样。

艾布·阿里·法里西（公元 987 年卒）于伊历 341 年/公元 952 年来到阿勒颇，住在赛弗·道莱的宫中，参加了赛弗·道莱举办的各种文学聚会，曾与穆太奈比就某些语言和语法问题有过辩论。

伊本·金尼（公元 942—1002 年）是艾布·阿里·法里西的弟子，他发展了其师的语法和词法规则。如果用表述教法学家的术语来表述语法和词法学家的话，我们可以把伊本·金尼称为创制学家，他对语法和词法都有自己独到的见解和主张。

在赛弗·道莱的宫中，伊本·金尼与穆太奈比的关系十分密切，两人就诗歌展开的讨论好像超出了语法和语言的范围。穆太奈比对伊本·金尼的评价是："这是一个很多人不了解其能力的人。"伊本·金尼对《穆太奈比诗集》所作的注释，令所有后来为该诗集作注释的人获益匪浅，因为伊本·金尼对穆太奈比本人及他写诗的背景都十分了解，这是别人无法做到的。

伊本·赫拉维（公元980年卒）是当时最大的语言、语法、文学及《古兰经》学的权威之一。他是在赛弗·道莱执政时来到阿勒颇的。他是赛弗·道莱聚会的"伊玛目"，与穆太奈比有过多次争论，有些争论十分激烈。他俩之间的关系从未融洽过，因为穆太奈比看不起伊本·赫拉维的学问，而伊本·赫拉维对穆太奈比的诗也没有给予应有的评价；其次，他们二人相互妒嫉对方在赛弗·道莱心中的地位。当时宫中分成两大派：一派以穆太奈比为首，包括语法学家伊本·金尼和诗人艾布·法莱吉·拜卜高；另一派则由语言学家伊本·赫拉维和诗人艾布·菲拉斯挂帅。

*　　　*　　　*

赛弗·道莱的宫中还有一位大哲学家法拉比（公元874—950年）。法拉比原在巴格达求学，后因慕赛弗·道莱宫廷的显赫名声而来到阿勒颇。法拉比在赛弗·道莱的庇护之下过着苏菲派人的生活，以每天4个银币维持生活。法拉比在阿勒颇周围的公园里教授学生，著书立说。法拉比写了很多有关逻辑学、神学、政治、数学、炼金术和音乐方面的书。法拉比一直待在沙姆地区，直到于伊历339年/公元950年去世。

赛弗·道莱周围有很多医生，他们既研究医学，又关心哲学，因为当时的医学是哲学的一个分支。伊本·艾比·乌赛拜阿（公元1203—1270年）在其《医学家传记》中写道，赛弗·道莱有24名御医，其中有耳撒·莱吉。赛弗·道莱对医生所从事的每一项工作都给予报酬，耳撒·莱吉享有4份酬金：一份是行医所得，一份是将古叙利亚文的图书译成阿拉伯文，另外两份是其他学术工作的酬劳。①

赛弗·道莱的宫廷充满了诗歌，到处是有关语言和语法的辩论，法拉比又以他的哲学给宫廷增添了新的光彩。赛弗·道莱的宫廷成为整个阿拉伯伊斯兰帝国，尤其是沙姆地区的光芒四射的学术中心。

艾布·阿拉·麦阿里就是在这样的学术气氛中开始其学业的。麦阿里于伊历363年/公元973年出生在隶属阿勒颇的麦阿拉镇。尽管赛弗·道莱在麦阿里出生前八年就死了，但是当地的学术和文学活动并没有停止，诗人们的诗歌仍被传述、吟诵；伊本·赫拉维和伊本·金尼的学生仍在讲述他俩在语言、文学、语法、词法方面的学问；法拉比的弟子仍在引用他的哲学。麦阿里正是在这个时候来到阿勒颇求学的。麦阿里发现人们喜欢穆太奈比的诗，他的诗到处被传诵，麦阿里还听到语法学家穆罕默德·本·阿卜杜拉·本·赛阿德对穆太奈比的评价。麦阿里也听到了伊本·赫拉维的弟子们的讲述；他一定也会晤过法拉比的学生，并向他们请教。麦阿里在阿勒颇住了大约十年，埋头苦读，吸吮着学术的甘霖。赛弗·道莱扶植的文学、语言及哲学活动，对艾布·阿拉·麦阿里及其他学者和文学家的成长创造了优越的条件。

*　　　*　　　*

① 《医学家传记》，第2卷，第140页。

法蒂玛王朝(公元 909—1171 年)兴起后,其势力遍及埃及和沙姆地区。法蒂玛王朝的出现,带来了一个伟大的学术繁荣,使埃及和沙姆地区学术、文学和艺术有了很大的发展。相比之下,在突伦时代和伊赫什德时代取得的进步就相形见绌了,但是与巴格达的阿拔斯王朝还是可以一比高下的,尤其是在理性学科及哲学方面。其原因如下:

第一,法蒂玛人带来了什叶派的教义,该派的教义,如“伊玛目具有免罪力,永远不会犯错误”的说法与埃及和伊拉克的逊尼派的主张不同,而且什叶派的宗教礼仪也与逊尼派的礼仪有异,如在召祷词里加上了“为作善事而快来礼拜吧!”的词句,在节日中增加了纪念阿舒拉日[①]和盖迪尔·胡木节[②]等。

法蒂玛人带来的这些变化造成了有人支持、有人反对的局面,埃及的学者奋起反对什叶派的做法和主张,伊拉克人则表现得更为强烈,因为他们不像埃及人和沙姆人那样受到法蒂玛人的管辖与统治。阿拔斯王朝的哈里发采取的对策是:鼓动学者们提出“《古兰经》隐义说不能成立”的主张,并请安萨里[③]撰写《隐义派的丑行》一书。一时间,思想界异常活跃,著书立说,讨论争辩,斗争十分激烈。法蒂玛人的反应是:在宫中,在清真寺里,在名人显贵的家中建立大大小小的图书馆,举办各种聚会,著书撰文宣传什叶

① 阿舒拉日:请见本书第 59 页注①。

② 盖迪尔·胡木节:请见本书第 59 页注②,第 205 页注①。

③ 安萨里(公元 1058—1111 年):伊斯兰教权威教义学家、哲学家、法学家和教育家。对于内学派,安萨里认为对经训的隐义的解释是必不可少的,但它不能取代对明文的表义解释。安萨里的主要著作有《宗教科学的复兴》、《哲学家的矛盾》、《哲学家的宗旨》、《拯救迷失者》、《致孩子们》等。——译者

派的主张。正如其他宗教，如基督教和犹太教各教派之间发生争论时都向希腊哲学求助一样，法蒂玛人在同逊尼派的斗争中也从希腊哲学中寻找支持，他们用柏拉图和亚里士多德，以及其他希腊哲人的言论来支持什叶派的观点。

第二，法蒂玛人统治埃及及沙姆地区时，对犹太人和基督教徒采取十分宽容的态度，让他们在重要的政府部门任职，掌管很多重要的事务。这也许是因为什叶派人主张的是在他们的控制之下实现伊斯兰世界的统一，而不是过多考虑宗教和人种因素。他们对什么人都进行宣传，号召人们支持什叶派。因此，法蒂玛人重用犹太人和基督教徒，并给他们以自由。当法蒂玛人感到有人利用这种宽容而起来造反时，他们的态度就变了。法蒂玛人之所以这样做，是因为他们认为，政治目的和社会目标比宗教使命更重要。

叶耳孤卜·本·基利斯是一名犹太人，他十分精明能干，知识渊博，足智多谋，挥金似土，喜逐名利。伊本·基利斯在伊赫什德时代就小有名气，皈依伊斯兰教后，学习《古兰经》、圣训和阿拉伯文学。后来，他来到马格里布，结识了穆仪兹的释奴将领焦海尔，向其报告了埃及的情况，并协助焦海尔制订攻占埃及的计划。伊本·基利斯随同法蒂玛人占领埃及，遂为穆仪兹效力，至阿齐兹哈里发执政时，升任大臣高位。伊本·基利斯为法蒂玛王朝制定了立国大法和各种规章制度。

伊本·基利斯除了具有政治管理才能之外，对学术发展也很有作为。他鼓励学术，支持学者；组织聚会，提供财源；把学术研究与什叶派，什叶派与哲学研究联系起来。他组织的学术聚会分为两种，一种是一般学者参加的聚会，另一种是少数学者参加的聚会，这些学者从哲学的角度来研究和思考各种问题。伊本·基利斯还编写了《什叶派教法》一书，并称该书的内容是从穆仪兹哈里发和阿齐兹哈里发处听来的；在清真寺他亲自宣读该部教法，并依照此书作出教律上的裁决。伊本·基利斯几乎掌管着法蒂玛王朝的一切事物，从政策的制定，到行政管理，他都要过问。伊本·基利斯死后，哈里发阿齐兹亲自主持祈祷仪式，亲手为其下葬，并下令各政府机构关闭数日，以示哀悼。[①]

在笔者看来，伊本·基利斯在将哲学引入学术活动，鼓励犹太人和基督教徒从事学术研究并参加行政管理，以及把什叶派的宣传上升到理论高度等方面，发挥了巨大作用。

哈里发阿齐兹的妻子是一位麦勒卡派[②]的基督教徒，她有两个兄弟，一个叫艾尔米斯，为耶路撒冷的大主教；另一个名叫艾尔萨尼斯，任开罗及埃及麦勒卡派的大主教。兄弟二人对阿齐兹都有影响，因为他俩是其爱女的舅舅。[③]

阿齐兹的这位妻子对阿齐兹善待基督教徒、允许重建部分教堂起了很大的作用。

这位信奉基督教的妻子给阿齐兹生了一个女儿，号称“国王夫人”。这位公主——正如努韦理[④]所形容的——具有坚强的意志和敏锐的洞察力，对其父有很大的影响，在促使其父对基督教徒采

① 请看伊本·赫里康：《人物传记》，第2卷，第495页。

② 麦勒卡派：叙利亚基督教的一个派别。麦勒卡派原指在卡尔西顿公会议举行期间拥护皇帝主张而反对一性论的人，后转义专指此派中使用阿拉伯语者，分布于叙利亚、巴勒斯坦、埃及等地。——译者

③ 请看麦金·伊本·阿米德：《历史集成》。

④ 努韦理(公元1278—1332年)：埃及文学家，著有《文苑观止》一书。——译者

取宽容政策上发挥了作用。另外，她在其兄哈基姆执政时代，对很多重大事情仍有实际影响。

阿齐兹哈里发允许艾什蒙尼大主教就宗教信仰问题与伊本·努尔曼法官等宗教人士进行辩论。

在阿齐兹执政的最后两年，基督教徒耳撒·本·奈斯图里继伊本·基利斯之后担任大臣职务。

此外，因什叶派认为《古兰经》具有字面上的意义和暗含的意义，即表义和隐义、外在和内涵之分，故鼓励法蒂玛人研究哲学。这是因为《古兰经》隐义说给"想象"插上了翅膀，使思想得以在哲学里遨游，从中汲取营养并将哲学塞进宗教。从精诚兄弟会撰写的论文中可以清楚地看到这一点，精诚兄弟会的成员都是主张内学的什叶派。因此，哲学与什叶派的关系比与逊尼派的关系更为密切。我们看到，在法蒂玛时代和布韦希时代，以致在近代，波斯一直是最关注伊斯兰哲学研究及出版相关著作的地区。近代当哲马鲁丁·阿富汗尼[①]——一个具有什叶派观点，并在波斯学习了伊斯兰哲学的人——来到埃及之后，便在埃及宣传伊斯兰哲学。

麦格里基也说过："法蒂玛人进行的宣传是逐步升级的，听其宣传者如能接受什叶派的一般教义，他们就向他讲述物理学、形而上学和神学等哲学各学科的知识；听讲者如能接受，宣讲师

① 哲马鲁丁·阿富汗尼（公元1838—1897年）：近代伊斯兰哲学家、社会活动家、泛伊斯兰主义的创始人，一生致力于社会和宗教改革。1871年定居开罗，在艾资哈尔大学任教，从事宗教和社会改革的政治宣传活动。1879年被驱逐出境。主要著作有《反驳自然主义者》、《哲学的利益》等。——译者

便不再掩饰，公开说：‘我们所说的事件或原理，只是某些原则含义的象征，是本质的反面。天启只是心灵的净化，如先知发现了真主降示的天启，便将天启出示给众人，先知所说的是真主的语言，先知根据大众的利益，用它来制定教法；执行教法也要考虑到大众的利益……’”麦格里基又说：“在法蒂玛人看来，会说话的先知是教法的主人，他们是领导老百姓的政治家，哲学家则是少数智者的先知……”麦格里基又说：“法蒂玛人在这方面写了很多著作。”

《各教派的分歧》一书的作者说，伊斯玛仪派的一位首领欧拜德拉·本·哈桑·凯鲁万尼在给该派的一位宣教师的信中写道：苏莱曼·本·哈桑·艾比·赛义德·加纳比说：“如果你是靠哲学获胜的，你就应保护它，因为哲学家是我们的工具。”舍赫拉斯塔尼[①]说：“旧内学派人将他们的话与哲学家的话混淆在一起，他们的著作都是这样的。”对此，舍赫拉斯塔尼作了详细说明。杜齐[②]说：“伊本·麦伊蒙[③]（内学派教义与伊斯玛仪派教义的奠基人）并不是在忠实的什叶派信徒中寻找其支持者的，而是在二神论者、拜物教徒及希腊哲学的门徒，尤其是在后二者当中寻找，他只是对他们这些人敞开心扉，讲出自己真实的信念：即伊玛目、宗教和道德只不过是一种迷误与嘲弄。对此，一般人是无法理解的。但是，伊

① 舍赫拉斯塔尼（公元1086—1153年）：中世纪伊斯兰教哲学家、宗教史学家，其代表著作为《宗教与教派》。——译者

② 杜齐（公元1820—1884年）：荷兰东方学家，著有著名的《阿拉伯语字典》。——译者

③ 伊本·麦伊蒙（公元1135—1204年）：犹太哲学家。当过萨拉丁的御医。主要著作有《彷徨者指南》。——译者

本·麦伊蒙却依靠这些人,不与他们进行争辩。为伊本·麦伊蒙进行宣传的人披着各种外衣,对不同阶层的人使用他们能听懂的语言进行宣传。”

应当指出的是,这并不是说所有的什叶派人,所有的法蒂玛人,也不是所有的这一运动的领袖,都是这么做的。确切地说,只是他们当中的部分领袖利用什叶派来达到他们自己的目的。但是,不管怎么说,这是法蒂玛时代有人从事哲学研究,并使哲学得到传播的另一个原因。而在此之前的突伦时代和伊赫什德时代,以及在此以后的阿尤布时代都是没有过的。

第三,法蒂玛时代财富充盈,哈里发追求奢华享受,促使艺术得到发展。法蒂玛人留下的高超的工艺和精美的艺术,是其他时代难以企及的。

*　　　*　　　*

法蒂玛时代埃及和沙姆地区的智力活动,主要是宗教活动非常活跃。这主要是因为法蒂玛人想把埃及和沙姆地区的人都变成什叶派人,而埃及人和沙姆地区的人却要坚持自己的逊尼派信仰,故法蒂玛人展开了一系列强大的宣传攻势。

起初埃及人执意要保持其逊尼派信仰,并以此作为与法蒂玛人谈判投降的条件。焦海尔根据穆仪兹哈里发的命令,向埃及人写了一份谕旨,保证埃及人享有信仰的自由,不强迫埃及人信奉什叶派。谕旨写道:“你们要我在谕旨里写上你们的要求,为使你们放心,我答应你们的要求——其实写不写没什么意义,将之公布于众也没什么益处,因为伊斯林教的信仰是一致的,其教法是固定的——我保证,让你们信奉原有的教法学派,你们可像以前一样履行你们的宗教义务，像以前一样在你们的清真寺里聚会，坚信圣门弟子和再传弟子的教诲；按照各地教法学家所遵奉的学派的主张做出教法裁决；按照真主在其经典，先知在其圣训中的规定进行宣礼、礼拜、斋戒、交纳天课、朝觐、圣战，等等。”①

但是，当穆仪兹哈里发的军队进入埃及、站稳脚跟，并迁都开罗之后，穆仪兹就不再理会他在谕旨中的保证了。法蒂玛人加紧推行使埃及人信奉什叶派的政策。他们在星期五聚礼日的宣讲中加上了这样一句话：“真主啊！为先知穆罕默德祈祷吧！为阿里、为法蒂玛、为使者的两个外孙哈桑和侯赛因祈祷吧！我已除去了加在他们身上的不实之词。真主啊！为那些宣传正道的救世的穆民领袖的先人——那些正统的伊玛目祈祷吧！”②

伊历 359 年 5 月 8 日星期五（公元 970 年），焦海尔在伊本·突伦清真寺作礼拜，宣礼员发出了“快来做善事吧！”的呼喊，这是埃及在宣礼时首次发出这样的呼唤。③

“穆仪兹哈里发走进王宫后，拜倒在地，跪拜两次，随行人员都像他那样作了礼拜（时值伊历 362 年/公元 972 年）。次日，开罗的贵族、法官、学者、名流及普通百姓纷纷向穆仪兹表示祝贺。穆仪兹下令诏示埃及各地长老：继真主的使者之后，最好的人是信士们的长官阿里·本·艾比·塔利卜。”④

---

① 《正统派的训诫》，第 69 页。
② 同上书，第 77 页。
③ 同上书，第 79 页。
④ 同上书，第 90 页。

“同年(伊历362年)12月18日,正值盖迪尔·胡木节[①],埃及和马格里布等地的人聚会祈祷,令穆仪兹哈里发十分感动,这是埃及首次过盖迪尔·胡木节”。

后来,法蒂玛人又将阿舒拉日定为哀悼侯赛因日。是日,人们聚集在穆罕默德·本·加法尔·本·穆罕默德·萨迪格[②]的女儿库勒苏姆及“纯洁的心灵”[③]的墓前痛苦哀悼。

穆仪兹哈里发在位时铸造的第纳尔金币上,铸有“万物非主,唯有真主,穆罕默德是真主的使者。真主命其不顾多神教徒的反对宣传正道,传布正教。阿里是最好的继任者,是穆圣的辅弼。”

阿齐兹哈里发继位后,于伊历363年/公元973年取消了埃及清真寺的间歇拜[④]。

① 盖迪尔·胡木节:盖迪尔·胡木为距加赫法约三英里的一地名,该地有一泉水,周围多树木。什叶派是根据拜拉·本·阿兹布的传述将其列为纪念日的,拜拉·本·阿兹布说:“当我们与真主的使者一起来到盖迪尔·胡木时,听到宣礼声,使者便作了午礼,他拉着阿里·本·艾比·塔利卜的手说:‘你们不知道我是每个穆民的主人吗?’众人回答说:‘是的,我们知道。’使者说:‘我是谁的主人,阿里也就是谁的主人。真主啊!协助支持阿里的人,反对与阿里为敌的人吧!’”布韦希王朝的穆仪兹·道莱,于伊历352年/公元963年,埃及于伊历362年/公元972年先后将该日定为节日。

② 加法尔·萨迪格:什叶派历史上的重要人物,什叶派第六位伊玛目。他从理论上确立了什叶派伊玛目教义和教法学的基础。公元765年加法尔·萨迪格死后,什叶派在伊玛目传系问题上发生分歧,多数人拥护其次子穆萨·卡兹姆为伊玛目,后逐渐形成十二伊玛目派,少数人仍拥护其已故长子伊斯玛仪为伊玛目,形成伊斯玛仪派。——译者

③ “纯洁的心灵”:正统哈里发阿里·本·艾比·塔利卜长子哈桑的曾孙易卜拉欣·穆罕默德的绰号。——译者

④ 间歇拜:伊斯兰教的拜功之一。指穆斯林在斋月内每天宵礼后,自愿履行的一种副拜功,以示斋月的隆重和信仰的虔诚,每四拜之后,诵念赞主词,休息片刻,再继续进行,故称“间歇拜”。——译者

埃及的逊尼派穆斯林和什叶派穆斯林曾在各种场合多次发生冲突和骚乱。

据说，法蒂玛人曾将抗议禁止间歇拜的逊尼派人的舌头割掉。伊历 381 年/公元 991 年，一位埃及人受到鞭打，并被游街示众，起因是法蒂玛人发现该人有一本马立克·本·艾奈斯辑录的《穆婉脱圣训实录》。[1]

伊历 393 年/公元 1002 年，大马士革一男子也受到游街惩罚，法蒂玛人解释说："这就是追随艾布·伯克尔和欧麦尔的下场。"[2]

但是，法蒂玛人的这些做法没有坚持下去。法蒂玛人的政策经常摇摆不定，他们对逊尼派人时而大力迫害，时而又给予自由，犹如对待犹太人和基督教徒一样。

法蒂玛人对什叶派的宣传工作十分重视，安排周详：设立"总宣教长"，负责宣传工作。总宣教长的地位仅次于大法官，也穿大法官服。总宣教长必须是精通圣裔各教法学派的学者，配有助手十二名，各地设有代表。宣传内容经总宣教长审阅后，报请哈里发批准。每星期一和星期四为宣教日，分别对男人和妇女宣讲。宣讲会分普通百姓参加的和上层人士参加的两种，统称为"智慧集会"。[3]

各大清真寺，如福斯塔特的阿慕尔清真寺，伊本·突伦清真寺和艾资哈尔清真寺，以及全国各地的大清真寺，都是宣传什叶派的中心。

---

① 麦格里基：《埃及志》，第 2 卷，第 341 页。

② 伊本·台赫里·比尔迪：《群星灿烂——埃及和开罗编年史》，第 2 卷，第 91 页。

③ 麦格里基：《埃及志》，第 1 卷，第 391 页。

除了这些公开的宣传之外，还有只对那些忠实的信徒进行的秘密宣传。哈里发在写给总宣教长的信中说："在哈里发宫中和穆仪兹大清真寺里举行的智慧集会上，你对与会的男女忠实信徒讲道时要注意：智慧的奥秘只能讲给真正的什叶派人听，不要对那些一般听众白费力气；你不要对那些软弱的人揭示他们无法承受的东西，不要认为他们能接受你的观点。"哈里发还说："物品只能存放在可靠人的手中，种子只能播撒在勤劳的农人的田里，树木应种在最好的苗圃里。"[①]

一批来自马格里布的学者也跑来为穆仪兹效力，他们通晓圣裔教导的秘密，且精通宣传之道。在这批人中，最著名的当属努尔曼·本·穆罕默德·本·哈尤尼。努尔曼曾任埃及的法官，努尔曼与他的几个儿子以及全家都曾为法蒂玛王朝效力。努尔曼一家一边从事司法工作，一边宣传什叶派，并有著作问世。努尔曼在教法学派上原属马立克派，后改奉伊玛目派，并写了很多著作。伊本·祖拉格说，努尔曼为圣裔著书数千页，文笔优美，韵脚铿锵，为研究《古兰经》做出了很大贡献。努尔曼精通教法，熟谙各教法学家的分歧。努尔曼对语言、诗歌及历史也颇有研究；他思路开阔，意见公允，对与其意见相左的人，如艾布·哈尼法、马立克、沙斐仪和伊本·苏莱吉等人都曾批驳过。[②]

努尔曼之子穆罕默德·本·努尔曼曾任穆仪兹和阿齐兹两位哈里发的法官，他学识渊博，精通教法、历史、星相诸学。在其判案

① 盖勒盖山迪:《夜盲者的曙光》，第10卷，第436页。

② 伊本·赫里康:《人物传记》，第2卷，第246页。

或在宫中宣讲圣裔诸学之时，听众如云，甚至有因拥挤而至死者。此外，他的儿子阿卜杜勒·阿齐兹·本·穆罕默德·本·努尔曼也是一位著名人物，尤以精通伊玛目教法著称于世。伊本·库赛尔[①]说：阿卜杜勒·阿齐兹为什叶派著有《教法大全》一书，艾布·伯克尔·本·巴基拉尼[②]曾批评过这本书。

当时在埃及和沙姆地区有很多沙斐仪派、马立克派和哈乃斐派的教法学家，他们不赞同什叶派的主张，对其教义多有批评。但这种批评有很大的保留，因为法蒂玛王朝是一个什叶派国家。在法蒂玛王朝的强盛时期，尤其难以见到马立克派、沙斐仪派和哈乃斐派的教法学家。尽管如此，还是能见到像艾布·伯克尔·穆罕默德·尼阿利那样的教法学家，他在当时算得上是马立克派的代表人物。尼阿利在福斯塔特清真寺讲学时，厅内 17 根廊柱的周围都坐满了听众。尼阿利卒于伊历 380 年/公元 990 年，那时加入什叶派的热潮早已过去。

但是，不管怎么说，什叶派的活动造成了一个活跃的思想氛围，正如前面所说的，什叶派的宣传揉进了哲学内容。

为配合什叶派的宣传，各地兴建了很多清真寺和图书馆。清真寺既是教长宣讲教义的讲坛，是礼拜的地方，又是学校，是就不断发生的各种事件发表政治演说的场所，其社会功能远比今天大得多。

---

① 伊本·库赛尔（公元 1300—1372 年）：大马士革历史学家，以《始与末》一书著称。——译者

② 巴基拉尼（公元 1013 年卒）：法官，艾什尔里派教义学家，曾在君士坦丁堡当着罗马皇帝的面与基督教学者进行过辩论。——译者

当时埃及的两大清真寺——福斯塔特清真寺和伊本·突伦清真寺，在法蒂玛人掌权之前是逊尼派的教育中心，法蒂玛人执政后，这两座清真寺便染上了什叶派的色彩。在修建开罗城时，同时修建了一批清真寺，这些清真寺除了做礼拜之外，还要宣传什叶派的教义，同时也成了法蒂玛人宣传自己想要宣传的政治或社会主张的中心。为了加强宣传，又专门修建了艾资哈尔清真寺。该清真寺为穆仪兹哈里发的大将焦海尔所建，于伊历 361 年/公元 971 年 9 月在该寺举行了首次聚礼仪式。从此，法蒂玛王朝的哈里发每个星期五的聚礼日都要在艾资哈尔清真寺发表演讲。直到哈里发哈基姆在伊历 380 年/公元 990 年建立哈基姆清真寺后，聚礼日的演讲才改在四个清真寺里分别举行：哈里发在哈基姆清真寺，大臣、法官和总宣教长分别在艾资哈尔清真寺、伊本·突伦清真寺和阿慕尔·本·阿绥清真寺发表演讲。

艾资哈尔清真寺像其他清真寺一样，也成了学习研究什叶派教义的学校。麦格里基说："在艾资哈尔清真寺首次教授的教法是什叶派的教法。伊历 365 年/公元 975 年，法官阿里·本·努尔曼在开罗清真寺，即艾资哈尔清真寺设座讲学，他口授了其父努尔曼教法的精华，被称为《简明教法》。那是一次盛大的聚会，参加聚会的都是些知名人物。"前面提到过的大臣叶耳孤卜·本·基利斯写了一本有关教法的书，一部按照教法章节排列的伊斯玛仪派的教法，该书收集了穆仪兹哈里发的言论。叶耳孤卜每星期二都要举行聚会，出席聚会的有教法学家、教义掌家和能言善辩之士。叶耳孤卜每星期五还要设讲坛亲自向众人朗读他写的著作。阿齐兹哈里发为那些参加聚会的教法学家发放俸禄，并下令为这些教法学家修建一座新的场所。星期五聚礼日做过礼拜后，这些教法学家就在该处设座讲学，直至晡礼，参加聚会的教法学家达三十五位。

艾资哈尔清真寺作为法蒂玛人的教法中心，一直延续到哈基姆哈里发建成哈基姆清真寺为止。哈基姆清真寺建成后，原在艾资哈尔清真寺讲学的教法学家就改在哈基姆清真寺讲学。

哈基姆哈里发为艾资哈尔清真寺、拉希德清真寺、麦格斯清真寺，以及智慧之家发放宗教基金，用于购置不动产和图书。

法蒂玛王朝十分重视图书事业，法蒂玛王宫中最著名的库房要算是书库了。麦格里基援引法蒂玛王朝的历史学家穆赛比希的话说："阿齐兹哈里发的书库里有三十多册哈利勒·本·艾哈迈德编撰的《阿因书》，有二十多套塔巴里撰写的《先知与帝王历史》，有一百册伊本·杜雷德编著的《词语大全》。""宫中书库共有四十座，其中有一座书库藏书有一万八千册古代学术(即哲学、医学、神学等)著作。法蒂玛人还很重视收集作者的手稿，并注重书法和装帧。"麦格里基还引用了伊本·图沃尔的描述。伊本·图沃尔说：每个书库有若干书架，书架上摆满了各种各样的图书，书架之间用隔断隔开，每个隔断都有一座上了锁的门。法蒂玛王宫中的书库共藏有书籍(精装书和简装书)达二十万册，其中有各个教法学派的教法著作，语法、语言、圣训、历史、帝王传记、星相、神学、化学等各类著作，应有尽有，每种图书都有若干册，也有一些残本。对此，每座书库的门上都写有说明。[①]

麦格里基还提到过这样一件事：一游客走进图书馆(法蒂玛人

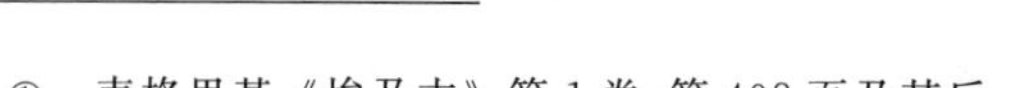

① 麦格里基:《埃及志》,第1卷,第408页及其后。

的图书馆），看见一块制作奇特的蓝色丝绸，在绸子上画的是一幅各省区的地图，山川、海洋、河流、城市、居民区尽在其中，所有的宗教圣地一目了然；国家、城市、道路、山川、江河湖海的名称均用金字标出，其余名称用银字表示。

哈基姆哈里发于伊历395年/公元1004年修建了"智慧之家"。选用"智慧之家"这个名字是为什叶派进行宣传的一种标志，因为宣传什叶派的聚会曾被称为智慧聚会。[①]"智慧之家"又被称为"科学之家"。穆赛比希对"智慧之家"有如下描述："该处启用时被冠以开罗'智慧之家'的美称。教法学家端坐其中，宫中各书库的藏书供大家使用，人们纷至沓来，阅读、抄写尽随其便。'智慧之家'铺有地毯，装有各种装饰，门上挂有窗帘；管理人员、服务人员、勤杂工配备齐全；《古兰经》颂经家、文学家、语法学家、语言学家、医学家围坐于内，进行学习与研究。在'智慧之家'可以看到各种科学著作、文学作品和许多在王宫都难得一见的典籍原本，这一切都为各阶层人士开放，有的来读书，有的抄写善本，有的则来求教学习。'智慧之家'还备有笔、墨、纸张供人使用……伊历408年/公元1012年，哈基姆哈里发召集了'智慧之家'的一些数学家、逻辑学家和医生进宫，让这些学者分批在他面前进行辩论，辩论之后，赐给众人衣袍、钱财……哈基姆还从福斯塔特拨划出几处地方，作为'智慧之家'的财产，这种局面一直持续到伊历516年/公元1122年。过多的宗教辩论曾引起过骚乱，'智慧之家'因此也一

① 麦格里基：《埃及志》，第1卷，第391页。

度关闭，后又重新开放。”[①]

根据穆赛比希的描述，“智慧之家”既是一座极有价值的图书馆，又是一所传授各种学问的学校和进行辩论的场所。

*　　　　　　*　　　　　　*

当时，除了逊尼派和什叶派的宗教学术活动之外，还有其他许多非宗教学术活动，例如历史学。法蒂玛王朝时代杰出的历史学家有沙布什提，即艾布·哈桑·阿里·本·穆罕默德。沙布什提生活在阿齐兹哈里发时代，他是阿齐兹的酒友和清客，并且掌管阿齐兹的书库。沙布什提以《修道院》一书著称于世，该书逐一列举了伊拉克、摩苏尔、沙姆地区、哲齐赖、埃及等地所有的修道院，记述了为每座修道院所写的诗歌，以及在修道院中发生的事情。幸运的是该书的原本保存至今，有待发表。沙布什提卒于伊历388年/公元998年。

法蒂玛时代杰出的历史学家还有穆赛比希，即祖籍哈兰、出生于埃及的仪兹·穆勒克·穆罕默德、本·阿卜杜拉·本·艾哈迈德·本·伊斯玛仪·本·阿卜杜勒·阿齐兹·哈拉尼。穆赛比希是当时埃及学术界、政界及行政部门的权威人士之一，在哈基姆哈里发执政时，曾出任上埃及几个省区的省长。穆赛比希研究埃及历史，著有《埃及史》一书，他在谈及该书时写道：“这是一部极有价值的历史书，有了这本书便不需要再看其他同类著作。本书讲述了埃及的历史，对埃及历任总督、埃米尔、伊玛目和哈里发均有记载，另外，也述及有关尼罗河与建筑奇迹；到过埃及的知名人士，诗

① 麦格里基：《埃及志》，第1卷，第458页。

人们的诗歌，歌唱家的轶事，法官的裁决，证人的举证，文学家的调侃，情诗作者的放荡，等等。该书长达一万三千页。”①

穆赛比希用社会学的眼光来看待历史，遗憾的是，该书连同法蒂玛人的众多史料一起佚失了，一点手稿都没有留传下来。根据麦格里基和伊本·泰格里·拜尔迪在各自的史书中所引述的材料，说明该书观察细致、描述详尽、表达优美，具有很高的学术价值。

穆赛比希还有其他许多著作，如：《愿望的追求》——一本谈论有关宗教及信仰问题的书，长达三千五百页；《未来国家殷鉴》，这是一部有关星相学和算术的书籍，共五百页。穆赛比希还写了很多有关奇闻逸事、情诗、演唱歌曲之类的文学作品。穆赛比希生于伊历 366 年/公元 977 年，卒于伊历 420 年/公元 1029 年。

古达伊·艾布·阿卜杜拉·穆罕默德·本·赛拉麦曾任埃及法官，以其著作《埃及志》闻名于世，他给麦格里基做过助手。法蒂玛王朝的穆斯坦绥尔哈里发，曾于伊历 447 年/公元 1055 年派他前往君士坦丁堡，与西奥多勒女皇商谈议和问题。古达伊卒于伊历 454 年/公元 1062 年。

除了宗教和历史之外，医学、哲学、数学等学科的活动也很活跃。著名学者有穆罕默德·本·艾哈迈德·赛义德·泰米米。泰米米祖籍耶路撒冷，于法蒂玛时代来到埃及。他擅于医道，尤其是对草药的特性及制作颇有研究。泰米米曾陪伴过叶耳孤卜·本·基利斯和哈里发阿齐兹，并为哈里发编撰了一部多卷本的巨著：

① 伊本·赫里康：《人物传记》，第 1 卷，第 736 页。

《改良空气、预防瘟疫的生存物质》。泰米米还会见了埃及的医生，并与他们座谈讨论；在刚来到埃及时，他与来自马格里布的为穆仪兹哈里发治病的医生们打过交道，交谈时他十分公允平和，总是让事实说话。这位泰米姆人在埃及逗留到伊历 370 年/公元 980 年。[①]

艾布·法塔赫·曼苏尔·本·赛赫拉尼·本·穆盖什尔，他是一名基督教徒，当过哈基姆哈里发的御医，是哈里发的心腹之人，声位显赫。他卒于哈基姆在位期间。在他死后，为哈基姆哈里发看病的是易司哈格·本·易卜拉欣·本·奈斯塔斯。[②]

阿里·本·苏莱曼，曾为阿齐兹哈里发及其子哈基姆治过病，并翻译过柏拉图及盖伦的一些医学著作，此外，他在玄学方面也有著述。

艾布·阿里·本·海赛姆，原籍巴士拉，哈基姆哈里发在位时移居埃及直至晚年。伊本·海赛姆在数学和物理学方面都有极高的造诣，对医学也颇有研究。他是应哈基姆哈里发的邀请来到埃及的：哈基姆听说他对尼罗河水量的分配有一套独特的理论，故发出邀请。伊本·海赛姆来到埃及，在对尼罗河进行了实地考察后，发现自己的理论有误，遂向哈基姆哈里发表示歉意。但是，伊本·海赛姆后来竟成为推动哲学发展、尤其是物理学和数学发展的原动力。金钱、地位都打动不了他，他感兴趣的是科学、是对真理的追求，他在其著作中说过这样的话："从孩童时代起，我就一直在思

① 古夫提：《学者、智者史料集》，第 106 页。

② 《医学家传记》，第 2 卷，第 89 页。

考:人们为什么会有不同的信仰和主张,而且各派都固执己见。我对各派的观点都表示怀疑,我认为真理只有一个,分歧只是通向真理的途径不同而已。在我长大成人、学会理性思维之后,我便埋首于寻求真理的矿床,我把我的希求,我的渴望,我的一切都用于探索那被掩盖着的真相,去解开那层层的疑团。”

伊本·海赛姆著有约二百本有关数学、物理学和哲学的著作,尤其是《光学书》一书,无论在东方,还是在西方,一直是一部重要的参考文献。他的著作涉及几何、算术、天文和测量学、亚里士多德的逻辑学、诗歌、心理学、医学,以及与光线、视觉、聚光镜有关的光学等多种学科。艾资哈尔清真寺大门的拱顶上记述了他的这些业绩。[①]

伊本·海赛姆一生都在不停地写作、不停地总结、不停地阐释,他生命的每一段历程都在其著作中刻上了他的名字。他自己写道:“倘若真主能让我多活些时日,我定会把萦绕我心中的欲罢不能、不吐不快的思想加以分类、总结和归纳。”伊本·海赛姆一生信守这一誓言,直至去世。伊本·海赛姆卒于伊历430年/公元1038年。

穆拜希尔·本·法提克——法蒂玛王朝的一位王储——酷爱哲学,拥有大量哲学藏书,终日遨游其间。伊本·海赛姆曾向他请教过天文学和数学知识。

另一位著名学者是哈基姆哈里发的首席御医阿里·本·里德旺。他出生在埃及的吉赞省,父亲是面包房老板。伊本·里德旺

① 《医学家传记》,第2卷,第90页及其后。

求学历经艰辛，最终成为一位名医，他不仅富有，而且有着很高的声望和影响。他与巴格达基督教医生伊本·布突拉尼之间有过一场旷日持久的激烈辩论，在埃及和巴格达掀起了一场有益的学术辩论热潮。

伊本·里德旺与伊本·布突拉尼之间的辩论是以互换信件的方式进行的，“这两位医生所撰写的著作，所发表的见解都是为了驳斥对方。”伊本·里德旺是个饶舌的人，对与其意见相左者多有秽语伤人之处，辩论由学术之争变成了攻击谩骂。伊本·里德旺相貌丑陋，外观不雅，于是他们两人竟以医生长相的俊美来判定医生的好坏。因为辩论持续日久，伊本·布拉突尼从巴格达来到埃及，会见对手，他在埃及一住就是三载，辩论也就持续了三个春秋。伊本·艾比·乌赛拜阿对他俩作了如下评价：伊本·布突拉尼用词优美、风趣，对文学等问题更有见地；伊本·里德旺的医术更高明，对理性学科的知识更丰富——他著有很多医学和哲学著作。

*　　*　　*

埃及对语法的研究也很活跃，著名的语法学家有艾布·伯克尔·艾德夫韦，他是前面提到过的艾布·加法尔·努哈斯的弟子。艾德夫韦精通语法和《古兰经》，他的《〈古兰经〉学》一书长达一百二十卷。艾德夫韦卒于伊历 388 年/公元 998 年。

伊本·巴卜沙兹也是一位语法权威和语言学大师。他在伊拉克做过珍珠生意，求教于伊拉克的知名学者。返回埃及后，在书信局任职，审定公文、信函，修改书写、语法和语言方面的错误。后来他离家苦修，弃绝尘世。伊本·巴卜沙兹曾著书诠释祖加吉撰写的《句法》一书，他写的语法评注多达十五卷。伊本·巴卜沙兹卒于伊历469年/公元1076年。

*　　　　*　　　　*

自从阿拉伯人征服埃及以来，埃及人还真没有写出过一首真正有价值的诗歌，优秀的诗歌作品均出自非埃及人之手，埃及人自己写的诗只能算是一种尝试。直到法蒂玛人来了之后，埃及才有了诗歌，才有了好诗。可以这样说，埃及人写出的第一首好诗始于法蒂玛人统治的时代。究其原因，有如下几点：

第一，阿拉伯人征服埃及初期，人们惊魂未定，自然无心言诗。当局势稳定下来之后，人们有了写诗的雅兴，无奈掌握埃及统治大权的是突厥人——突伦人和伊赫什德人，他们不懂得诗歌，也欣赏不了诗歌。阿拉伯诗歌多为颂赞诗，这类诗多为哈里发和王公贵族而作，诗歌一旦博得他们的青睐，得到他们的褒奖，便会发展繁荣；反之，则会停滞衰落。法蒂玛人掌权后，情况大为改观，由于法蒂玛人是阿拉伯人，他们不仅有阿拉伯文化和阿拉伯人特有的鉴赏力，而且还有着游牧人的性格，这种性格，在法蒂玛时代初期尤为明显。于是，诗歌便在法蒂玛人的手中发展起来。法蒂玛人来到埃及，他们不仅带来了对诗歌的钟情，而且带来了一批诗人，掀起了诗歌发展的阵阵高潮。

第二，法蒂玛王朝建国的基础在于它所进行的宣传和号召，诗歌的作用可以说发挥到极致。法蒂玛人宣传手法之高超，组织之严密都难见出其右者，无论是对平民百姓，还是达官显贵；无论是对目不识丁的文盲，还是学者文人；无论是对虔诚的伊斯兰教教徒，还是叛教者；无论是对愚笨之人，还是大哲学家，法蒂玛人都能找到相应的宣传方式。法蒂玛人认定诗人是宣传什叶派教义的最好的宣传家，因为诗人在当时的作用，就如同我们今天的报纸一样。法蒂玛王朝的哈里发及王公大臣们纷纷用大笔的金钱和丰厚的赏赐，网罗诗人，让他们鼓动舌簧，为法蒂玛人、为什叶派大唱赞歌。

伊本·哈尼·安德鲁西便是第一个为法蒂玛人大唱赞歌的人。当他在摩洛哥与埃及的征服者、开罗城的缔造者穆仪兹接触时，他就竭尽赞美之能事，用各种律诗为穆仪兹歌功颂德，穆仪兹对他则报以丰厚的赏赐，没有哪一位被颂扬的人像穆仪兹那样，去对待为其唱赞歌的人了。有一次，伊本·哈尼在凯鲁万吟诵了一首诗，令穆仪兹大喜，便命人赏赐他一条价值六千第纳尔(金币)的地毯。伊本·哈尼随口说道，穆民的领袖啊！地毯这么大，无处可放。穆仪兹听罢，又命人为他建造了一座耗资六千第纳尔的宅院，为装修宅院又费资三千第纳尔。穆仪兹哈里发在埃及得知伊本·哈尼去世的消息时，痛惜不已，哀叹道："别无办法，只凭真主。我原指望他能与阿拉伯东部世界的诗人一比高低，他的死使我们无缘得此荣耀了。"①

伊本·哈尼在诗中宣传伊斯玛仪派的教义，宣传伊玛目理论和伊玛目无过失说，使教义具有了诗歌的形式，让其他诗人明了如何从什叶派信仰的角度去颂扬法蒂玛王朝的哈里发。伊本·哈尼认为，经文和教法有表义和隐义、外在和内涵之分。对隐含在字面背后的奥秘，只有真主及其使者，以及由真主命定的哈里发才能领悟和知晓。这些哈里发是具有免罪性、永不犯错误的伊玛目。伊玛目的世袭传系也由真主命定，授权前任伊玛目指定其继任者，并

① 伊本·赫里康：《伊本·哈尼传》。

传授对经文、教义和教法的阐释。人们则是通过这些伊玛目来正确理解经文的内在含义。

伊本·哈尼就是这样宣传什叶派的伊玛目理论和伊玛目无过失说，宣传只有伊玛目才能了解《古兰经》的隐义，才能领悟其内在的真理；鼓吹伊玛目具有真主赋予的灵知和神光。①

法蒂玛人出于宣传的需要，拉拢、结交诗人，于是，写诗的人多了，诗的质量也就提高了。与此同时，涌现出了一批前所未有的优秀诗人，其中有的是与穆仪兹哈里发一起来自摩洛哥，有的来自伊拉克、沙姆地区和也门，有的则是埃及本地的诗人。诗歌的繁荣是得到多方支持、推动的结果。在阿拉伯文学中，占主导地位的是颂扬诗、赞美诗，这种诗多出自挥金如土的宫廷里。法蒂玛人便是鼓励诗人创作的大施主，他们经常举办各种聚会，其规模之大，场面之壮观，在埃及可称得上是空前绝后。

法蒂玛人在原有的节日基础上又增添了许多新的节日，诸如：新年元旦、阿舒拉日、圣纪②、阿里诞辰、哈桑诞辰、侯赛因诞辰、法蒂玛诞辰、现任哈里发诞辰、伊历 7 月 1 日夜，伊历 8 月 1 日夜、伊历 8 月 15 日夜③、斋月初一，斋月第 27 夜④，还有开斋节、宰牲节、盖迪尔节、

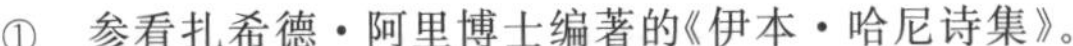

① 参看扎希德·阿里博士编著的《伊本·哈尼诗集》。

② 圣纪：伊斯兰教先知穆罕默德诞辰纪念日，一译“先知诞辰”，据史书记载，穆罕默德出生于公元 570 年，即阿拉伯太阴历“象年”3 月 12 日。——译者

③ 伊历 8 月 15 日夜：伊斯兰教教义学家认为，凡是在该夜诚意悔罪、祈求宽恕和福禄者，均可得到真主的应允。该夜也被称为“赦免之夜”。——译者

④ 斋月初一、斋月第 27 夜：均指伊斯兰教《古兰经》始降之夜，多称盖德尔之夜，又译作“高贵的夜晚”，或“珍贵之夜”。关于该夜的具体日期，教法学家有 7 种不同的说法，第一夜之说，是因《古兰经》降世之尊贵；第 27 夜的说法符合圣训精神，故被世界穆斯林所公认。——译者

科卜特人的元旦，以及圣诞节、主显节[①]，等等，至今仍能见到这些节日对埃及人的影响。过节时，哈里发身着华贵的服饰，带着威严的仪仗骑马巡游，同时还要大摆宴席，以示庆祝，这对诗人们写诗、写出好诗无疑是一种刺激和鼓励，而法蒂玛人则把诗歌视为必不可少的宣传工具。

麦格里基在《埃及志》一书中引用了谢里夫·艾比·阿卜杜拉·杰瓦尼的一段精彩描述：哈里发阿米尔[②]命人修建了一座木质彩色大厅，从厅内的窗口可以眺望窗外埃塞俄比亚式的绿色池塘。阿米尔哈里发又让人给几位知名诗人各画了一幅肖像，他向每位诗人征集了一段赞美诗，再将诗抄写于每位诗人肖像的上方，在每幅肖像旁还摆着一个精致的镀金架子。一切布置停当后，阿米尔哈里发走进大厅，逐一朗读写在诗人肖像上方的诗句，每读完一段，便命人在该肖像旁的镀金架子上放置一个装有 50 枚金币的加封袋子，最后，命诗人一个个走进来，亲手拿取金袋。[③]

法蒂玛人这种聆听诗歌吟颂、慷慨赏赐诗人的做法，始于穆仪兹哈里发及其大臣叶耳孤卜·本·基利斯，后来的哈里发纷纷仿效，遂成为一种传统。伊本·哈尼为穆仪兹创造了一种新型的赞美诗。叶耳孤卜·本·基利斯结交诗人、广施钱财、激励写作。艾布·哈米德·安塔基就是在这种环境中诞生的诗人，他的诗大都是歌颂哈里发穆仪兹、阿齐兹、哈基姆，以及著名将领焦海尔等人，

① 主显节：基督教节日之一，系指耶稣曾三次向世人显示其神性，教会规定 1 月 6 日为此节日。——译者

② 阿米尔：法蒂玛王朝第十任哈里发，公元 1101—1130 年在位。——译者

③ 麦格里基：《埃及志》，第 1 卷，第 486 页。

对大臣叶耳孤卜·本·基利斯更是颂扬备至。

艾布·哈米德：

世事多变化，施舍无日空。
出手是仗义，吝啬非善行。
拒者退三舍，爱者聚其中。
如此品德高，自我敢牺牲。
投身君门下，大树枝叶浓。
低头思对策，退敌把握中。
神机妙算多，奇思妙想涌。
睿智夺疆土，誓叫大地同。
真主伴左右，出师自从容。

伊玛德·艾斯法哈尼[①]在其《宫中秘闻与当代诗人》一书中曾专章记述埃及诗人，总数近百名，他为每位诗人写有小传，并附有部分诗作。[②]

法蒂玛时代的埃及诗歌可分为三类：第一类为赞美诗，这类诗的比例最大，是阿拉伯诗歌的传统形式，艾布·赖格尔麦格的诗便属于此类。赞美诗与埃及以前的诗歌相比，具有用词简洁、洗练的特点，其原因已有前述。

最著名的这类诗人有穆海扎布·本·祖拜尔，他的诗大都是写给萨利哈·本·鲁齐克的。他的最著名的代表作是以字母“努

① 伊玛德·艾斯法哈尼（公元1125—1200年）：书记官出身的历史学家，曾为阿尤布王朝的萨拉丁效力多年，著有《宫中秘闻与当代诗人》、《书信集》、《诗集》，以及描写萨拉丁征战史的《沙姆闪电》等著作。——译者

② 请见《宫中秘闻与当代诗人》，第2卷。

奈”为韵脚的长诗，该诗是在埃及舰队战胜罗马海军后为萨利哈而作的。此外，来自摩苏尔的诗人穆海扎布和来自也门的诗人欧马莱也很著名。

为法蒂玛人歌功颂德的赞颂诗具有欢快、喜悦、踌躇满志的特点，这是因为什叶派人在经历了倭马亚人和阿拔斯人长期压迫与迫害之后，第一次成功地建立起一个庞大的王朝，第一次登上了哈里发的宝座。以前的什叶派诗人，如赛义德·希木叶里、库麦特、迪阿拜勒·胡扎伊等人写的诗都是哀伤诗、悼念诗。

第二类是宣传伊斯玛仪派教义的教育诗。这类诗为伊本·哈尼·安德鲁西所创。而伊斯玛仪派的总宣教长穆艾伊德·设拉子则将这类诗推向极致，他写了很多这类诗，他有一部诗集都是宣传、支持内学派的。

穆艾伊德写道：

一个单词蕴含着深义，就像光明将黑暗孕育。
就像麦穗上还有麦粒，却投入巨大的谷仓里。
词语意义之门紧紧锁，人们疑惑不解而远离。
学问家掌握大门钥匙，遗憾的是他把它藏起。
求知者追随师长脚步，苦苦求索，亦步亦趋。
有哈尼法还有沙斐仪，尽管学问卓著却无益。
只有萨法与麦尔沃山[①]，才是知识的终极之地。
那里有活水源头喷涌，那里有明月群星熠熠。
那里有信者驳斥歪理，那里有救星拯救迷离。

① 麦加圣地的两座山名。——译者

听他信他便服从于他，从此平安再不用畏惧。

再没有难题没完没了，也没有困惑陷你迷局。

他指出哪里人间正道，教人们什么才是真谛。

没有矛盾重重黑白混，不必费力辛苦去解析。

这就是穆艾伊德的布道诗。

第三类诗是出自诗人真情实感的最高品位的诗，诗句细腻，流畅。这类诗的代表人物是两位法蒂玛诗人：泰米姆·本·穆仪兹和欧盖里。泰米姆是埃及的征服者——哈里发穆仪兹的儿子，他没能继承王位，但却登上了文学的宝座。泰米姆是一位风趣、文雅的诗人，他的诗能使人感到他脉搏的跳动和心灵的震颤，埃及以前还从未出现过这样的诗人。泰米姆用甜美的诗句描述他的爱、他的情，他那热恋的夜晚；但在他的内心深处也流露出一丝哀愁、一缕忧伤，这情感或许是来自他的性格和纤弱的身体；或许因认为本应属于他的哈里发王位从他手中失去；或许是他受到爱情的折磨，使他伤感多愁；或许是因为这所有的一切。他写道：

世事未经怎相见，愁肠百转不能言。

灾祸连遭痛上痛，苦水倒出难上难。

伤心流泪百无用，抿嘴微笑似淡然。

泰米姆·本·穆仪兹与伊本·穆耳泰兹有很多相似之处：他们都出自帝王之家，都有写诗的天分，在仕途中都很不幸，就连别号也很相似。当然，他俩也有很大的不同：伊本·穆耳泰兹是信奉逊尼派的阿拔斯人，他为阿拔斯人祈祷，反对什叶派；而伊本·穆仪兹是个什叶派人，他反对阿拔斯人对什叶派人的迫害。因此，他们两人都各自写诗批驳对方的观点。

伊本·穆耳泰兹称赞阿拔斯人，反对什叶派人道：

信德故园已荒芜，生机寥寥有两处。

其中有诗句如下：

出身哈希姆，是荣不是辱。

抛却满腔恨，让位于明主。

只身来应战，岂不太孤独。

泰米姆回复道：

你我哈希姆，同姓不同属。

虽是同根生，远比你英武。

阿里辈分低，如月照全族。

泰米姆的诗的最大特点是细腻、真诚、流畅，诗律不拘一格。例如：

色彩交替白变黑，世事无常福与祸。

蠢才大道平展展，伟人小路多坎坷。

溪水才清转眼变，恩泽才施手又缩。

清澈一时晃人眼，定睛细看泥一钵。

安宁平静一时事，翻来覆去是本色。

不论多少常知足，与物无忤才是乐。

他描写爱情：

最难伤别离，伊人要远去，

手按心跳缓，浑身好无力。

深深叹口气，像要坠海底。

他写过一些有趣的杂韵诗：

情人热血涌，情债还不清。
分别似挥剑，出口怕遇冷。
管她听不听。

明眸闪泪花，胜过千万话。
娇羞女儿态，陪我到天涯。
谁能像我一样爱她。

怪我扰其心，恼我用情深。
为何酿此酒，味道香又醇。
难道不是自找的？

泰米姆卒于伊历374年/公元984年，死时年仅三十七岁。身心受到煎熬的人大都不会长寿，这是个规律。[①]

另一位著名的法蒂玛诗人是欧盖里，即艾布·哈桑·阿里·本·侯赛因·本·哈伊达莱·欧盖里。他是伊斯兰历五世纪的人，他出身贵族，在福斯塔特岛上有多处娱乐、消遣场所。他写诗，一不为哈里发，二不为埃米尔，而是为他自己。他酷爱大自然，尽情享受大自然；他歌唱自己的爱情，描述花前月下的风景。欧盖里形容自家的花园道：

葱茏绿丝毯，清凉空气鲜，
春天手儿巧，花色项链编，
美酒比玉液，滴滴入心田，

① 泰米姆诗集的手抄本，现保存在埃及开罗大学图书馆。

闲来邀好友，醉去似神仙。

他描写朋友：

似大树为我遮荫，似露水为我洗尘，
求荣耀执着坚定，慕风雅谈吐高深，
道德美如日高照，比医生治愈病人。

似你我击掌，似枪矛对撞，
似巨浪翻滚，似利剑铿锵，
似刀砍枝杈，似花驱哀伤。
青春宜恣意，放马信由缰，
晨光转眼去，夜晚再荒唐，
白发无欢乐，翅折难翱翔。

欧盖里擅长比喻，是明喻学派的代表人物之一，祖·里麦特和伊本·穆耳泰兹都是该派的著名诗人。此外，欧盖里还仿效艾布·努瓦斯写些颂酒诗。

法蒂玛人留给我们的散文作品，主要有盖勒盖山迪在《夜盲者的曙光》一书中提到的一些公文函件；伊本·嘎里哈写给艾布·阿拉·麦阿里的信，以及后者写给他的回信《宽恕书》（伊本·嘎里哈生活在哈基姆在位的年代）；什叶派的总宣教长①写给艾布·阿拉·麦阿里的信，以及他与后者有关宰杀动物的争论，等等。这些散落在各处的散文，数量虽少，但却体现了该时代散文的进步和发展，也表现了散文喜欢修饰、多用骈文、修辞

① 此处系指艾卜·阿卜杜拉·侯赛因。

华丽的特点，这一特点是当时宫廷奢侈生活的折影，也是受到当时文化繁荣影响的结果。

第二章　伊拉克和波斯南部

自哈里发穆台瓦基勒时代起，至波斯布韦希王朝的建立，即从伊历 321—447 年/公元 933—1055 年这一时期，整个伊拉克和波斯南部地区名义上是在阿拔斯王朝哈里发的统治之下，实际上权力掌握在突厥人手中。

当布韦希人于公元 1055 年进入巴格达时，阿拔斯王朝的哈里发，除了保持哈里发的名分、在聚礼日上仍为他祝福、在迪尔汗和第纳尔钱币上铸有他的名字之外，已无任何实权。财政、军队等一切国务大权均已落在了布韦希人的手里，他们发给哈里发俸禄之后，便自行支配王朝的全部收入。布韦希人被哈里发授予"总埃米尔"的称号，统管一切大权。

布韦希人属什叶派，当穆仪兹·道莱进入巴格达时，曾想废黜逊尼派的哈里发，像法蒂玛人一样，另立一个阿拉维派的教长出任哈里发。这样做，对穆仪兹·道莱来说是易如反掌。但是，他的一些幕僚劝他不要这样做，他们说："立阿维派人出任哈里发不可取。现在你身边的哈里发，是一个你和你手下人都认为他不配做哈里发的人，如果你下令杀了哈里发，你的手下人就会效尤，因为他们认为这是合法的；而如果你把一个阿拉维派人推上哈里发宝座，那他就具有合法性，倘若他命令你的手下人把你杀了，他们也会遵命执行的。”听了幕僚的意见，穆仪兹·道莱改变初衷，没有立什叶派人为哈里发，但他仍废黜了穆斯台克菲，立穆帖耳（公元 946—974 年在位）为哈里发。

布韦希人是信奉什叶派教义的波斯人，他们自称是波斯国王的后裔。布韦希人之间矛盾重重，纷争不断，他们将伊拉克和波斯南部瓜分为各自的势力范围，有的控制伊拉克、阿瓦士和克尔曼；有的统治整个法尔斯；有的统治雷伊、哈姆扎尼和伊斯法罕；而阿杜德·道莱[①]则控制了上述所有地区。笔者想说的是：布韦希人虽然是波斯人，但他们仍支持、鼓励阿拉伯文学、阿拉伯语和其他阿拉伯学术的发展。在布韦希人统治的时代涌现出来的学者、文学家和哲学家，当之无愧地是整个阿拉伯伊斯兰帝国的骄傲。

在布韦希人掌权之前及执政之后，伊拉克和波斯南部地区有很多城市都是著名的学术中心，如伊拉克的巴格达、巴士拉、库法，以及波斯的雷伊、伊斯法罕。麦格迪西[②]在布韦希时代曾访问过上述地区，对其学术情况作了如下的概述：“伊拉克地区名人荟萃、学者辈出，该地区的水质甘甜，空气清新，为哈里发的首选之地。伊拉克哺育出了教法学家的鼻祖艾布·哈尼法和颂经学家的泰斗苏福扬，此外，艾布·欧拜德和法拉、哈姆宰和基萨伊均出自那里。请看，哪位教法学家、颂经学家、文学家，哪位慷慨豪爽人士、智者哲人、英雄豪杰、隐士修行者、风雅聪慧之人不与伊拉克有着千丝

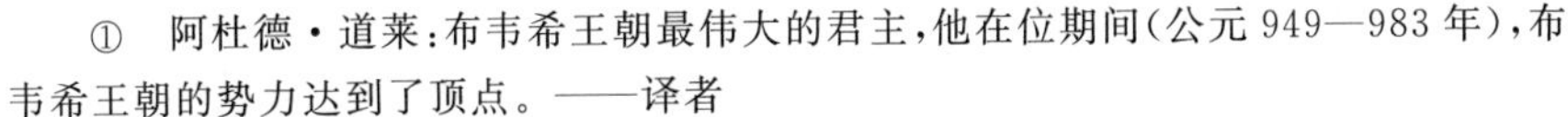

① 阿杜德·道莱：布韦希王朝最伟大的君主，他在位期间（公元 949—983 年），布韦希王朝的势力达到了顶点。——译者

② 麦格迪西：阿拉伯地理学家、旅行家，著有《最佳的地区分类》（又译《各省地理便览》、《省道记》）一书，约卒于公元 990 年。——译者

万缕的联系——誉满环宇的巴士拉、备受世人称颂的巴格达、伟大的库法、萨玛拉不都在伊拉克吗？”[①]

“库法是一座建筑雄伟的城市，市场遍布、物产丰富……部分地区遭到破坏，市容显得凌乱。库法过去曾与巴格达齐名。”[②]

“巴士拉是一座开放的城市，与巴格达相比，其众多的仁人贤士更令我钦佩。我出席过一个巴格达所有的教法学家和长老都参加的聚会，与会者在谈起巴格达和巴士拉时，不约而同地认为：巴格达如果不把破损的房屋计算在内，其规模并不比巴士拉大。”[③]

“巴格达人风趣、优雅、聪慧而又有才智；谈吐文雅、学术精湛；巴格达名流如云，人才济济；巴格达是人人瞩目的中心，是人人向往的地方；所有的战争，都是因她而起；再美的语言也难以将她形容，再动听的词句也无法将她描绘，再感人的赞美也不能与其相配。”[④]但是，麦格迪西在另一处又这样写道：“须知，巴格达过去是多么雄伟、壮丽，但现在遭受到破坏，到处是断垣残壁，昔日的光辉早已逝去。我不再喜欢她，我之所以赞美她，那是为了让人们了解她的过去。埃及今天的福斯塔特就像是往日的巴格达，我不知道伊斯兰世界现在有哪个地方能比福斯塔特更雄伟、更壮观。”[⑤]

“伊拉克，尤其是巴格达和巴士拉，有那么多的教法学家、颂经学家、文学家、伊玛目和帝王……伊拉克有众多的祆教徒，以及被

① 麦格迪西：《最佳的地区分类》，第 113 页。
② 同上书，第 117 页。
③ 同上书，第 118 页。
④ 同上书，第 119 页。
⑤ 同上书，第 36 页。

保护民——基督教徒和犹太人……伊拉克有若干个教派和教法学派，在巴格达占优势的是罕百里派和什叶派。伊拉克有马立克派、艾什尔里派[①]、穆阿台及勒派和奈加里耶派[②]。在库法除库那斯地区属逊尼派之外，其余地区均属什叶派……在巴士拉少数人为萨里米耶派，该派鼓吹教义思辨和隐世苦修（萨里姆原为苏菲主义者赛赫勒·本·阿卜杜拉·泰赛突里的仆人）……一大部分巴士拉人属于反宿命论派和什叶派，其次是罕百里派。巴格达有些极端分子推崇穆阿威叶，并鼓吹真主人格化的主张……颂读《古兰经》的七种读法在伊拉克都通用……伊拉克人的语言差别很大，库法人的语言最地道，因为库法离沙漠最近，距奈伯特最远；其他地方的语言，尤其是巴格达的语言比较粗俗，且多秽语，至于城郊地区，则多用奈伯特语，更令人摸不着头脑。”[③]

“巴士拉的赖比阿部落与赛阿德部落之间教派分歧严重，前者为什叶派，后者为逊尼派。其教派情绪的狂热程度实为罕见。”

“布韦希人统治的波斯地区为北部山区，主要城市有四个：克尔曼沙赫（当时被称为格尔麦西尼）、雷伊、哈姆扎尼和伊斯法罕。塞尔柱突厥人掌权时，这一地区被称为波斯人的伊拉克。布韦希人统治时期雷伊是首都，伊斯泰赫里[④]对于雷伊有这样的评述：

---

① 艾什尔里派：中世纪伊斯兰教逊尼派经院哲学派别。公元 10 世纪初，为艾布·哈桑·阿里·艾什尔里所创。11 世纪后期该派学说成为整个伊斯兰世界占主导地位的思想。——译者

② 奈加里耶派：穆阿台及勒派的一个支派，系奈加尔（卒于公元 835 年）所创，故名。——译名

③ 麦格迪西：《最佳的地区分类》，第 118 页。

④ 伊斯泰赫里：著名的穆斯林地理学家、旅行家。主要著作有《省道图志》、《省道与省区》。卒于公元 957 年。——译者

"东方除了巴格达之外,没有其他地方比雷伊更繁荣了。"艾斯麦伊[①]则把雷伊誉为"世界的新娘"、"地球上的宝地"、"商贸的中心"。著名的医学家拉齐便出生在该地。雷伊哺育出了一大批著名的学者,详见下述。雷伊距德黑兰仅数英里,原址现已成为废墟。麦格迪西写道:"这一地区有雄伟的雷伊、哈姆扎尼和宝地伊斯法罕。"[②]

"雷伊是一座整洁的城镇,水源丰富,村庄错落有致,土地富饶,水果飘香[③]雷伊的学者多慷慨豪爽之士;黎民百姓精明机敏,妇女持家能干;雷伊人不仅长相俊美,而且富有头脑。学校、聚会无处不有,作坊、工艺品随处可见。讲经者精通教法,长官、首领皆有学问;稽查人员无不清廉,为人称道;演说家个个才高八斗……雷伊是伊斯兰的骄傲,是各地的榜样;雷伊人才辈出,长老、颂经家、教长、隐士、修行者、征战的将军,应有尽有……清真寺对各教法学家的教长一视同仁;今日哈乃斐派传经,明天沙斐仪派授道。"[④]

"哈姆扎尼是一座古老的城市……但是它远不如雷伊开化、繁荣,故这里的人多远走他乡,学者鲜见。可以这样说:雷伊夺走了哈姆扎尼昔日的辉煌。"

"伊斯法罕(艾斯哈法尼)既有法尔斯地区的特色,又具有山区的特点,她那颇有犹太人色彩的省会,则是一个物产丰富、繁荣的

① 艾斯麦伊(约公元740—828年):巴士拉著名的语言学家。——译者

② 麦格迪西:《最佳的地区分类》,第384页。

③ 同上书,第385页。

④ 同上书,第391页。

大都市。当地居民多属逊尼派，有着很高的文学素养。伊斯法罕培养出了很多颂经家、文学家、教法学家和智者贤人。”[1]

“伊斯法罕地区有各种教法学派：雷伊人多为哈乃斐派，但罕百里派的势力也不小，普通老百姓曾赞同‘《古兰经》被造说’；古姆人多为极端什叶派……哈姆扎尼的平民与军人除迪奈沃里之外多为圣训派的追随者；苏福扬·绍里[2]派也有一定的势力。清真寺领拜的教长由各派轮流担任。”[3]

雷伊人支持“《古兰经》被造说”[4]，伊斯法罕人则莫明其妙地支持穆阿威叶。[5]

在山区各地中，迪奈沃里最为著名，很多大学者、大文学家都出自该地，如伊本·古泰白、艾布·哈尼法等人便是迪奈沃里人。

*　　　　*　　　　*

山区南部是法尔斯（波斯）省。波斯原本是一个省的名称，后来将整个伊朗都称为波斯。在学术上这一地区的著名城市有：埃斯坦赫、斯拉夫、设拉子、艾尔加尼、什阿布·拜瓦尼、谢赫莱斯坦。其中设拉子在布韦希时代，尤其是在阿杜德·道莱执政时期是一个重要的中心城市，设拉子是波斯省的首府，也是布韦希国王居住的地方。麦格迪西说：“该省（波斯省）的教法以圣训派为主，艾

① 麦格迪西：《最佳的地区分类》，第389页。

② 苏福扬·绍里（公元778年卒）：主张创制的大圣训学家，他的主张在当时曾引起争议。——译者

③ 麦格迪西：《最佳的地区分类》，第395页。

④ 同上书，第396页。

⑤ 同上书，第399页。

布·哈尼法的信徒很多。达乌德派(直解学派)[①]设有学校、召开集会、掌握司法大权[②]。设拉子的苏菲派人很多。如果说,阿拉伯伊斯兰帝国东部地区出学者,这里则出书记官。"[③]

* * *

下面谈谈伊拉克和波斯南部的学术活动情况。

伊拉克自穆台瓦基勒哈里发执政起,直到布韦希王朝末期,一直是学术、文学和哲学中心。

赫忒布·巴格达迪所编辑的《巴格达学者传记》是一部宝贵的文学财富,该书涉及了学术的各个方面,如经注学、圣训学、教法学、诗歌和文学等等。

是的,穆台瓦基勒哈里发曾支持圣训派人反对和迫害过穆阿台及勒派,这给学术活动造成了重大损失。尽管如此,有关教义学的辩论仍十分激烈。

艾布·阿里·祝巴伊(伊历 235—303 年/公元 849—915 年)是巴格达穆阿台及勒派的领袖,艾布·哈桑·艾什尔里(伊历 270—330 年/公元 883—941 年)[④]曾拜他为师。艾什尔里出生在巴士拉,后移居巴格达,他向祝巴伊学习穆台阿及勒派的教义。后

① 达乌德派:古代伊斯兰教法学派之一,亦称"扎希里教法学派"、"字面派"、"直解学派"、"表义派"。该派以经训的"字面"意义为立法、释法的依据,产生于公元九世纪,为伊本·罕百里的弟子达乌德·本·海莱夫(公元 816—884 年)所创,故名。该派现已不存在。——译者

② 麦格迪西:《最佳的地区分类》,第 439 页。

③ 同上书,第 440 页。

④ 此年代有误,原文如此。艾什尔里的生卒年代应为公元 873—935 年。——译者

来，艾什尔里与穆阿台及勒派在一些重大问题上发生分歧，诸如“人有绝对意志自由”、“真主应当公正”，以及“《古兰经》是被造之物”，等等。艾什尔里遂脱离该派，自立门户。当时有很多大学者站在艾什尔里一边，支持他的观点，最著名的有巴基拉尼、伊本·法莱克、伊斯法拉伊尼、库谢里和两圣地的教长朱韦尼，以及后来的安萨里等人。当艾布·哈米德·伊斯法拉伊尼（一译艾斯法拉尼）讲学时，听讲的教法学家达三百多人。伊斯法拉伊尼与艾什尔里一样，属于沙斐仪派，后成为巴格达艾什尔里派的领袖。自伊历370年/公元980年起，直至伊历406年/公元1015年去世为止，伊斯法拉伊尼一直在巴格达讲学。

巴基拉尼也是艾什尔里在巴格达的支持者，他写了很多有关教义学的著作，其文风有雄辩、夸张的特点。巴基拉尼卒于伊历403年/公元1012年。

穆阿台及勒派的势力尽管因受到圣训学家的反对，以及当权者对圣训学家的支持而有所削弱，但该派与艾什尔里派的争论仍很激烈。

穆阿台及勒派继续在伊拉克宣传、教授该派的主张，其中有许多著名的教法学家，如前面提到过的艾布·阿里·祝巴伊，以及他的弟子穆罕默德·本·欧麦尔·索伊麦里、大法官阿卜杜·贾巴尔等人。阿卜杜·贾巴尔原属艾什尔里派，后加入穆阿台及勒派，并在该派显露头角。人们对他的评价是：“阿卜杜·贾巴尔是第一个解开教义学奥秘的人，他写了很多有关教义学的著作，使他蜚声整个阿拉伯伊斯兰帝国。他的著作集精细与恢宏于一体，前无古人。他长寿，一生始终坚持讲学，他的弟子与著作遍天下，声名远扬；他的著作、他的命题成为经典。阿卜杜·贾巴尔最终成为穆阿台及勒派的领袖和无可争辩的学者。伊历 360 年/公元 970 年，他受萨希布·本·阿巴德的邀请赴雷伊讲学，从此留在雷伊，直至伊历 415 年或 416 年/公元 1024 年或 1025 年，在该地逝世。”阿卜拉·贾巴尔被穆阿台及勒派冠以大法官的称号。

就这样，穆阿台及勒派在伊拉克一直受到艾什尔里派及其他学派的反对。穆阿台及勒派人在反对声中创立了教义学，在反对声中发展了教义学。

*　　　　*　　　　*

教法在伊拉克也有了很大的发展，涌现出许多创制学家（穆智泰希德）和各教法学派的大教法学家。

达乌德·扎希里是当时的创制学家之一，他祖籍伊斯法罕，后移居巴格达。他创立了一个否认类比的学派，该派认为，经、训的内容足以使人知晓应做之事和被禁忌的行为，主张以经、训字面的意义，而不是理性分析作为立法的依据。该派在伊拉克、波斯和安德鲁斯（西班牙）有很多追随者。达乌德于伊历 270 年/公元 883 年卒于巴格达，他死之后，其子穆罕默德继续宣传该派的主张。穆罕默德卒于伊历 297 年/公元 909 年。伊斯兰历五世纪以后，这个学派已不复存在。

另一位著名的创制学家是《塔巴里经注》和《塔巴里历史》的作者穆罕默德·本·哲利尔·塔巴里。塔巴里通晓各教法学派，著有《教法学家的分歧》一书，他是著作最多的学者之一，在教法上他自成一派。塔巴里于伊历 310 年/公元 923 年卒于巴格达。塔巴里的追随者至伊斯兰教历四世纪时便销声匿迹了。

各教法学派都涌现出许多著名的学者，如哈乃斐派的艾布·哈桑·欧贝德拉·克尔希就是该派在伊拉克的领袖。克尔希因病瘫痪在床，其友写信向赛弗·道莱求助，克尔希知道后痛哭失声道："真主啊，就让我用你给我的禄食度日吧！"克尔希于伊历300年/公元951年在赛弗·道莱的赠金送抵之前去世。

克尔希的大弟子艾布·伯克尔·杰萨斯·巴格达迪，继卡尔希之后成为哈乃斐派的首领。他著述颇丰，留给我们的作品有已出版的巨著《〈古兰经〉律例》一书。他卒于伊历370年/公元980年。

艾布·侯赛因·艾哈迈德·古都里也是当时伊拉克哈乃斐派的领袖，写了很多书，但留传下来的只是些摘要。他曾与著名的沙斐仪派的教法学家伊斯法拉伊尼辩论过教法问题，伊历428年/公元1036年卒。

艾布·易司哈格·伊斯玛仪·本·易司哈格·本·哈马德是马立克教法学派在伊拉克的著名教法学家。他担任巴格达的法官长达五十年之久，他写了很多有关马立克派教法和《古兰经》各学科的著作。他在语法上的造诣可同穆邦莱德媲美，伊拉克人都向他学习教法。通过伊斯玛仪·本·哈马德，马立克教法学派在伊拉克得到传播。"哈马德家族是伊拉克最著名的家族，该家族人才辈出，教法权威、圣训大师、宗教领袖、学者名人，都有该家族的人。引用他们著作的学者遍布各地，他们的名字无人不知、无人不晓。哈马德家族学术兴旺长达百年。"伊斯玛仪·本·哈马德卒于伊历282年/公元895年。

艾布·哈桑·阿里·本·艾哈迈德·巴格达迪，也是马立克派的著名教法学家，著有《分歧问题》一书。他曾出任巴格达法官，卒于伊历 398 年/公元 1007 年。

沙斐仪派在伊拉克的知名人士有：艾布・阿里・凯拉比西・巴格达迪，他是巴格达沙斐仪派的领袖，卒于伊历 245 年/公元 859 年；艾布・阿里・扎阿法拉伊・巴格达迪，卒于伊历 260 年/公元 873 年；艾布・阿里・哈桑・本・卡塞姆・塔百里・巴格达迪，著有《教法考》、《教法阐释》、《教法原理》、《辩论》等书，其中《教法考》一书是最早论述教法学家之间分歧的著作之一，卒于伊历 305 年/公元 917 年。

此外，艾哈迈德・本・欧麦尔・本・赛里吉，也是沙斐仪派的名家人物之一，曾先后在设拉子和巴格达担任过法官。其著作多达近 400 部，卒于伊历 306 年/公元 918 年。

继伊本・赛里吉之后，艾布・易司哈格・姆鲁齐成为沙斐仪派在伊拉克的领袖，他在伊拉克长期从事传播沙斐仪教法的工作，卒于伊历 340 年/公元 951 年。

艾布・哈桑・阿里・本・欧麦尔・巴格达迪・达尔古突尼是一位大圣训学家，也是一位沙斐仪派的教法学家，熟谙各派教法学家的歧见，著有大量著作。他到过埃及，曾是伊赫什德王朝卡夫尔的宰相伊本・希扎拜的座上客，后又回到巴格达，于伊历 385 年/公元 995 年卒于巴格达。

此外，艾布・哈桑・马沃尔迪・阿里・本・穆罕默德・本・哈比卜・巴士里，也是沙斐仪派的大教法学家之一，曾在很多地方出任法官，后定居巴格达。马沃尔迪著有《教法大全》一书，该书是沙斐仪派教法的一部重要著作，他的另一部名著是《政律全书》，该书从宗教的角度阐述了国家的职位,如:担任教长职务的条件,内阁及其构成,司法、稽查、税务等等,这本书是后人从事研究的重要依据。马沃尔迪还著有《大臣的法律与国王的政治》一书,他的另外一部著作《伦理学中的世俗与宗教礼节》,与米斯凯韦的《道德修养与正本清源》一书不同,因为马沃尔迪是从哲学原理的角度来探讨伦理道德的。马沃尔迪于伊历 450 年/公元 1058 年卒于巴格达。

罕百里派当时在伊拉克有很大势力。该派的著名学者有:

艾哈迈德·本·罕百勒教长的儿子阿卜杜拉,他传述了其父编撰的《穆斯奈德圣训集》和《〈古兰经〉注》。阿卜杜拉卒于伊历 290 年/公元 902 年。

艾布·伯克尔·艾哈迈德·本·哈尼·塔伊·巴格达迪,他是罕百里教法学派的另一位教法大师,卒于伊历 270 年/公元 883 年。

艾布·易司哈格·易卜拉欣·哈尔比,他是一位大圣训学家,伊历 285 年/公元 898 年卒。

艾布·伯克尔·阿卜杜拉·本·达乌德·艾兹迪·西吉斯塔尼,他是巴格达背诵圣训的大师之一,后成为巴格达罕百里派的首领,伊历 316 年/公元 928 年卒。

艾布·卡塞姆·欧麦尔·本·侯赛因·希莱基,是《罕百里教法概要》的作者。后因巴格达有人攻击伊本·罕百勒而离开巴格达,伊历 334 年/公元 945 年卒。

与其他教法学派相比,罕百里派给历届阿拔斯朝廷造成了更多的麻烦。罕百里派严格遵循经训,反对以个人意见推断教法问题，该派甚至用暴力推行自己的主张，如强行将酒倒掉，打击恶行、坏事，压制、迫害其他教法学派等等。罕百里派的信徒像其祖师爷艾哈麦德·本·罕百勒一样，虽遭受种种迫害，但能坚韧不屈，忠于自己的信仰。

*　　　　*　　　　*

伊斯兰历四世纪时，苏菲派在伊拉克得到发展。苏菲派主张注重内心的修炼，而不是表面操守；注重教律的真髓，而不仅仅是身体的拜功；注重通过苦修、祈祷使心灵得到修炼；主张通过天启得到知识，通过感觉和悟性，而不是理性、逻辑、经验和类比来认识来世。

伊拉克在伊斯兰历二世纪时就出现了苏菲派。著名的苏菲主义者有拉比尔·阿德维娅（卒于伊历135年/公元752年）[①]说过这样的话："我们乞求宽恕本身就需要乞求宽恕；我的主啊，你难道用火来焚烧热爱你的心吗？！"

其他的苏菲派人有：易卜拉欣·本·艾扎姆（伊历162年/公元778年卒）、沙基格·拜莱里（伊历195年/公元810年卒）、麦尔鲁夫·克尔黑（伊历200年/公元816年卒）、巴希尔·哈非（伊历226年/公元840年卒）。麦尔鲁夫·克尔黑认为，加入苏菲派就是用真理除去人们心中的绝望。巴希尔·哈非曾对一些圣训学家说："听我讲述圣训是要缴纳天课的。"问："缴纳多少？"答："我每给你们讲述二百段圣训，你们就要给我讲述五段圣训。"

伊斯兰历三世纪中叶，苏菲派从希腊哲学和印度哲学中汲取

---

① 此年代与国内出版物所注年代（公元717—801年）有较大出入。——译者

了营养，从而给苏非派染上了哲学色彩。当时，伊拉克出现了一位名人——哈里斯·穆哈西比，巴士拉人。他写了大量的著作，是大多数巴格达学者的老师，是他把哲学引入了苏非派。他说：一个民族的精英，就是那些不因忙于来世而忽略今生，也不因忙于今生而放弃来世的人。穆哈西比著作中的一些基本信条均被安萨里采用。穆哈西比卒于伊历243年/公元857年。

著名的苏非派人还有赛赫勒·本·阿卜杜拉·泰斯突里·巴士里，伊历283年/公元896年卒；艾布·赛义德·艾哈迈德·本·耳撒·巴格达迪·哈拉兹，伊历286年/公元899年卒，他是第一个谈论“寂灭”与“永存”的人。

后来，苏非派大师祝奈德出现了。祝奈德祖籍奈哈旺德，出生在伊拉克，并在伊拉克长大，伊历297年/公元910年卒于巴格达。祝奈德说过这样的话：加入苏非派就是圣洁地与真主交流——真主对人的慈爱取决于人对真主的祈祷。想一想，你的心在与什么交流？诚实的信徒是不需要学者的知识的，加入苏非派就是要与真主直接交流。

艾布·曼苏尔·哈拉智是祝奈德的弟子，他提出了“人主入化”的泛神论观点引起学者的不满，最后导致杀身之祸。哈拉智于伊历309年/公元922年在巴格达被处以磔刑。

苏非派人仿效教法学家的做法，也开始编撰有关苏非的著作，最著名的著作有艾布·塔里布·麦基撰写的《心灵的食粮》，作者祖籍哲伯勒，后定居麦加，故有麦基之称。他在巴格达和巴士拉各生活过一段时间，于伊历386年/公元996年卒于巴格达。

*　　　*　　　*

教法学家与苏菲派人之间因观点不同而产生分歧是很自然的事情。苏菲派人依靠的是人的心灵，是直觉经验，是通过天启而获得的知识，是内学、内心的体验；教法学家的依据是经训明文，是通过逻辑和理性从经训中得出的推论。对教法学家来说，除了理解经训明文的字面含义外，不存在什么隐含在明文后面的真理。苏菲关心的是灵魂、是内心，教法学家则重视现象和实际；苏菲是精神的，教法学家是法律的；苏菲感兴趣的是神爱，不太看重奖惩，教法学家则重视履行拜功，依靠的多是奖惩，等等。如此看来，两派发生冲突就不奇怪了，而最大的冲突发生在伊拉克也就不足为奇了。因为伊拉克，尤其是巴士拉，是苏菲派的故乡，是印度人的聚居地，巴格达当时是各种文化荟萃之地。

当时，罕百里派与苏菲派的冲突最为严重，因为罕百里派严格遵循按经训明文字面含义解释教义的原则，加之罕百勒本人曾谴责过苏菲派人哈里斯·穆哈西比，这就更加深了两派之间的矛盾。罕百里公开指责哈里斯·穆哈西比，如罕百勒及其弟子将哈里斯·穆哈西比的有关"自我的欲望及贪图今世的浮华，是造成邪恶的根源"的观点斥为异端邪说，等等，从而迫使哈里斯·穆哈西比不得不停止在公众场合传道和讲学。在他去世时，仅有四人参加葬礼。罕百里派还给苏菲派扣上伪信的帽子，煽动人们反对苏菲派人。在对苏菲派的迫害中，"古拉姆·哈利勒事件"最为著名。该事件发生在伊历 262 年/公元 875 年。古拉姆·哈利勒是一位精通圣训、教法及训诫的罕百里派人——艾布·达乌德·西吉斯塔尼称他是巴格达的骗子——古拉姆·哈利勒诬蔑苏菲派人伪信，煽动百姓对苏菲派进行攻击，还向哈里发进谗言，中伤苏菲派人，哈里发遂下令逮捕了 70 多位苏菲派人，有的被杀，有的越狱逃跑，有的被无罪释放。

此后，又发生了对哈拉智的迫害事件。哈拉智被控亵渎真主、宣传人主合一的“入化说”（泛神论）。法官穆罕默德·本·达乌德于伊历 297 年/公元 909 年宣布哈拉智有罪，加以拘禁审判，哈拉智越狱逃跑。法官艾布·欧麦尔·本·优素福·艾兹迪和艾布·侯赛因·本·艾什那尼下令再次逮捕了哈拉智，并判处死刑，经哈里发签发后，哈拉智于伊历 309 年/公元 922 年被处以磔刑，并被焚尸灭迹。

由此我们可以看出，伊拉克的苏菲派人与教法学家的争斗是多么尖锐、激烈。

* * *

布韦希人统治的时代，伊拉克的哲学及翻译活动十分活跃。艾布·苏莱曼·曼蒂吉·穆罕默德·本·塔希尔·本·拜赫拉姆·西吉斯塔尼是巴格达的一位大哲学家，也是巴格达思想界的长老，其弟子艾布·哈彦·陶希迪对他有这样的描述：“尽管他讲话不够连贯，有些口吃；尽管他刚愎自用，对别人的著作不屑一顾，但他仍是巴格达学者中目光最敏锐、见解最深刻、思想最纯正的学者，而且他是解决疑难问题的高手。他敢于对符号、标记作出解释，但对其中的奥秘却不肯透露。”[①]

艾布·苏莱曼·曼蒂吉在家中举办的聚会像是一所思想学校，在这所学校里，对最敏感的问题也可以提出来讨论，学者们纷

① 艾布·哈彦·陶希迪：《慰藉与温馨》，第 1 卷，第 33 页。

纷发表自己的见解，艾布·苏莱曼则做总结性讲话。参加聚会的有艾布·扎克里亚·索麦里、艾布·哈彦·陶希迪、努赛加尼、古麦萨、古拉姆·扎赫勒等人，他们讨论的问题有：星相对地球上发生的事件有影响吗？真主的行为是必然的，还是有选择的？听与唱歌为什么会对心理产生影响？逻辑与语法之间的关系，天堂里的人幸福生活是什么样子？教义学家与哲学家在方法论上的区别？运气与生计，永恒及其本质，等等。有时也会即兴提出一些最复杂的问题，有时又是照本宣科，一字一句读出书本上的内容。比如，在他家中讲授过亚里士多德的《心理学》，书是由艾布·哈彦·陶希迪提供的。

艾布·哈彦·陶希迪在其《求知录》和《慰藉与温馨》等著作中，向我们介绍了这类学术聚会的盛况，展示了当时巴格达学者之间是如何进行学术讨论的。那是一段令人惊异的哲学黄金时代：学者享有极大的自由，思想家和理性思考都是一笔巨大的财富。比如，艾布·哈彦·陶希迪记述了一场大辩论的情况，时间是伊历320年/公元932年，地点在巴格达，辩论的双方分别是：语法学家艾市·赛义德·西拉菲和精通希腊逻辑学及阿拉伯语法的麦塔·本·优努斯·古纳伊。出席辩论的除了众多的学者之外，还有埃及伊赫什德王朝和波斯萨曼王朝派来的使者。辩论的焦点是：麦塔认为，只有通过亚里士多德制定的逻辑概念才能分辨真伪和善恶，才能弄清诚实与欺骗、证据与疑点、怀疑与确信；而艾布·赛义德则认为，上述问题通过理性思考就可以解决，而无须逻辑，逻辑学讲的只是思维的形式，假定思维形式是正确的，那你靠什么来认识事物的本质与真相呢？还不是靠理性思维？！这场辩论后来演变出许多枝节问题，诸如逻辑学家不需要语法，而语法学家则需要逻辑等等，这里不再赘述。

艾布·哈彦·陶希迪讲述的另一次学术聚会，是在大臣伊本·赛阿达尼家中举行的，一些基督教哲学家参加了聚会。会议研究道德的改善问题，与会者认为道德改善同肢体矫正有难易之分一样，有难易改造两类。

另一次聚会则是大臣耳撒·本·阿里·本·耳撒召集的，讨论的题目是：有学问的人热爱学问的原因。

祆教徒马尼与艾布·哈桑·穆罕默德·本·优素福·阿米里之间的辩论题目是：人死之后其灵魂是否存在？

另一场辩论的题目是：认识真主是必然的，还是推导出来的？等等。这类辩论很多，说明当时的学术研究具有很浓厚的哲学思辨，有一种喜欢对事物进行哲学思考的唯理主义倾向。

伊本·布突拉尼，即基督教徒艾布·哈桑·穆赫塔尔·本·哈桑·本·阿卜都尼，是巴格达一位著名的医生和哲学家，他曾与埃及人伊本·里德瓦尼进行了一场旷日持久的有益的辩论。伊本·布突拉尼于伊历 439 年/公元 1047 年取道叙利亚的阿勒颇前往埃及拜访辩论对手，于伊历 441 年/公元 1049 年抵达埃及，在埃及待了三年后返回巴格达。前面在介绍伊本·里德瓦尼时，对这场辩论已有叙述。伊本·布突拉尼留传下来的著作有《购买奴隶》、《医生宣言》，以及有关保持健康，营养如何进入体内被消化吸收，医学入门等文章。

在巴格达从事哲学研究的著名学者还有基督教徒叶海亚·本·阿迪，他是当时的逻辑学权威，师从拜什尔·本·麦塔和法拉比。他著述颇丰，其中有的是从古叙利亚文翻译的阿拉伯文译著，有的是他自己写的专著，有的是他抄录别人的作品。他活了八十一岁，一生笔耕不辍，写了大量有关逻辑学和神学的文章。伊历364年/公元974年，叶海亚·本·阿迪卒于巴格达。艾布·哈彦·陶希迪对他的评价是："他是一位性情温和的长者，他给学术聚会带来吉祥。他的著作不够准确，表达也欠流畅；他对神学的高论令人眼花缭乱，不着边际。"

以哲学著称的学者还有基督教徒艾布·阿里·本·祖尔阿，他以精通逻辑学、哲学和翻译闻名于世。他缩写了亚里士多德的《被开发的土地》一书，撰写了《亚里士多德逻辑学著作的目的》一书，以及《论理性》等文章。他于伊历398年/公元1006年卒于巴格达。艾布·哈彦·陶希迪对他的评价比对叶海亚·本·阿迪的评价要高："艾布·阿里·本·祖尔阿查阅了大量著作，其译文准确，文字优美，值得称赞。如果他不去经商赚钱，不分散精力，以他的天赋，应有更大的作为。"这里经商指的是艾布·阿里·本·祖尔阿一度钱迷心窍，在君士坦丁堡做生意，钱虽然赚了不少，但后遭劫难，钱财尽被抄没，致使他瘫痪在床。

另一位著名学者——罗马牧师奈济夫，是一位语言专家，他将希腊文著作译成阿拉伯文。阿杜德·道莱在巴格达建立了一座医院，请奈济夫在该医院工作。艾布·哈彦·陶希迪说，奈济夫在医学上更有才华；在学术集会上更富口才，他具有一种善辩的天赋。

除了上述这些人之外，巴格达还有很多人研究哲学，如伊本·赛姆哈、艾布·伯克尔·古沃斯、伊本·赫马尔和著名的数学家艾布·沃法伊·布兹加尼。伊本·赫里康对布兹加尼的评价是：他是著名的几何学权威之一，他收集了一些人们从未见过的奇特的开平方题例。布兹加尼在伊历348年/公元959年来到巴格达，伊历387年/公元997年在巴格达去世。

在这批学者中还有一位是艾布·阿里·艾哈迈德·本·穆罕默德·米斯凯韦，他曾任阿杜德·道莱的图书总管，专门研究哲学中的伦理学，著有《道德修养与正本清源》一书，同时还写了一本历史专著《民族之殷鉴》，该书编排独特，注重总结历史事件的经验教训，以及智者贤士对这些事件的评论。

伊斯兰教历四世纪在巴士拉出现了一个学术团体——精诚兄弟社。在这批学者中——正如艾布·哈彦·陶希迪所说的——有以麦格迪西这一名字闻名于世的宰德·本·里法阿、艾布·苏莱曼·穆罕默德·本·麦什阿尔·布斯提、艾布·哈桑·阿里·本·哈伦·赞加尼、艾布·艾哈迈德·麦赫莱加尼和奥菲等人。“该社团视成员间志同道合的友谊为至上，以神圣、纯洁、直言为其训条，结成一个宗教哲学学术派别，宣称以此来博得真主的欢心。他们认为，教法已被愚昧无知所玷污而陷入迷途，只有用哲学才能加以洗涤和医治，因为哲学集信仰的智慧和创制的裨益于一身，声称一旦希腊哲学与伊斯兰教法结合在一起，便会达到完美的境界。精诚兄弟社撰写了五十篇论文，内容涉及哲学理论及实践的方方面面，分类编纂，统称《精诚兄弟社论文集》，隐去作者的名字，交给书商抄写，向人们分发赠送。”①

总而言之，伊拉克的哲学活动是当时阿拉伯伊斯兰帝国最高

① 艾布·哈彦·陶希迪：《慰藉与温馨》。

水平的哲学活动之一。

*　　*　　*

阿拔斯王朝后期，伊拉克涌现出很多杰出的诗人和文学家，最著名的有巴格达的伊本·努巴泰·赛阿迪，他是一位专为王公大臣唱赞歌的诗人，他颂扬阿勒颇的赛弗·道莱一事已有前述，在伊拉克他又为阿杜德·道莱及其大臣穆海莱比歌功颂德。

雷伊的著名诗人伊本·阿米德，他写了很多情诗和针砭时弊的政治诗。他擅长描写，如描写战争中的英雄、罗马人的俘虏，描写战马、战刀，描写歌厅，描写空气，描写心潮的起伏等等。伊本·阿米德的诗细腻、通俗、结构严谨，别具一格。伊本·阿米德于伊历 405 年/公元 1014 年卒于巴格达。

艾布·哈桑·赛拉米，是麦赫祖米部落的一位阿拉伯诗人，出生于巴格达的卡尔赫。艾布·哈桑·赛拉米写诗颂扬过伊斯法罕的萨希布·本·阿巴德、雷伊的伊本·阿米德、设拉子的阿杜德·道莱。他像艾布·努瓦斯一样也写艳情诗。他追随当时的风尚，写了很多短诗，并注重描写，但他对设拉子附近的谢阿比·拜瓦尼的描写比穆太奈比的描写要逊色。他像当时很多诗人一样，也写了一些充满淫秽词句的作品，他的攻击诗则是恶语连篇。

此外，伊本·赛克莱和伊本·哈加吉两位诗人前面已有述及，此处不再重述。

艾布·哈彦·陶希迪对与其同时代的巴格达著名诗人也有记述。他说："伊本·努巴泰是一位与我同时代的诗人。他对我发表的言论，不是一窍不通，就是心怀妒忌，要么就是一味反对。他追随赛弗·道莱一伙人，与他们扯在一起。他善于模仿贝都因人的风格，无论是语言，还是内涵，都模仿得惟妙惟肖，入木三分。他的诗也夹杂着某些偏激与恶意。

至于伊本·哈加吉的诗，则多是鄙俗、放荡之作。他的诗，没有理念，没有理想，有的只是嘲弄和讽刺。尽管他的诗通俗、晓畅，毫无矫饰，但他也像伊本·苏克莱的诗一样，不能登大雅之堂。他的诗一旦涉及严肃的主题，便生硬造作，毫无价值；一旦用来讽刺嘲弄对方，便会得心应手，挥洒自如。

赛拉米的诗，语言优美，韵律铿锵；似拨云见日，悦耳流畅。抄袭他人而不露痕迹，信手拈来而不动声色；赛拉米玩世不恭、不拘一格，他衣着华美，风雅飘逸；他的诗，能使人们精神为之一振；他的诗，能使人们心旷神怡。

哈蒂米[①]的诗，语言粗俗，不甚流畅；他愿做一个纯粹的贝都因人，他尚未接受当时的文明；他的记忆力极好，能背记大量的作品，他既能写诗，也能写散文，但他的散文也像他的诗一样，缺乏激情，不够流畅。

伊本·杰莱巴特[②]则是一位疯狂的诗人。他用词的跳跃性很大，重修饰润色，少修辞技巧；外表华丽，但内容空泛；重奇巧，以新奇取胜。

哈里阿[③]则是一位写诗的文学家，经常创造一些表示缩略意

① 哈蒂米（伊历388年/公元998年卒）：全名穆罕默德·本·侯赛因·哈蒂米，著名的《哈蒂米信函》的作者，该信是他与穆太奈比的通信。

② 伊本·杰莱巴特，即艾布·加西玛·阿里·本·杰莱巴特，伊拉克诗人，为哈里发嘎迪尔、大臣萨布尔·本·艾尔达希尔大唱赞歌。

③ 哈里阿：即艾布·阿里·哈桑·本·阿里·哈里阿。他是萨布尔·本·艾尔达希尔大臣的御用诗人之一。

义的合成词，修辞手段多用藻饰修辞，创作风格四平八稳，作品内容大多雷同。

米斯凯韦[①]的诗用词文雅，新清，寓意深刻，充满善意；但有些过于谨慎，不能完全敞开心扉；有时略显繁冗凝重；他的诗多是应时之作，较少有发自内心的倾诉；在经过一段努力之后，他对诗的投入减少了。[②]

当时，巴格达的大诗人还有谢里夫·拉迪，此人已有前述。

*　　　*　　　*

布韦希人统治的时代，巴士拉的著名诗人是伊本·兰凯克·巴士里。当他发现自己空有一身本领，却默默无闻，而其他诗人却早已名声远扬时，就写了很多哀怨诗，攻击那些成名的诗人。他的短诗比其长诗写得好。

*　　　*　　　*

布韦希时代出现了四位大书记官，其中两位是来自波斯南部的伊本·阿米德和萨希布·本·阿巴德；另外两位则是伊拉克的艾布·伊斯哈格·萨比和艾布·卡塞姆·阿卜杜勒·阿齐兹·本·优素福。

萨比即是易卜拉欣·本·希拉勒·哈拉尼·萨比，著名的《萨比书信集》的作者。萨比曾先后任巴格达哈里发以及穆仪兹·道莱·布韦希的书记官，伊历349年/公元960年出任信函局长官。

---

① 米斯凯韦：他原本是哲学家和历史学家，但艾布·哈彦·陶希迪也把他算作诗人。

② 参看艾布·哈彦·陶希迪：《慰藉与温馨》，第1卷，第134页及其后。除米斯凯韦之外的这些诗人的情况，可见赛阿里比的《稀世珍宝》，第2卷。

萨比一直保持其拜物教的信仰，尽管他被许诺：一旦皈依伊斯兰教，便可出任大臣之职，但他不为所动。他尊重穆斯林的习俗，与穆斯林友好相处，在斋月他也把斋，还背诵《古兰经》。因此，虽然萨比是一个萨比教[①]教徒，却受到穆斯林大人物，如萨希布·本·阿巴德和穆海莱比大臣的喜爱、欢迎和尊重。

雅古特曾引述过萨比说过的一段话："我写信给穆太奈比，要他为我写两首赞美诗，我付给他五千迪尔汗的润笔费，并委托一个商人做中间人。穆太奈比请中间人转告萨比：'凭真主起誓，在伊拉克除了你萨比之外，我还没发现有谁值得称赞。但是，如果我赞颂你，大臣穆海莱比会对你不满，会改变对你的态度，因为我没有称赞他。如果你对此并不介意，那我就答应你的要求，我写诗并不是为了得到回报。'"

在穆仪兹·道莱与阿杜德·道莱的斗争中，萨比支持前者，当后者取得胜利，穆仪兹·道莱被杀后，阿杜德·道莱逮捕、监禁了萨比，并想将萨比扔在大象脚下踩死，后经众人求情萨比才幸免一死，但从此失去了阿杜德·道莱的信任。阿杜德·道莱命萨比为其撰写布韦希王朝的历史，萨比便写下了一部名为《王冠》的史书。有人在阿杜德·道莱面前进谗言，诋毁萨比，诬告他在撰写史书时，有人问他在做什么。萨比答道："我正在杜撰谎言，美化假话。"阿杜德·道莱听后再次将萨比逮捕，投入监狱，关了四年。出狱时萨比的健康状况已经恶化，于伊历 384 年/公元 994 年卒于巴格

① 萨比教：崇拜星辰的基督教的一个派别。《古兰经》将萨比教徒、犹太教徒和基督教徒并称为"有经典的人"。——译者

达，享年七十一岁。

萨比被认为是当时最伟大的书记官之一，他行文时——正如他的书信集所表明的那样——既讲究合辙押韵，又注重排比对偶。伊本·艾西尔称他是他所在时代的书记官的泰斗，说他精于书写公文、奏章，却疏于日常家书，批评他用词多有重复。萨比死后，很多诗人写诗悼念他。其中谢里夫·拉迪写下了著名的诗句：

大地丧子痛，空前绝世才，
谁来记国事，谁来告未来，
军中无惧色，大敌不予采，
冒死从容书，死伤有几百，
史书饱沾血，万卷真实载，
号令还未发，檄文唤慷慨，
自此欢乐去，为君热泪揩。

艾布·卡塞姆·阿卜杜勒·阿齐兹·本·优素福是布韦希时代最伟大的书记官之一，他曾出任阿杜德·道莱的信函局长官，后又数次出任阿杜德·道莱儿子的大臣。他的写作特点是，虽用对偶手法，但不拘泥于韵脚，他写的普通信函像是散文诗。[①]

艾布·哈彦·陶希迪是布韦希时代另一位著名的学者、大写作家，他的写作风格独特——既重内容，又重形式；他学识渊博，才似泉涌，构思巧妙，形式优美，享有“查希兹第二”的美誉，确是受之无愧。他留传下来的著作有《慰藉与温馨》、《求知录》、《见识集》、《友谊与朋友》，等等。

① 请参看赛阿里比：《稀世珍宝》，第2卷。

艾布·哈彦·陶希迪的写作风格有很高的文学品味，他喜欢对偶、排比，常用形象修辞，他的用词颇有新意，令后人称绝。他强记博闻，功底深厚；他通晓哲学，熟谙苏菲主义；他写的诗歌、散文、历史、传记都流露出哲学的思考和苏菲神秘主义的气息。他的不幸遭遇使他周游各地，接触到普通百姓；他的文学才能使他结识了伊本·阿米德、伊本·阿巴德、伊本·赛阿达尼等宰相大臣，这使他对社会各个阶层的人的道德品质有着深刻的了解，他把这一切都记录在他的著作中。他的著作有这样一个特点，即凡是有关哲学内容的文字，因其内容深奥而令人费解；凡是涉及文学和社会题材的内容则十分畅达、明确。

艾布·哈彦·陶希迪在《慰藉与温馨》一书中，以轻松愉快的风格记述了他与大臣伊本·赛阿达尼，以及他与布韦希王朝大臣索姆萨姆在学术聚会上的交流情景。此外，他在《求知录》中记述了很多学者、特别是逻辑学家艾布·苏莱曼参加的学术活动。

*　　　*　　　*

在文学和语言方面有成就的学者有艾布·伯克尔·穆罕默德·本·杜莱德·艾兹迪，他于伊历 223 年/公元 837 年出生在巴士拉，在阿曼住了十二年之后又回到巴士拉，后又去法里斯，陪伴省督米卡勒和卡纳的两个儿子。伊历 308 年/公元 920 年，他来到巴格达，直到伊历 321 年/公元 933 年去世，他一直都没有离开过巴格达，这一年，布韦希人开始控制伊拉克。

艾布·伯克尔·穆罕默德·本·杜莱德·艾兹迪在语言和文学两方面都有很高的造诣，是著名的语言学家之一。他有众多出类拔萃的弟子，其中最为著名的是艾布·阿里·高里和艾布·赛义德·西拉菲。艾布·阿里·高里在其《授录集》中，传述了伊本·杜莱德的一些精彩的故事，这些故事的确出自伊本·杜莱德之手。侯斯里认为这些故事为白迪阿·宰曼的韵文故事奠定了基础。

伊本·杜莱德的主要著作有《词语大全》、《派生词》，以及长诗《麦格苏莱》等。他在文学的诸多方面，在语言、语法、词法，以及谱系学等方面都有很高的造诣，他可被称为是一个善于讲故事的诗人。

伊本·杜莱德的学术才能表现在师承他的两位大著作家的身上，这两位大学者是《授录集》的作者、阿拉伯语及阿拉伯文学在西班牙的传播者艾布·阿里·高里和《诗歌集成》的作者艾布·法拉吉·艾斯法哈尼，后者为伊本·杜莱德的亲授弟子之一。

此外，艾布·伯克尔·本·安巴里也是巴格达最有学问的语言学家和文学家之一，是背记诗歌和典故最多的人，同时也是研究《古兰经》和圣训的学者之一。他写了很多有关经训及《古兰经》读法的著作，在语言学方面写有《反义词》一书，最能表明其文学及语言学学识的著作是流传至今的《穆方才理诗集注释》。他也是使艾布·法拉吉·艾斯法哈尼受益最多的大学者之一。伊本·安巴里卒于伊历 328 年/公元 939 年。

*　　　*　　　*

艾布·法拉吉·艾斯法哈尼是伊拉克在布韦希时代涌现出来的杰出的文学家之一。他编撰的《诗歌集成》一书成为历代文学家欣赏的珍品。他的家系可上溯到倭马亚王朝的末代哈里发麦尔旺·本·穆罕默德。艾布·法拉吉·艾斯法哈尼于伊历 284 年/公元 897 年出生在艾斯巴哈尼(一译伊斯法罕)，在巴格达长大，师承伊本·杜莱德和伊本·安巴里、伊本·哲利里·塔巴里等人，向他们学习文学、历史和科学。艾布·法拉吉·艾斯法哈尼精通诗词、歌曲、历史、宗谱，熟谙乐器、医学、星相、饮料等各种学问。他阅读了很多作品的手稿，获益匪浅，他常说："我从某本书中引用……"

艾布·法拉吉·艾斯法哈尼与大臣穆海莱比交往甚密，深受穆海莱比的赏识。他写了很多著作，其中最著名、最优秀的作品是《诗歌集成》，他自己说，为写这部书，历经五十载；其他作品有《女歌手》、《塔利卜人的殉难记事》[1]、《会写诗的女奴》、《女修道士》等。艾布·法拉吉·艾斯法哈尼于伊历356年/公元967年或稍晚一些时候，卒于巴格达。

《诗歌集成》一书在当时以及历代、直至今天都受到广泛的赞誉。成书后，艾布·法拉吉·艾斯法哈尼首先送给赛弗·道莱一部，后者以一千第纳尔作为奖励。萨希布·本·阿巴德对该书欣赏不已，他不论走到哪里，随身总是携带着这部书。艾布·卡塞姆·阿卜杜勒·阿齐兹·本·优素福说："阿杜德·道莱对该书爱不释手，起居坐卧，书不离身。"

当时的大文学家还有泰努黑法官，即艾布·卡塞姆·阿里·本·穆罕默德·泰努黑。他是著名的学者、文学家，曾出任巴士拉和艾赫瓦兹的法官数年。泰努黑不仅是一位教法学家，而且是一位文学家和文雅的诗人，也是大臣穆海莱比的酒友和夜谈的清客。"大臣穆海莱比和伊拉克的其他政要都非常喜欢泰努黑，认为他是

[1] 《塔利卜人殉难记事》：该书收有第四任正统哈里发阿里及其父艾布·塔利卜后裔中的什叶派殉教者的传记，是研究早期伊斯兰教历史，尤其是什叶派历史的珍贵资料。——译者

酒友中的精灵，文人雅士的楷模。穆海莱比每周有两个晚上要邀请一批教法学家和法官到他家中陪他饮酒叙谈，这些平时衣冠楚楚的法官学者，在宴席上一个个都放荡不羁、豪饮狂欢，泰努黑每每都是其中的上宾。”①

泰努黑是哈乃斐派的教法学家，穆阿台及勒派人。泰努黑写了很多诗，其中有一首以减尾名词为韵脚的长诗——《麦格苏莱》，用以批评伊本·杜莱德的同名长诗。泰努黑于伊历 342 年/公元 953 年卒于巴士拉。

泰努黑有一子，名叫艾布·阿里·穆赫辛·泰努黑，也是一位文学家、诗人和史料学家，是《文海漫游》一书的作者。艾布·阿里·穆赫辛想以此书实现他的一个美好的愿望，即把那些在文学聚会上讲述的，以及说书人口头流传而尚未记载下来的历史事件、典故、轶事记载下来。此外，他还编写了《苦尽甘来》、《高贵来自慷慨》等著作。艾布·阿里·穆赫辛于伊历 384 年/公元 994 年卒于巴格达。

艾布·阿里·穆赫辛也有一子，取名艾布·卡塞姆·阿里·本·穆赫辛·泰努黑。艾布·卡塞姆像他父亲和祖父一样，也是一位教法学家、诗人和文学家。他与赫忒布·泰布里齐一起曾追随艾布·阿拉·麦阿里，向他求教。后来他曾在多处担任法官，伊历 447 年/公元 1055 年去世。泰努黑家族是伊拉克最有学问、最有才气、著述最多的家族之一。

另一位著名学者是谢里夫·穆尔台迪·阿里·本·塔希尔，他是巴格达塔利卜派人的首领，是谢里夫·拉迪的哥哥。他在教

① 伊本·赫里康:《人物传记》，第 1 卷，第 503 页。

义学、文学和诗歌方面都极有造诣。《穆尔台迪讲授录》是他留给我们的最重要的著作，该书共收录了五十六次学术聚会的演讲记录，对研究经注学、圣训、教义学和文学极有价值。该书融经训、教义学与文学为一体，集穆阿台及勒派与什叶派观点于一身；书中提到了穆阿台及勒派人和部分诗人、文学家的传记。全书就像是他向学生授课的记录，对研究当时的教学具有极大的参考价值。伊历 436 年/公元 1044 年，谢里夫·穆尔台迪在巴格达去世。

艾布·赛义德·希拉菲是一位有着渊博学识的学者，他对《古兰经》、圣训、教法、穆斯林必须履行的宗教义务和末日清算，以及教义学有着广泛的研究，对语法、语言和诗歌有着很高的造诣。

希拉菲的父亲原是一名袄教徒，后来皈依了伊斯兰教。

艾布·赛义德·希拉菲本人清正、廉洁、善良，注重修养。他对阿拉伯语有着深刻的研究，写有很多著作，其中最为重要的是《西伯威语法注释全书》。希拉菲有众多弟子向他学习各个方面的知识。希拉菲倾向穆阿台及勒派的观点。“他与艾布·法拉吉·艾斯法哈尼之间，如同当时的其他学者一样，存在着竞争。”[①]希拉菲于伊历 368 年/公元 978 年卒于巴格达。希拉菲的弟子艾布·哈彦·陶希迪在《慰藉与温馨》一书中曾引述过希拉菲在语言和语法方面的论述，他的引述充满了对希拉菲的敬重与信任。

艾布·赛义德·希拉菲在巴格达时是各地王公贵族、名人学者崇拜和追逐的对象，他们或派人、或写信向他请教各种疑难问题。如萨曼王朝的国王努哈·本·奈斯尔于伊历 340 年/公元

① 伊本·赫里康：《人物传记》。

951 年写信给希拉菲，在信中称希拉菲为教长，向他请教了四百多个问题，其中大部分是语言问题，如某某词汇是不是阿拉伯词汇等等。又如大臣拜勒阿米，在他写给希拉菲的信中，称希拉菲为穆斯林的教长，向其讨教有关《古兰经》的问题。再有阿塞拜疆的德伊莱姆国王麦尔宰巴尼・本・穆罕默德写信给希拉菲，称他为伊斯兰的长老，向他询问了一百二十个问题，其中大都是有关《古兰经》和圣训的问题。埃及大臣伊本・汉扎白在其写给希拉菲的信中称他为尊敬的长老，向他请教了三百个有关圣训方面的词汇。还有锡吉斯坦国王艾布・加法尔写信称希拉菲为独一无二的长老，向他请教了七十个有关《古兰经》、一百个有关阿拉伯语词汇、三百句诗、四十个有关教律和三十个有关教义学家解释的宗教原理的问题。艾布・赛义德・希拉菲对上述问题都一一做了回答，用于作答的纸张就多达约一千五百页。

此外，艾布・赛义德・希拉菲还是当时进行的一场大辩论的主角。辩论是在他与艾布・拜什尔・麦塔之间进行的，辩题是语法与逻辑哪个更为重要。艾布・哈彦・陶希迪在其《慰藉与温馨》一书的第一卷中记述了这场辩论的全过程。希拉菲的传世之作有《巴士拉语法学家传》。

艾布・阿里・法里西与艾布・赛义德・希拉菲一样，也是精通语法和词法的。法里西是布韦希王朝的代表人物之一，他出生在法里斯，于伊历 307 年/公元 919 年来到巴格达，从事学术研究，后来又去了阿勒颇，住在赛弗・道莱的宫中。法里西与穆太奈比有过多次辩论。后来他又回到法里斯，追随阿杜德・道莱，并深受阿杜德・道莱的器重。法里西为阿杜德・道莱写了一本书，题为

《语法阐释与增补》。法里西还写有《〈古兰经〉诵读法考》一书，该书的手抄本保存至今。法里西还有很多其他著作，他去过很多地方，每到一地，他都要将在该地与他人进行的辩论记述成书，如：《阿勒颇问题》、《巴格达问题》、《设拉子问题》，等等。

艾布·哈彦·陶希迪把艾布·阿里·法里西与他的老师艾布·赛义德·希拉菲作了比较。他推崇希拉菲渊博的学识和虔诚的宗教信仰；认为艾布·阿里·法里西饮酒作乐、放荡不羁的行为有失学者风范。

艾布·赛义德·希拉菲确实像一位守旧派的人物，他传述、引用的内容，都是他亲耳所闻，或者是多人所传述的确实可靠的材料。而艾布·阿里·法里西在写作上则很随便，多有推理和创造，他与其弟子伊本·金尼在语法和词法上为人们开创了一些新的、前人没有述及的内容。

伊历 377 年/公元 987 年，艾布·阿里·法里西卒于巴格达。

艾布·哈桑·鲁玛尼是既精通语法、又精通教义学的著名学者。在文学上，他师承伊本·杜莱德。艾布·哈彦·陶希迪对他的评价是：鲁玛尼在语法、语言、教义学、韵律学和逻辑学等方面均有很高的地位，但是他没有走逻辑学家的道路，而是另辟蹊径，将语法与逻辑融在一起，写了一本有关《古兰经》的珍贵书籍，这说明他在宗教与理性两方面都有深厚的功底。艾布·哈桑·鲁玛尼卒于伊历 384 年/公元 994 年。[①]

---

① 艾布·哈桑·鲁玛尼（公元 908—994 年）：巴格达人，语法学家、语言学家、穆阿台及勒的教义学家，师承伊本·赛拉吉、伊本·杜莱德。他的著作有：《同义词与近义词》、《西伯威语法注释》、《〈古兰经〉学大全》、《名词与形容词》、《推论》等。——译者

巴格达在布韦希时代造就出的最杰出的学者是伊本·奈迪姆，即穆罕默德·本·伊斯哈格·奈迪姆。他既是一个书商，又是一名学者。他利用其学识和职业的方便，开辟了一个不为前人所注意的领域，即对所有用阿拉伯文撰写的、或翻译成阿拉伯文的各个民族的、各个学科的著作进行总结，介绍每本书的内容及作者，或者译者的生平，最后编撰成《目录大全》一书。该书收集了至伊斯兰教历四世纪末期人们所撰写或翻译的各种著作，反映了那个时代穆斯林的思想学术活动。这部重要的学术文献中所列的大部分图书，因阿拉伯伊斯兰帝国遭受的历次劫难，尤其是鞑靼人攻陷巴格达后的抢掠而毁失殆尽，如果没有这部书，那些早已毁掉的书的书名及其内容便无法了解了。

凡研究过《目录大全》一书的人，无不为穆斯林在那个时代所从事的学术活动，以及有那么多的作者、译者从事各个学科的研究而惊叹，同时，也为伊本·奈迪姆渊博的学识和对学问的执着追求所感动。伊本·奈迪姆对各种宗教、乃至各种教派的最敏感的问题都不放过；对中国和印度的情况也进行研究；对沙姆地区、伊拉克进行考察，每到一地，都要会见各派人士，与之交谈、了解情况，然后加以记述。

伊本·奈迪姆的写作风格是简练，他讨厌啰唆和过多的铺叙，喜欢直言不讳地、直截了当地接触主题，以致对他的表述中的任何一个句子都无法略去不用。其次，伊本·奈迪姆的写作态度极其严谨认真，他把亲眼目睹与道听途说得来的材料严格加以区分，并如实地传达给读者。

伊本·奈迪姆在《目录大全》中称，该书完成于伊历377年/公元 987 年，但书中记述了伊斯兰教历四世纪以后去世的学者，如伊本·奈巴泰·台米米，这说明该书有其他学者后来增补的内容。根据伊本·奈加尔记载，伊本·奈迪姆卒于伊历 385 年/公元 995 年，而麦尔兹巴尼则说伊本·奈迪姆卒于伊历 378 年/公元 988 年。[1]

*　　　*　　　*

如果我们从伊拉克转到波斯的南部，即布韦希人统治的那片土地，我们就会发现一笔巨大的学术财富，一笔囊括文学、诗歌及其他学科的财富。如南方的设拉子和北方的雷伊，就是两座重要的政治、学术和文学首府。南方著名城市有：希拉夫、费鲁兹巴德、艾尔宰加尼、伊斯泰赫尔，首府为设拉子；北方著名城市有杰拜勒、伊斯法罕、奈哈旺德、哈姆扎尼、迪奈沃里、高麦斯和拜斯塔姆，首府为雷伊。这些地方造就了无法计数的圣训学家、教法学家、语言学家、哲学家、苏菲主义者和文学家。

著名的圣训学家、教法学家有：

艾布·比什尔·穆罕默德·本·艾哈迈德·本·哈玛德·杜拉比·拉齐（因原籍是雷伊附近的杜拉布村而得名），他写了很多有关圣训和历史的著作，这些著作是圣训学家的重要参考资料。他卒于伊历 320 年/公元 932 年。

艾布·穆罕默德·阿卜杜拉·本·哈彦·艾斯法哈尼是伊斯法罕的圣训学家，他是圣训学权威，著有《逊奈与操守美德》一书，

① 关于伊本·奈迪姆的去世年代，记述不一。据比较可靠的材料应不早于公元 1000 年，有的学者考证为公元 1046 年或 1047 年。——译者

伊历 367 年/公元 977 年卒。

艾布·阿卜杜拉·穆罕默德·本·易司哈格·本·穆罕默德,叶海亚·本·曼代赫·艾斯法哈尼,享有东方圣训学家的美誉,伊历 395 年/公元 1004 年卒。

艾布·穆罕默德·阿卜杜·拉赫曼·本·艾比·哈蒂姆·本·易得里斯·汉辛里,他是雷伊著名的背记《古兰经》的人,写了很多有关圣训和教法的著作,伊历 327 年/公元 938 年卒。

法官优素福·本·艾哈迈德·本·凯吉·迪奈沃里,他是沙斐仪派的一位教长。艾布·阿里·桑吉在巴格达见过艾布·哈米德·伊斯法拉伊尼之后,前去拜访优素福,对他说,艾布·哈米德·伊斯法拉伊尼有名气,但是你有学问。优素福回答说,那是因为巴格达的盛名抬高了他的地位,而名声不如巴格达的迪奈沃里贬低了我的名气。优素福于伊历 405 年/公元 1014 年在迪奈沃里遇害。

如果我们把这一地区的著名圣训学家和教法学家都一一列举出来的话,那篇幅就太长了。下面让我们转到另一个话题:在阿杜德·道莱入主巴格达以前,也就是在伊本、阿米德在雷伊出任大臣、伊本·阿巴德在伊斯法罕和雷伊担任书记官和大臣的这段期间,他们三人对推动当地学术活动的发展所起的作用和影响。

布韦希人的三个埃米尔将布韦希王朝分成三个部分:伊玛德·道莱掌管法里斯和艾赫瓦兹,鲁克努·道莱统治雷伊和杰拜勒,穆仪兹·道莱入主伊拉克。待鲁克努·道莱之子阿杜德·道莱继位后,将伊拉克以及布韦希王朝的整个版图都纳入他的控制范围,后又兼并了摩苏尔和杰齐莱,自称国王,这是伊斯兰世界第一个使用国王称号的人。阿杜德·道莱有时住在雷伊，有时住在设拉子，当他进驻伊拉克后，便将布韦希王朝的首都定在巴格达。

伊本·阿米德曾出任雷伊和杰拜勒地区的长官鲁克努·道莱的大臣，他的活动中心在雷伊，出任大臣长达三十二年，直至伊历360年/公元970年去世。

伊本·阿巴德原是伊本·阿米德的书记官，因为他是伊本·阿米德的弟子，并一直陪伴在伊本·阿米德左右，故有萨希布(陪伴者)之称。萨希布一直在雷伊任伊本·阿米德的书记官，后被伊本·阿米德推荐给鲁克努·道莱，担任了鲁克努·道莱的儿子穆艾伊德·道莱王储的辅师。萨希布后来又出任穆艾伊德·道莱的大臣，一直到伊历373年/公元983年。接着他又成为穆艾伊德·道莱的弟弟法赫尔·道莱的大臣，一直到伊历385年/公元995年去世。伊本·阿巴德不但继承了伊本·阿米德的大臣职位，而且从伊斯法罕迁到了雷伊居住。

阿杜德·道莱、伊本·阿米德和伊本·阿巴德这三位大人物将波斯南部变成了一片学术和文学的沃土。他们三个人，除了是国王、大臣之外，还是学者和文学家。他们都认为，学者和文学家是对王宫及宫廷集会的首要的和最好的点缀。

阿杜德·道莱除了拥有广阔的属地之外，他还是一位有着渊博学识的文人，他曾向艾布·阿里·法里西学习过语言和语法，后者为他写了《语法阐释与增补》一书，并同他进行了多次有趣的讨论。诗人们纷纷投奔阿杜德·道莱，写出了很多好诗，如穆太奈比在阿杜德·道莱尚在设拉子执政时就为他写诗，赞颂他：

见国王无数，直到见到他，

死神握在手，一令定生杀，

阿都德勇士，必赢沙赫纳[①]，

勇猛似雄狮，美名传万家。

他还有一首"努尼亚"提到了一个叫西卜万的地方，那里是设拉子的一处游览胜地：

西卜万有马一匹，为此跨马去杀敌，

祖上阿丹家世显，学贯古今与天齐，

若要知他多勇猛，去问臣子去当地，

此人天下无觅处，万马军中数第一。

此外，他还写过很多诗赞颂他，最后一首是"卡飞亚"，首句是：

爱在心中难舍弃，人走情牵无人替。

阿杜德·道莱还在巴格达耗费巨资建立了一座阿杜德医院，并为医院提供了各种设备，这里无法详述。[②]

伊本·阿米德在很多学术领域，如几何学、逻辑学、哲学、神学、物理学，甚至在绘画方面都有突出的才能。伊本·阿米德还是一位传述了很多阿拉伯诗歌的文学家。

米斯凯韦曾一度担任伊本·阿米德的图书馆总监。他在其《民族之殷鉴》一书中是这样评价伊本·阿米德的："这个人（指伊本·阿米德）是他所处时代最能写作的人，是最能收集书写工具的人。他的作品保留了很多有关语言的趣谈，他扩大了语法和诗词

① 布韦希王。——译者

② 参看伊本·赫里康：《人物传记》，"阿杜德·道莱"条目。

格律的使用范围，找到了使用派生词的规则和隐喻法的方法，保存了蒙昧时代和伊斯兰教初期诗人的作品……至于他对《古兰经》的阐释，对《古兰经》中的种种疑难之处的精通，以及对各地教法学家的不同观点的了解，都是高人一筹，颇有独到之处的。如果抛开上述学问，看看他在几何学上的学识，那也是无人企及的。至于逻辑学和哲学的各个学科，尤其是其中的神学，更无人敢在他的面前说三道四……除此之外，伊本·阿米德还精通一些不为人知的奇巧，如物理学中的机械运动、拉拽重物、制造攻占城堡的器械，等等。此外，伊本·阿米德对绘画也很在行，我看见他在一次与亲朋友人的聚会上，拿了一个苹果仔细端详、转动，然后，用他的手指甲很快便画出了苹果的图像，而别人要画则需用器具，且费时多日才能达到如此精细的程度。”

穆太奈比也曾写诗赞颂过伊本·阿米德：

谁言牧人比我强，曾见波斯希腊王，
读过学者托勒密，学得经纶满腹装，
书中历尽旧时代，英雄豪杰是榜样，
尔等算学未听闻，吾已熟谙在心上，
提起父母名与号，大号远超金万两，
救国良策君称赞，妙语连珠人欣赏。

萨希布·本·阿巴德信奉并支持穆阿台及勒派，为此，波斯南部的很多人也信奉穆阿台及勒派。伊本·阿巴德不像他的老师那样喜欢哲学和哲学家，而是熟谙教法学、语言学和文学。他像圣训派人那样钻研圣训，他精通认主学和宗教原理，并有著作问世。他的语言学知识十分渊博，相传，他著有《辞海》一书，共十卷。

萨希布·本·阿巴德有很高的地位和声望，在他家中聚会的人数之多，远远超过别人的聚会。赛阿里比说："他周围的人都是时代的骄子，德高望重之士和著名的诗人，其数量之多超过了哈里发拉希德身边的人，而且他们的诗文，其韵脚之铿锵、表达之细腻，均不在拉希德的诗人之下。"

在阿杜德·道莱、伊本·阿米德和伊本·阿巴德等人的鼓励、带动之下，该地区造就出很多杰出的学者和文人。

例如，在哲学方面出现了哲学泰斗艾布·伯克尔·穆罕默德·本·宰克里亚·拉齐(拉齐系指雷伊)。拉齐尽管到过很多地方，但因他出生在雷伊，并在雷伊长大，故仍把他算作雷伊人，称他为拉齐。拉齐是穆斯林最伟大的哲学家之一，他还是最杰出的理论医学和临床医学的医学家。此外，拉齐在神学、化学及伦理学方面也有很高的成就。

拉齐在上述领域写了大量著作，有人做过统计，拉齐写了近两百部书。拉齐对发现酒精和硫酸做出了贡献，这是在他研究炼金术时发现的。拉齐在医学方面写有《医学大全》和《曼苏尔医书》[①]等著作，他的医学著作是后人学习医学的重要文献。拉齐的大部分岁月是在雷伊度过的，在布哈拉萨曼人那里也住过一段时间。拉齐还曾被委以主持、组织医院工作的重任，拉齐在同时代人中以不断创造医学奇迹而著称于世。

拉齐留给我们的著作约十七部。最近，凯拉沃斯教授发现了

① 《曼苏尔医书》是拉齐于伊历290—296年/公元902—908年期间为雷伊的统治者曼苏尔·本·易司哈格·本·艾哈迈德·本·阿萨德撰写的。——译者

一部拉齐撰写的哲学论文集，其中有一篇论文谈到精神医学问题。拉齐很注重道德修养，他的著作无疑是米斯凯韦撰写《道德修养与正本清源》一书时的重要依据之一。拉齐在论文的篇首写道，他之所以使用精神医学这一名称，是为了与他在《曼苏尔医书》中使用的身体医学一词相对应。该篇论文共分二十个章节，其中有一章专门论述理性的功能、欲望的抑制和对妒忌、愤怒、吝啬等恶习的分析；最后一章是对美好一生的描述，以及对死亡的恐惧。

另一篇有价值的论文是有关快乐、快感的论述与分析，在这篇论文中，拉齐主要引述了希腊哲学家的观点。

论文中还有一篇是记述两个拉齐之间的辩论。这两个拉齐分别是艾布·伯克尔·拉齐和艾布·哈蒂姆·拉齐，他俩都是雷伊人。艾布·伯克尔·拉齐是一位哲学家，思想自由、相信理性；而艾布·哈蒂姆·拉齐则是什叶派中伊斯玛仪派的一位重要鼓吹者，“他以宣传法蒂玛人著称，他在塔巴里斯坦、阿塞拜疆、德伊莱姆，尤其是在伊斯法罕、雷伊等地的政治事务中发挥了重要作用，布韦希王朝的一些上层人物都与他有来往。

艾布·哈蒂姆·拉齐写了一本名为《杰出的先知》的书，用以批驳艾布·伯克尔·拉齐的观点。书中称拉齐为离经叛道。辩论是在一次学术集会上进行的，辩论的主题是“一定会有先知吗？”在另一次集会上，他俩又就艾布·伯克尔·拉齐提出的事物的五大范畴进行了辩论。这五大范畴是：造物主、灵魂、第一物质、地点和时间。艾布·哈提姆对艾布·伯克尔的提法进行了批驳。这些辩论都是在雷伊举行的学术集会上进行的。

总而言之，艾布·伯克尔·拉齐是一位难以有人能与其相提并论的优秀人物。关于他去世的年代众说不一，比较准确的年代是伊历 320 年/公元 932 年，伊本·赫里康认为是伊历 311 年/公元 923 年。

著名的哲学家还有以伊本·海玛尔这一名字著称的艾布·凯尔·本·西瓦尔。他是一位基督教徒，他把很多古叙利亚文的著作译成了阿拉伯文。伊本·海玛尔在医学上也颇有名气。此外，他还写了有关逻辑学、医学和神学的著作。

另一位哲学家是艾布·法拉吉·阿里·本·侯赛因·欣杜，他同时也是一位文学家。他是伊本·海玛尔的弟子，著有医学及哲学入门等著作，其中《神圣的语言》一书流传至今，这是一部有趣的希腊格言集。此外，他还是一位为数不多的修辞学大师中的诗人。

*　　　　*　　　　*

伊本·阿米德和伊本·阿巴德都为波斯南部地区的文学发展做出了巨大贡献。他俩集政治上的高官与文学上的显赫于一身：他俩既是著名的大臣、大政治家，又是大文学家，他俩将这一切有利条件都用来推动文学的发展。

伊本·阿米德酷爱文学，他的写作独具一格，为人效仿，其特点是讲究藻饰、骈俪；文章字斟句酌，精雕细刻，颇有矫揉造作之嫌。这种文风也许适于短句简文，但伊本·阿米德却喜用铺张手法，铺张、冗长，再加上造作便令人生厌。查希兹的絮说冗长，却能为人接受，因为它能与人们的心灵共鸣；而伊本·阿米德的冗长、造作则使人难以忍受。尽管如此，伊本·阿米德的写作风格仍被当时的人们推崇为典范，这是因为那些人的生活本身就是靡丽、矫饰的；另一方面，政治权势、高官显位给文学披上了华丽、辉煌的外衣，以致人们无法分辨哪些是文学本身的价值，哪些是源自文人的显赫权位。这种情况在伊本·阿米德和伊本·阿巴德，以及嘎迪·法德勒等人的身上都得到了体现。故此才有"写作始于阿卜杜·哈米德[①]，止于伊本·阿米德"之说。人们把他们的写作风格当作效仿的楷模。

不管怎么说，伊本·阿米德对当时文学活动的发展做了很多有益的工作，如：他慷慨好施，对文学家和诗人广布钱财；给他们出题目进行讨论、研究，与他们一起辩论，对优胜者给予奖励，等等。因此，很多著名学者都出席他在雷伊举行的学术集会。在一次有艾布·侯赛因·本·法里斯、艾布·阿卜杜拉·塔巴里、艾布·哈桑·拜迪希等人参加的集会上，伊本·阿米德要求与会者描述一佛手柑，他本人也参加。伊本·阿米德建立了一座宏大的图书馆，他爱如至宝，让大学者米斯凯韦担任图书馆总监。

萨希布·本·阿巴德支持穆阿台及勒派，并结交穆阿台及勒派人，因为他本人就是穆阿台及勒派人。从文学角度来讲，伊本·阿巴德无论在写作风格上，还是在对文学家慷慨解囊上，都效仿其师伊本·阿米德，故他周围也聚集了一批诗人、学者，如艾布·哈桑·赛拉米、拜迪希、艾布·赛义德·莱斯突米、艾布·哈桑·焦海里、伊本·加沙尼等人。伊本·阿巴德也为诗人们出题写作，如他在一次战役中俘获了一头大象，便召集诗人，让他们按一定的格

① 阿卜杜·哈米德：阿拉伯文学书信体的创始人，曾为倭马亚王朝宫廷效力，著有《六信集》，最著名的一封信是《致书记官们》。公元750年卒。——译者

律吟诗描述大象，由此写出了很多有关大象的诗。伊本·阿巴德也让诗人们写些诙谐诗，如拜尔祖努·艾比·耳撒·本·穆奈吉姆死了，他便命诗人以此为题写诗，于是就出现了一组有关拜尔祖努的诗。①

艾布·侯赛因·艾哈迈德·本·法里斯·拉齐，是波斯南部著名的语言和语法学家，著有《语言要略》、《教法学家的饰物》等著作，后者讨论的是教法学家感到棘手的语言问题。他的写作风格为哈里里在其编撰玛卡梅韵文故事中有关教法问题时所采用。②

伊本·法里斯有时住在雷伊，有时住在哈姆扎尼，他是白迪阿·宰曼的老师，于伊历390年/公元999年卒于雷伊。他曾追随伊本·阿米德。他写的《萨希比》一书流传至今，该书因纪念萨希布·本·阿巴德而得名。该书是一部语言学专著，汇集了有关阿拉伯语的来源、特点、各部落的语言差异等有价值的研究成果。

艾布·哈桑·阿里·本·阿卜杜勒·阿齐兹·朱尔加尼，是著名的修辞学家和文学家，朱尔加人，幼年时去过很多地方，四处求学。赛阿里比对他的评价是："朱尔加尼是朱尔加送给世人的礼物，是时代的骄子……他集伊本·麦格莱的书法、查希兹的散文和布赫图里的诗歌于一身。"阿卜杜勒·阿齐兹·朱尔加尼在游历伊拉克、叙利亚等地并向当地人求教之后，投奔萨希布·本·阿巴德门下，后来他先后被任命为朱尔加和雷伊两地的法官，最后死在雷伊当法官的任上。

---

①　参看赛阿里比：《稀世珍宝》，第3卷，第55页。参看哈利勒·本·麦尔代姆：《伊本·阿米德传》、《伊本·阿巴德传》。

②　参看伊本·赫里康：《人物传记》，第1卷，第49页。

萨希布·本·阿巴德曾希望穆太奈比能像赞颂阿杜德·道莱和伊本·阿米德那样来颂扬他，但遭到了穆太莱比的拒绝，萨希布·本·阿巴德遂疏远了与穆太奈比的关系，并写信披露穆太奈比的一些不光彩的行径。对此，朱尔加尼写下了他的《在穆太奈比及其对手间调停》这一名著，在书中，朱尔加尼是一位公正的法官、一位德高望重的文学家、一位出类拔萃的批评家。

这位做过法官的朱尔加尼——阿里·本·阿卜杜勒·阿齐兹——的最大功绩之一是培养出了另一位朱尔加尼，他的同乡和弟子——阿卜杜·加希尔·朱尔加尼。阿卜杜·加希尔·朱尔加尼是《修辞的奥秘》和《奇迹的标志》等书的作者，他在这两本书中建立了一种新型的修辞学。他深受其师简洁、洗练文风的影响，见解独到、深刻。雅古特写道："阿卜杜·加希尔·朱尔加尼在其著作中，凡提到其师之处，无不流露出自豪及引以为荣的心情。"

艾布·希拉勒·阿斯凯里也是一位著名的学者，生于阿斯凯尔（穆克莱姆），阿斯凯尔属胡齐斯坦省，距伊斯法罕不远。阿斯凯里先后在雷伊、阿瓦士和阿斯凯尔传授学问。阿斯凯里写了很多有价值的著作，如《双技：诗与散文》、《文学之意义》、《谚语撷英》、《阿拉伯人修辞与波斯人修辞之比较》、《文存》等，约卒于伊历 395 年/公元 1005 年。

*　　　*　　　*

总而言之，虽然布韦希人有着波斯人的血统，而且布韦希王朝的大多数宰相大臣，如伊本·阿米德、伊本·阿巴德等人都是波斯人，但布韦希人在学术和文学上却对阿拉伯语有着深深的偏爱。布韦希王朝为阿拉伯学术和文学的发展做出了巨大贡献。

很多布韦希人头面人物本人就是有着广博学识的文学家、饱学之士，其中最著名的人物是阿杜德·道莱，他有着多项才能，文学只是其中之一；还有穆仪兹·道莱，即艾布·曼苏尔·拜赫提亚尔；以及阿杜德·道莱之子塔吉·道莱等人，他们的诗有些被赛阿里比收录在他的《稀世珍宝》一书中。

布韦希王朝的另一个特点是，大臣选用的标准主要有两条：行政管理能力和文学修辞能力。因此，布韦希王朝的大臣都是杰出的文学家，如伊本·阿米德、伊本·阿巴德、穆海莱比、萨布尔·本·艾尔达希尔、伊本·赛阿达尼等人，本人都是文学家和学者，而且都大力支持文学事业，他们举办的聚会洋溢着浓厚的学术与文学气氛。对于伊本·阿米德和伊本·阿巴德的文学才能、他俩举办的学术聚会，以及他俩周围学者和文学家的情况等等，从前述中已略知一二。

穆海莱比为穆海莱布·本·艾比·苏夫莱[①]的后人，曾任穆仪兹·道莱的大臣。“穆海莱比是一位身居显位、志向远大、心胸豁达、乐善好施之人，他在文学上极有天赋，深受世人喜爱。”[②]穆海莱比举办的文学聚会在很多书中都被提及。聚会上，与会者饮酒赋诗、纵情欢乐，极尽文雅、奢华之能事。最令穆海莱比感到自豪的是，《诗歌集成》的作者艾布·法拉吉·艾斯法哈尼和嘎迪·泰努黑都是他的座上客。

伊本·赛阿达尼曾任赛姆萨姆·道莱的大臣。他举办的一次

① 穆海莱布·本·艾比·苏夫莱（公元702年卒）：曾任巴士拉军事长官，后出任呼罗珊省省长。——译者

② 伊本·赫里康：《人物传记》，第1卷，第200页。

聚会，汇集了众多的名人学士，如：哲学家伊本·宰尔阿、《道德修养与正本清源》一书的作者米斯凯韦、大数学家艾布·沃法伊·穆汉迪斯、艳情诗人伊本·哈加吉，以及艾布·哈彦·陶希迪等人。艾布·哈彦·陶希迪与伊本·赛阿达尼大臣有着夜谈之谊，此事在《慰藉与温馨》一书中有记载，艾布·哈彦·陶希迪还为伊本·赛阿达尼撰写了《友谊与朋友》一文。伊本·赛阿达尼对那次聚会矜夸不已，认为它远胜过其他大人物，如穆海莱比、伊本·阿米德、伊本·阿巴德等人举办的聚会，他对与会的朋友说："这种规模、这种水准的聚会在伊拉克是绝无仅有的，是无人能比的……穆海莱比所有的酒友加起来也抵不上这里的一个人；伊本·阿米德所有的朋友加起来也不如这里的人令人钦羡；伊本·阿巴德身边有的只是些能言善辩之徒。"由此，读者可以看出这些宰相大臣争相为自己网罗最好的学者文人的情景。只要翻阅一下《慰藉与温馨》一书，就能知晓当时的宰相大臣的文化品位，以及他们所关心的学术与文学问题。

萨布尔·本·艾尔达希尔曾任阿杜德·道莱之子拜哈·道莱的大臣，他本人也是一位文学家和诗人，很多诗人，如艾布·法拉吉·拜卜高、艾布·伊斯哈格·萨比等人都投奔他。萨布尔·本·艾尔达希尔在巴格达修建了一座极有价值的图书馆，雅古特对该图书馆有这样的评价："世上没有比这里更好的藏书了，这里的藏书都是名家的手迹、经过考证的原本。这座图书馆就是艾布·阿拉·麦阿里在其诗中赞叹过的那座图书馆。"

布韦希人之间纷争不断、战事连绵，致使学者文人也分为两派，各为其主；一旦某一方失败，胜者的惩罚便会波及败者的追随者，因此，很多学者文人遭受抄家、折磨以至杀戮的厄运。如果没有这类事情发生，布韦希人的国王及其宰相大臣们对学术和文学活动的贡献，更会是无法估量的。

*　　　　*　　　　*

布韦希王朝边境上有一个邻国——齐亚尔王朝，其首任国王麦尔达韦吉·本·齐亚尔，控制了朱尔加和塔巴里斯坦地区。该王朝与布韦希人对立。齐亚尔王朝的卡布斯·本·瓦什麦吉尔王子支持文学事业，他与伊本·阿米德和伊本·阿巴德一样，本人也是一个文学家，学识渊博，他利用其权位与声望支持学者文人。王子的父亲瓦什麦吉尔和叔叔麦尔达韦吉曾是雷伊和伊斯法罕的国王。卡布斯曾担任过朱尔加和塔巴里斯坦的总督，并得到哈里发塔伊耳的认可，卡布斯还被授予夏姆斯·麦阿里的称号。

卡布斯·本·瓦什麦吉尔是一个滥杀无辜的残暴的人，对于他身边的人和手下的将士，更是动辄杀戮，一听到有人抱怨不满，他就大开杀戒，以致最后造成怨声载道、众叛亲离。但是，卡布斯对学者文人却情有独钟，鼓励他们吟诗写作。卡布斯对学术的支持和贡献，在当时众多的国王、王储之中是无人能与之相比的。卡布斯不但重赏当面为其唱赞歌的文人，而且对在波斯人元旦及秋分节时聚集在他门下的诗人们均有封赏。他曾对艾布·莱伊斯·塔巴里说过："我按品级向他们分发礼物，但是，我不相信他们那骗人的谎言，这一点我心中有数。"①

① 雅古特：《文学家辞典》，第6卷，第149页。

埃及出版了《修辞》一书，该书是卡布斯撰写的论文集。卡布斯用词极其考究，可说是字斟句酌，力求合辙押韵，前后呼应，天衣无缝。在笔者看来，卡布斯的风格比伊本·阿米德和伊本·阿巴德更接近白迪阿·宰曼的风格。卡布斯的诗也写得很细腻。

卡布斯还写了一篇关于制作酸奶的论文。

卡布斯·本·瓦什麦吉尔于伊历 403 年/公元 1012 年被困死在城堡之中，他的灵柩被送至朱尔加，埋葬在早已建好的一座巨大的陵园之中。

第三章　呼罗珊及河外地区

呼罗珊及河外地区在萨曼王朝时代十分繁荣。萨曼王朝始于伊历261年/公元874年，止于伊历389年/公元998年，历时一百二十八年。

萨曼王朝的国王是波斯人，祖籍巴里黑，属于拜赫拉姆朱尔的一个贵族之家。哈里发麦蒙了解萨曼家族的地位与声望，故对萨曼家族十分器重。萨曼家族的首领艾赛德·本·萨曼的四个儿子——努哈、艾哈迈德、叶海亚和伊斯玛仪，分别被麦蒙任命为撒马尔罕、费尔干纳、萨什和海拉特诸地的行政长官。后来，萨曼家族的势力逐渐增大，控制范围从大沙漠到波斯湾，从印度到伊拉克，但是最重要的版图当属呼罗珊和河外地区。萨曼王朝以公正、温和、褒奖学术而著称。

呼罗珊包括四个地区，其首府分别是尼沙浦尔、木鹿、海拉特和巴里黑。呼罗珊的著名城市有：尼沙浦尔、布珊吉、布斯特、锡吉斯坦、海拉特、木鹿、赛莱赫斯、尼萨、突斯、艾布尤尔德等。

萨曼王朝控制的另一部分是河外地区，即阿姆河以外的地区，该地区包括五个部分：(1)粟特，粟特有两个首府，布哈拉和撒马耳罕；(2)粟特以西的花拉子模，即今日的胡优(或库优)；(3)萨阿尼亚尼；(4)费尔干那；(5)萨什，即今日的塔什干。

河外地区的著名城市有费尔干那、艾斯比疆、萨什、艾什鲁赛、撒马尔罕、布哈拉、法拉布、台尔兹、萨阿尼亚尼和卡萨尼、花拉子模，以及宰麦赫舍尔和朱尔加。

著名地理学家麦格迪西将呼罗珊及河外地区称为“东方地区”，他曾于萨曼王朝时代去过这一地区，并对该地区做过描述，现将部分有关内容摘录如下：“东方地区是最好的地区，是学者、名人荟萃的地区；东方地区是道德的宝藏，学术的故乡，是伊斯兰的沃土，也是伊斯兰的堡垒；东方地区的国王是最好的国王，东方地区的士兵是最优秀的士兵；东方地区的教法学家都有国王的才能。”

穆罕默德·本·阿卜杜拉[①]对他的宣教师们说：“你们应该去呼罗珊，那里人口众多。那里的人性格刚毅，心地善良，心灵纯洁。他们没有受到贪欲的污染，没有受到堕落风气的腐蚀，也没有遭到教派的分割。呼罗珊人是天生的军人，他们长着一脸的络腮胡须，体魄健壮、膀大腰圆，他们的嗓音宏亮浑厚。”呼罗珊人是反对倭马亚人、推翻倭马亚王朝的主力军，是他们把哈里发的职位交给了阿拔斯人。

麦格迪西说，我在阿杜德·道莱的图书馆里读过一本书，该书是这样描述呼罗珊的：“呼罗珊的空气好、水好、土地好；呼罗珊的工艺高超、样式精美；呼罗珊的武器之精良，商业之繁荣，学术之发达，世道之清廉，都远在突厥人之上。呼罗珊人是最精通教法的人，同时也是最坚持真理的人，他们明辨是非，善恶分明；他们的环

① 穆罕默德·本·阿卜杜拉(公元712—762年)：伊斯兰教什叶派的主要支派之一的宰德派教长之一，他因在麦地那起兵反对哈里发曼苏尔而被杀害。——译者

境、他们的习俗都更像阿拉伯人；呼罗珊人名人辈出、智者如云；呼罗珊的学问和财富，尽人皆知。呼罗珊的城市，无人不晓——举世闻名的木鹿，几近完美的巴里黑和那令人难忘的尼沙浦尔，都在呼罗珊。”①

麦格迪西还写道：“呼罗珊是学术发达、教法最盛的省区。那里的讲道者有着极高的声誉，而且十分富有。呼罗珊那里有很多犹太人，但基督教徒却很少。阿里——愿真主喜欢他——的后人在呼罗珊有着非常高的地位，在呼罗珊极少能见到哈希姆家族②的人。呼罗珊人教派众多：哈瓦立及派多分布在锡吉斯坦和海拉特城区；尼沙浦尔有穆阿台及勒派，但不占优势，而该地的什叶派和卡拉米叶派③的势力很大；呼罗珊及河外地区，除萨什、图斯、奈萨、艾布尤尔德等地属沙斐仪派外，大都属哈乃斐派。此外，沙斐仪派在海拉特、锡吉斯坦和赛尔赫斯等地，也有一定的势力。

呼罗珊人的宗教仪式与阿拉伯人省区有诸多不同，如呼罗珊人为宣礼员在讲坛前放置了一张床，宣礼员站在上面，伴随着音乐的节奏进行宣礼；伊玛目讲道时不用讲稿，不照本宣读……尼沙浦尔还有一些很好的做法，如每星期日和星期三召开申诉集会，有冤情者可提出申诉。集会由当地的军事长官或大臣主持，法官、行政长官、学者及名人显贵出席旁听；裁决于星期一和星期四在‘希望

① 麦格迪西：《最佳的地区分类》，第 294 页及其后。

② 哈希姆家族：阿拉伯半岛麦加地区古莱氏部落主要家族之一。又译为“哈申家族”，因系伊斯兰教先知穆罕默德所属的家族，故有“圣族”之称。——译者

③ 卡拉米叶派：伊斯兰教早期教义学派之一，主张对真主的形象和德性作拟人化的描述。该派以其创始人穆罕默德·本·卡拉姆（公元 869 年卒）得名。该派被逊尼派视为“异端”。——译者

清真寺’进行。

呼罗珊及河外地区的语言差异很大：尼沙浦尔的语言比较地道，听得懂，但尼沙浦尔人多将每个词的第一个字母读成齐齿音，听起来很柔和；图斯和奈萨人的语言最纯正；锡吉斯坦的语言听起来很吃力，人们说话好像是在吵架，声音很大，且声音出自于胸腔；巴斯特的语言很美，但海拉特的语言则有些粗俗；巴里黑的语言最好，但其中夹杂着不少粗话。

呼罗珊及河外地区的教派纷争严重，什叶派与卡拉米耶派之间、沙斐仪派和哈乃斐派之间不时发生流血冲突，致使当局介入。

呼罗珊及河外地区的行政、宗教大权都掌握在萨曼家族手中。萨曼家族是最有远见的王族之一。萨曼家族的人推崇学术、尊重文人；‘萨曼家族’一词甚至成为谚语、格言，如人们说：‘树离开了萨曼家族就会枯萎’。君不见（布韦希王朝的）阿杜德·道莱是何等的强大，何等的不可一世，在其鼎盛之时，连也门、信德在聚礼日时都要为他祈祷祝福；阿杜德·道莱征服了阿曼，得到了想要得到的一切。但是，当他进军呼罗珊与萨曼人遭遇时，便溃不成军、四散逃亡。……萨曼人斋月期间的学术聚会，埃米尔不但亲自光临，而且首先提出问题，令众学者回答……萨曼人在教法上遵循哈乃斐派。”

*　　　　*　　　　*

呼罗珊及河外地区造就出无数的圣训学家和教法学家，他们勤奋好学；刻苦钻研圣训和教法；他们四处游学，向当地人求教，为学术的发展做出了重大贡献。

圣训学家首推伊玛目布哈里，布哈里因出生于布哈拉而得名。

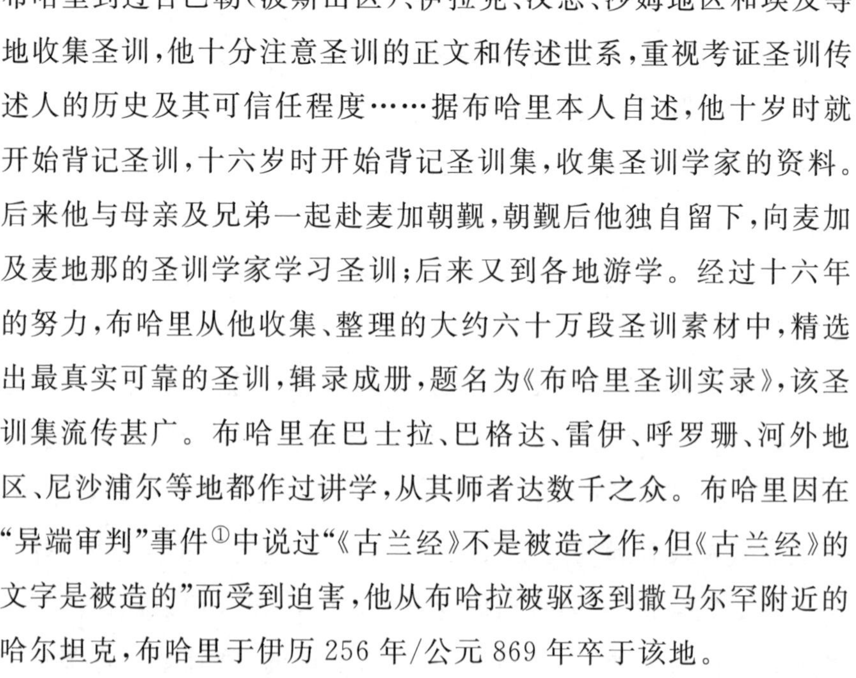

布哈里到过吉巴勒（波斯山区）、伊拉克、汉志、沙姆地区和埃及等地收集圣训，他十分注意圣训的正文和传述世系，重视考证圣训传述人的历史及其可信任程度……据布哈里本人自述，他十岁时就开始背记圣训，十六岁时开始背记圣训集，收集圣训学家的资料。后来他与母亲及兄弟一起赴麦加朝觐，朝觐后他独自留下，向麦加及麦地那的圣训学家学习圣训；后来又到各地游学。经过十六年的努力，布哈里从他收集、整理的大约六十万段圣训素材中，精选出最真实可靠的圣训，辑录成册，题名为《布哈里圣训实录》，该圣训集流传甚广。布哈里在巴士拉、巴格达、雷伊、呼罗珊、河外地区、尼沙浦尔等地都作过讲学，从其师者达数千之众。布哈里因在“异端审判”事件[①]中说过“《古兰经》不是被造之作，但《古兰经》的文字是被造的”而受到迫害，他从布哈拉被驱逐到撒马尔罕附近的哈尔坦克，布哈里于伊历256年/公元869年卒于该地。

尼沙浦尔也出现了一位大圣训学家——《穆斯林圣训实录》的辑录者穆斯林·本·哈加吉·尼沙浦里，他也曾亲赴汉志、伊拉克、沙姆地区、埃及等地游学，收集、考证圣训多达三十万段，从中精选汇辑成书，取名为《穆斯林圣训实录》。“该圣训实录因其注重圣训内容的完整性和文理的连贯性，而比《布哈里圣训实录》更受

① “异端审判”：系阿拉伯语“米哈奈”的意译，原意为“考验”、“灾难”，转意为“审讯”。公元9世纪初，阿拔斯王朝哈里发麦蒙（公元813—833年在位）将穆阿台及勒派的教义奉为官方的统治思想，强行推崇该派提出的“《古兰经》是被造之物”的说法，命令各省省长对该地的法官逐一进行审讯，凡拒绝承认“《古兰经》受造说”，而坚持“《古兰经》为真主的无始语言”者，皆以“异端罪”论处，使很多伊斯兰学者受到迫害。公元851年，哈里发穆台瓦基勒宣布停止异端审判，继续遵循逊尼派的教义、教法学说。——译者

某些圣训学家的欢迎。”[①]《穆斯林圣训实录》一书推动了尼沙浦尔人对圣训的研究，使广大穆斯林获益匪浅。穆斯林于伊历261年/公元874年卒于尼沙浦尔。穆斯林在“《古兰经》是否是被造之物”的问题上支持布哈里的观点，认为《古兰经》不是被造之作，但《古兰经》的文字是被造的。为此，受到他们的老师——大圣训学家艾布·阿卜杜拉·本·叶海亚·扎赫里·尼沙浦尔的反对，他认为“《古兰经》的文字也不是被造的”。

呼罗珊及河外地区，尤其是尼沙浦尔涌现出了众多的圣训学家，这里不能一一列举。布哈里与穆斯林两位圣训大师所掀起的研究圣训的热潮在该地区持续了好几代人。

与此同时，呼罗珊及河外地区在教法上还造就出许多创制[②]大师，如撒马尔罕的艾布·哈蒂姆·穆罕默德·本·哈巴尼·泰米米，他是一位大伊玛目，写了很多有关圣训及对圣训传述家进行考证，以确定圣训真伪的著作。他四处游学，搜集圣训，他说：“从沙什到亚历山大港，我向约一千位长老请教过。”艾布·哈蒂姆曾任撒马尔罕法官，人们纷纷拜他为师，向他求教。很多圣训学家都以他的判断作为断定圣训传述家传述圣训真伪的依据。艾布·哈蒂姆于伊历354年/公元965年卒。

艾布·伯克尔·穆罕默德·本·孟迪尔·尼沙浦里也是一位有创制能力的伊玛目，扎海比对他的评价是：“他精通圣训和伦理学，是

① 伊本·哈吉尔：《教化之教化》。

② 创制（al-Ijtihad）：伊斯兰教的法学概念和立法的原则之一。阿拉伯语“伊智提哈德”的意译，原意为“努力”，引申为“创制”，特指教法权威依据经训精神，运用理智，通过推理、比较、判断等方法，对案例做出法律结论的整个思维过程。——译者

一位从不仿效他人的创制学家。"他于伊历316年/公元928年卒。

此外，呼罗珊及河外地区还出现了许多沙斐仪和哈乃斐派的大教法学家。沙什的穆罕默德·本·阿里·盖法勒便是沙斐仪派的大教法学家之一，他被认为是当时整个河外地区的大伊玛目，是沙斐仪教法在该地的传播者，穆阿台及勒派的支持者，著有多部有关教法及宗教原理的著作。他参加过穆斯林攻打罗马人的战争，被俘后被关押在君士坦丁堡，后被释放回国。伊历365年/公元975年卒于沙什。

原籍伊斯法罕的艾布·伯克尔·本·福尔克是一位正统的教义学家、艾什尔里[①]的支持者。他在雷伊时因发表了许多穆阿台及勒派的言论而受到迫害，但却受到尼沙浦尔人的欢迎，专门为他建立了一所学校，邀请他前去讲学。艾布·伯克尔·本·福尔克写有近百部著作，于伊历406年/公元1015年卒于尼沙浦尔。

艾布·伯克尔·艾哈迈德·本·侯赛因·拜海基是一位能背诵《古兰经》的沙斐仪派教法学家，他周游各国后回到家乡拜海格，潜心著书立说。他的著述极丰，多达近千部。他是第一位将沙斐仪教长的著述汇编成册的人，《沙斐仪全集》共十卷；他自己的主要著作有《圣训全书》、《圣训》、《先知的征兆》、《沙斐仪的功绩》等。后来他应邀赴尼沙浦尔讲学，于伊历458年/公元1066年卒于尼沙浦尔。

哈乃斐派的著名教长有艾布·曼苏尔·马图里迪，他在教义

① 艾什尔里(公元873—935年)：伊斯兰逊尼派著名教义学家，教义学的奠基者，艾什尔里学派的创始人，正统派教义的权威。艾什尔里既反对穆阿台及勒派的"唯理论"倾向，又反对正统学者的极端形式主义，而采取折中主义的手法，以调合宗教与哲学、信仰与理性，以理性思辨及逻辑方法论证教义，以哲学弥补正统信仰。——译者

学上的很多主张与沙斐仪派的教法学家艾什尔里的观点基本一致，二人各自创立的学派成为逊尼派教义学的两大支柱。马图里迪的主要著作有：《认主独一论》、《穆阿台及勒派的妄想》、《教法渊源》、《教法原理辩论集》等。马图里迪生于撒马尔罕附近的马图里德，故名马图里迪。他于伊历 333 年/公元 944 年卒于马图里德。

艾布·莱斯·奈斯尔·本·穆罕默德·撒马尔干迪也是哈乃斐派一位著名的教法学家，有正道教长之称，伊历 373 年/公元 983 年卒。

上述的圣训学家和教法学家只是呼罗珊及河外地区造就的圣训学家和教法学家中的一小部分。只要翻开有关圣训和教法的著作，便会看到大批以该地区诸多地名命名的圣训学家或教法学家的名字，诸如巴里希、赛莱海西、花拉子密、撒马尔干迪、法拉比、布哈里、提尔米齐、萨加尼、沙希、尼沙浦里、麦尔沃齐（系指木鹿，有如出生在雷伊的人被称为拉齐）、海拉维、费尔加尼、宰麦赫舍里、苏盖迪、拜海基、布斯提，等等。

正如在埃及和伊拉克都出现了苏菲主义一样，呼罗珊及河外地区也出现了苏菲派人，舍吉格·巴里希便是呼罗珊最早的苏菲派人之一。据说，他是呼罗珊第一位讲述有关精神修炼“状态”的人。他曾说过这样的话：我读了二十年的《古兰经》，终于认识到今生与来世的不同，这可用两句话来概括，即真主所说的：“你们所受赐的，无论什么，都是今世生活的给养和装饰，在真主那里的〔报酬〕是更优良的，是更长久的。”[①]舍吉格·巴里希卒于伊历 193 年/

① 马坚译：《古兰经》，28：60，中国社会科学出版社 1981 年版。——译者

公元810年。

继舍吉格·巴里希之后，该地区又相继出现了一些苏菲派人，如艾布·哈夫斯·欧麦尔·本·萨里姆·哈达得·尼沙浦里，伊历270年/公元883年卒；艾布·图拉布·奈赫舍比——以学识、义举及修行著称的著名的呼罗珊苏菲派人；艾布·阿里·朱尔加尼，写有《心理修炼》、《奋斗》、《知识》等著作；书商艾布·伯克尔·穆罕默德·本·欧麦尔·哈基姆，生于提尔米齐，住在巴里黑；麦拉米提派的长老艾布·阿卜杜拉·穆罕默德·本·麦纳齐勒·尼沙浦里，伊历329年/公元940年卒于尼沙浦尔；艾布·阿拔斯·本·卡塞姆·本·麦赫迪，生于木鹿，他是呼罗珊地区最早讲述精神修炼"状态"实质的苏菲派人，伊历342年/公元953年卒。

* * *

呼罗珊及河外地区的哲学活动十分活跃，这主要归功于两位著名的人物：艾布·宰德·巴里希和艾布·卡塞姆·凯耳比。

艾布·宰德，即艾哈迈德·本·赛赫勒，他集哲学、教法和文学于一身。艾布·哈彦·陶希迪对他有这样的评价："我要说，我认为，无论是过去、还是将来，世上没有谁能在学问、道德、著述等方面超过下述三个人：一是艾布·奥斯曼·阿慕尔·本·拜赫尔·查希兹……二是艾布·哈尼法·迪奈沃里[①]，他是一位罕见的杰出人物，他既有哲学家的智慧，又有阿拉伯人的修辞才能，他

① 迪奈沃里（公元？—约895年）：中世纪阿拉伯著名历史学家、植物学家、语言学家。他精通波斯文和阿拉伯文，对希腊文化和印度文化都有研究，有"阿拉伯植物学泰斗"、"融合各种文化的代表人物"等美誉。迪奈沃里的代表著作有《植物学手册》、《历史长篇》等。——译者

对每门艺术都有自己的见解……第三位就是艾布·宰德·艾哈迈德·本·赛赫勒，他是一位前无古人、后无来者、空前绝后的人物。只要翻阅一下他的著作，读一读他写的《学问的类别》、《各民族的伦理道德》、《〈古兰经〉修辞研究》、《传记选》、《书信集》等书的内容，便会知道，他的学识犹如一个知识的海洋，他是学者中的学者，是唯一能将智慧、哲理与宗教、教法集于一身的饱学之士。"[①]

艾布·宰德·巴里希生于巴里黑，后到伊拉克学习哲学及各种学问，达八年之久。返回家乡后，他致力于传播学问的工作，有"呼罗珊的查希兹"之称。他的各种著述多达六十余部，其中有《〈古兰经〉修辞研究》一书，艾布·哈彦·陶希迪对该书有如下的评价："这是一部很好的著作，在同类著作中未见出其右者——该书语言文雅、贴切，揭示了《古兰经》中的诸多奥秘，但有些问题尚未解释清楚。"艾布·宰德·巴里希对有关《古兰经》的争论采取回避的态度；对有关直传弟子的优劣、阿拉伯人的短长之类的问题，也采取慎重的态度，他说，对这些问题进行辩论毫无意义。他的著作除了前面提到的几本之外，还有《诸宗教的教律》、《政治全书》、《政治概论》、《哲学的范畴》、《星相规律考》、《驳拜物教教徒》等。艾布·宰德·巴里希还是阿拉伯最伟大的地理学家之一，著有《诸省地图集》，这是一部带有注释的彩色地图集。有人将《历史起源》一书算在他的名下，实属误传。巴里希于伊历322年/公元933年卒于巴里黑。

第二位著名人物艾布·卡塞姆·阿卜杜拉·艾哈迈德·凯耳比也是巴里黑人，他与艾布·宰德是同时代的人，而且是艾布·宰

① 雅古特：《文学家传记》，第1卷，第125页。

德的朋友。凯耳比以精通教义学著称,他是穆阿台及勒派的领袖之一,他的学说自成一派,其追随者被称为凯耳比耶派。凯耳比卒于伊历317年/公元930年。

艾布·宰德·巴里希与凯耳比两位大学者在呼罗珊地区开展的哲学活动,推动了当地的学术发展。大哲学家伊本·西那的问世又为萨曼王朝的皇冠上镶上了一颗真珠美玉。

伊本·西那的全称是艾布·阿里·侯赛因·本·阿卜杜拉·本·哈桑·本·阿里·本·西那。伊本·西那自述的传记最真实地反映了萨曼王朝时代呼罗珊地区的哲学活动,该传记是由伊本·西那的弟子艾布·欧拜德·朱尔加尼传述的。伊本·西那说:“我的父亲是巴里黑人,他在努哈·本·曼苏尔[①]在位时,从巴里黑迁至布哈拉附近的一个村子,任村长。……后来,全家又迁到布哈拉,父亲为我分别请了教授《古兰经》和文学的教师……父亲和我哥哥都是埃及法蒂玛王朝的支持者,被认为是伊斯玛仪派的信徒。我听过他们念诵的赞词和他们所说的教法理论,对于他们的观点,我能理解,但却不能接受。他们向我宣传伊斯玛仪派的教义,希望我也能成为他们中的一员。他们还经常谈论哲学、几何学及天文学。在哲学家艾布·阿卜杜拉·纳特里来到布哈拉之前,我一直在研究教法学,他来了之后,父亲便把他请到家中让我向他学习……于是,纳特里开始教我读《逻辑学入门》一书……他向我讲解的每一个问题,我都觉得比书中讲的更好……

在这之后,我开始自己读书了,通过注释的帮助我掌握了逻辑

① 努哈·本·曼苏尔:萨曼王朝第九任素丹,公元976—997年在位。——译者

学。我还读欧几里得的《几何原理》，在看完该书的五六个题解之后，我便能自己把书中其余的例题解证了。尔后，我又转而研究托勒密的《天文集成》……后来，纳特里离开了我。我努力搜集有关自然科学及神学的原著及其注释，学术的大门向我敞开了。渐渐地，我又迷上了医学……我看护病人，获得了无法形容的宝贵的临床经验。与此同时，我还研究教法，并参加有关的辩论……我读了亚里士多德的《形而上学》一书，但却没有读懂，我对自己有些失望，便下决心把该书反复读了四十遍，全书都背记下来了，我感到，这是一本无法读懂的书。有一天，我在一书商那里见到一本书，书商对我说，买下这本书吧，很便宜……我用三枚银币买了那本书——艾布·奈斯尔·法拉比撰写的《亚里士多德的〈形而上学〉诠释》，回到家里后，我一口气读完了该书。因为我早已将《形而上学》一书背记在心，读了这本诠释，心中顿时豁然开朗，疑团尽释。

……当时，正巧布哈拉的素丹努哈·本·曼苏尔患病，召我与其他医生一起为其诊治。为了给素丹治病，我请求素丹允许我进入宫中图书馆查阅医书。素丹答应了我的请求，我便走进了皇家图书馆。这是由很多房间组成的书库，每个房间里都堆放着若干个书箱，有的房间里存放的是有关阿拉伯语和诗歌方面的书，有的则是有关教法的书，各类图书都是单独存放。我查阅了书目，找到了我所要的书。同时，我也看到了很多不为人知的书，有些书不但我以前未曾见过，在这之后我也没有在别处见到过。我读了这些书，使我获益匪浅，了解了每个学者的水平……”[①]

① 《医学家传记》，第2卷，第2页。

伊本·西那亲眼目睹了萨曼王朝的覆灭，目睹了布哈拉如何落入了伽兹尼王朝的埃米尔麦哈姆德·本·苏布克特金的手中，伊本·西那先后逃往雷伊和哈姆丹。

伊本·西那与当时的很多学者，如比鲁尼、艾布·凯尔·本·哈马尔、艾布·卡塞姆·克尔马尼等人都有来往。伊本·西那的名字和他的著作获得了其他东方哲学家从未得到过的声望与地位：伊本·西那的《医典》，直到近代都是东、西方的教科书；他的《治疗论》、《指导与诠释之书》等著作是所有研究伊斯兰哲学的人的参考书。伊本·西那生于伊历 370 年/公元 980 年，卒于伊历 438 年/公元 1046 年。

*　　　*　　　*

呼罗珊及河外地区的文学活动——诗歌和散文也达到了很高的水平。

诗歌的形式、特点与伊拉克及法尔斯一样，多为短诗，富于想象，喜用夸张、善于比喻。萨曼王朝的素丹鼓励、支持文学活动。同时，萨曼王朝的两位大臣对文学也情有独钟，这两位大臣是拜勒阿米和杰伊哈尼（艾布·阿卜杜拉），他俩可说是布韦希王朝的著名大臣、学者伊本·阿米德和伊本·阿巴德的缩影。

拜勒阿米，即艾布·法都勒·穆罕默德·本·欧拜德拉·拜勒阿米，祖辈是定居在布哈拉的泰米姆部落的阿拉伯人，他曾任奈斯尔·本·艾哈迈德·萨曼尼[①]的大臣。赛姆阿尼[②]对他的评价

① 奈斯尔·本·艾哈迈德·萨曼尼：萨曼王朝的创始人，公元 864—892 年在位。——译者

② 赛姆阿尼（公元 1113—1167 年）：历史学家、旅行家和圣训学家，生、卒于木鹿。著有《宗谱世系》、《木鹿史》、《〈巴格达志〉补遗》等书。——译者

是："他是那个时代有头脑、有见解，推崇学术、奖掖学人的杰出人物。"伊本·豪盖勒[①]称他为"伟大的长老"。拜勒阿米将塔巴里的《先知与帝王历史》译成了波斯文。

杰伊哈尼，即艾布·阿卜杜拉·穆罕默德·本·艾哈迈德·杰伊哈尼，雅古特对他的评价是："他是一位德高望重、胆略过人的文学家，对投奔他的人，他能以礼相待，且慧眼识人，对想依靠他的人能慨然相助。杰伊哈尼著述颇丰。他曾被奈尔斯·本·艾哈迈德委任为大臣。

正如伊本·阿米德和伊本·阿巴德鼓励雷伊的学术和文学活动一样，拜勒阿米和杰伊哈尼也支持布哈拉的学术和文学发展。

萨曼王朝涌现出许多诗人，赛阿里比在其《稀世珍宝》一书中引述过这些诗人写的诗，其中最值得一提的诗人是穆罕默德·本·穆萨·哈达迪·巴里希。当时有这样一种说法："巴里黑出了四大名人：教义学家艾布·卡塞姆·凯耳比；修辞学家兼著述家艾布·宰德·巴里希；擅长写波斯诗歌的赛赫勒·本·哈桑；专门写阿拉伯诗歌的穆罕默德·本·穆萨。"[②]穆罕默德·本·穆萨的特点之一是喜欢将波斯谚语通过诗歌的形式译成阿拉伯文。

赛阿里比写道："萨曼王朝时代的布哈拉是光荣的象征，权力的中心；是时代骄子荟萃之地，是世上文学明星升起的地方，是贤德之士聚集的殿堂。"[③]

---

① 伊本·豪盖勒（公元981年卒）：地理学家、旅行家，著有《省道记》一书。——译者

② 赛阿里比：《稀世珍宝》，第3卷，第21页。

③ 同上书，第33页。

呼罗珊及河外地区造就出了两位大文学家——两位著名的散文巨匠:艾布·伯克尔·花拉子密和白迪阿·宰曼·哈迈扎尼。

艾布·伯克尔·花拉子密是花拉子模人,曾周游沙姆地区,做过阿勒颇哈姆丹王朝国王赛弗·道莱的座上客,还当过雷伊的萨希布·本·阿巴德大臣的贵宾。最后,他回到尼沙浦尔。

花拉子密崇拜布韦希人,看不起呼罗珊的素丹,为此曾受过迫害,后来又再次受到重用。尼沙浦尔人对他十分尊重和推崇,视他为文学家的首领。花拉子密曾与白迪阿·宰曼·哈迈扎尼发生芥蒂,暗中进行较量。终因白迪阿年轻、机智,加之花拉子密的政敌站在白阿迪一边,“花拉子密明显处于下风,内心受到伤害,地位有所下降,从此一蹶不振,于伊历 383 年/公元 993 年撒手人寰,弃世而去。”①

花拉子密为我们留下了一部具有很高文学价值的《书信集》,尽管因过分讲究韵律和修辞,书中不免显露一些矫饰的痕迹。

另一位大文学家、大散文家是白迪阿·宰曼·哈迈扎尼,即艾布·法都勒·艾哈迈德·本·哈桑。白迪阿生于哈姆丹,伊历 398 年/公元 1007 年卒于海拉特,年仅四十岁。白迪阿生前与埃米尔穆罕默德·本·曼苏尔交往甚密,备受后者的器重和赏识。伊历 382 年/公元 992 年前往尼沙浦尔,在那里写下了他的著名的玛卡梅韵文故事。当时,艾布·伯克尔·花拉子密也在尼沙浦尔,两人交恶,发生舌战。白迪阿在其书信集中讲述了两人之间的过节儿,当然,因他维护自己,信中难免有夸大失实之处。尽管如此,

① 赛阿里比:《稀世珍宝》,第 127 页。

那些信说明白迪阿有着高超的记忆力、敏锐的直觉和极强的驾驭语言的能力。

白迪阿·宰曼·哈迈扎尼所撰写的玛卡梅韵文故事，为后来的哈里里仿效这一文学形式进行创作做出了重大贡献。白迪阿的《书信集》和他的玛卡梅韵文故事，说明他性格活泼，具有丰富的想象力和创造才能，同时还说明他对当时的社会状况非常了解，因此，他的作品成为研究当时社会生活的重要依据。

*　　*　　*

当时在呼罗珊及河外地区还涌现出一批杰出的文学家和文学著述家，艾布·曼苏尔·阿卜杜·麦立克·赛阿里比·尼沙浦里便是其中的一位。赛阿里比是一位能言善辩的文学家，他的写作风格与同时代的文人一样追求韵律、借喻和比喻；他学识渊博，对语言、文学，对文学家及其传记都有很深的造诣，并有著述问世。赛阿里比的《语言学》是一部新型的分类词典，他把同类词汇集到一起，编进同一个章节。这一编纂思想几乎同时出现在尼沙浦尔的赛阿里比和安德鲁斯的伊本·西达[①]的脑海里。赛阿里比卒于伊历 429 年/公元 1037 年，伊本·西达卒于伊历 458 年/公元 1066 年，前者著有《语言学》一书，后者编纂了《专项分类词典》。

赛阿里比还著有《稀世珍宝——当代著名诗人传》（一译《时代诗人的绝唱》），该书记述了伊斯兰教历四世纪时期的文学家传记及其代表作品，文学家按其所在王国及地区分类，书中对作品的介

① 伊本·西达（公元 1007—1066 年）：安德鲁斯著名的盲人语言学家，著有《精编词典》和《专项分类词典》。——译者

绍胜于对作家生平的记述。赛阿里比还有其他许多有价值的作品传世，如《雄辩与简练》、《特中特》、《关于正次与从属名词的研究心得》、《散文诗》、《答疑解难》、《波斯帝王珍闻录》，等等。

另一位语言学大师是艾资哈里，即艾布·曼苏尔·穆罕默德·本·艾哈迈德·本·艾资哈尔，他的原籍是海拉特，出生并死于该地。艾资哈里走访过伊拉克，向那里的大学者如伊本·杜雷德[①]等人求教，后来又踏遍阿拉伯人的聚居地，收集阿拉伯人的语言，在行走途中曾被卡尔马特派[②]俘获，做了俘虏。艾资哈里对此写道："我落在他们手中的那些人，是生活在沙漠中的阿拉伯人。他们逐草而居，遇雨时蓄水以备旱时之需；他们放牧牲畜，靠饮畜乳为生；他们以游牧人特有的气质讲话，在他们的思维中，几乎没有语法错误的概念。我作为俘虏，在他们中间生活了很长一段时间……我从与他们的接触及交谈中学到了很多词汇，了解到很多轶事奇闻，这些内容大都写进了我的书中。"

艾资哈里编纂的《纯洁语言词典》共十卷，该词典的内容已被伊本·曼祖尔收入他的《阿拉伯语大词典》。伊本·曼祖尔在该词典的前言中写道："在语言类著作中，没有比艾布·曼苏尔·艾资哈里的《纯洁语言词典》更好、比伊本·希代的《精编辞海》更全的著作了。这两部字典是检验语言类书籍的经典巨著，除此以外的其他著作，都只能算是些小册子。"

艾资哈里卒于伊历370年/公元980年。

---

①　伊本·杜雷德（公元837—933年）：巴格达著名的语言学家、诗人。主要著作有《词语总汇》，这是继《阿因书》之后，阿拉伯古代最著名的一部词典。——译者

②　见本书第98页注释⑨。——译者

《词语精华》的作者焦海里也是著名的语言学家，他创造的编纂字典的方法——韵脚排列法，被《辞海》和《阿拉伯语大词典》的作者所采用。焦海里即伊斯玛仪·本·哈马德，原籍法拉布，许多阿拉伯人的聚居地都有他的足迹，他深入赖比耳和穆朵尔部落，收集了所能收集到的语言素材。回到尼沙浦尔后，他先在那里教学，后又编纂了《词语精华》一书。这是一部受到语言学家高度重视、具有深远影响的权威著作。焦海里卒于伊历 398 年/公元 1007 年。

祖宰尼，即艾布·阿慕尔·艾哈迈德·本·穆罕默德·本·易卜拉欣也是一位语言学家和文学家，他因生于祖宰而得名。祖宰是位于尼沙浦尔与海拉特之间的一座重镇，该地因出了很多学者、文学家等著名人士，其中就包括我们这位祖宰尼而有“小巴士拉”的美誉。

祖宰尼为我们留下的著作是《七首悬诗注释》，这是一部简练而实用的注释，说明作者学识渊博，对语言、语法及词法研究精深，对诗歌有很高的领悟及鉴赏能力。

祖宰尼于伊历 374 年/公元 984 年卒于祖宰。

*　　　*　　　*

呼罗珊及河外地区有些埃米尔，除了具有统治才能之外，还有文学才华，他们支持学术、关心文人，为自己营造了一个很好的文学氛围。这些埃米尔要不是深陷政治的旋涡，忙于玩弄权术、应付动乱，他们在文学上会做出更大的贡献。

在这些埃米尔中，有一批来自伊拉克的阿拔斯王朝哈里发家族的后裔，他们因其先人与呼罗珊人之间有着密切的关系而声名显赫。呼罗珊人曾是阿拔斯王朝的重要支柱，因此，当这些阿拔斯王朝诸哈里发的子女来到呼罗珊后，受到了呼罗珊人的热烈欢迎和热情款待，呼罗珊人对他们尊崇备至，供奉有加。在这种情况下，有些哈里发的后人便产生了利用呼罗珊人再大干一场的想法。他们四处宣传，建立了一支由呼罗珊人组成的军队，想利用这支军队重新打回伊拉克，建立新的王朝。他们起初取得了一些胜利，但最终还是失败了。

艾布·塔利卜·阿卜杜·赛拉姆·本·侯赛因·麦蒙尼便是这些哈里发家族后裔中的一位著名人物，他是哈里发麦蒙的后人。赛阿里比写道："我于伊历382年/公元992年在布哈拉见过麦蒙尼，并与他有些交往。我记得他是一位品德高尚的人，是一位真正的文学家和诗人。我听过他吟诵他自己写的一段诗，我还从他的原稿中抄录了该诗的大部分。麦蒙尼一心想当哈里发，想组建一支由呼罗珊人组成的军队攻打巴格达，但他命运不济，不到四十岁便去世了。他的愿望没能实现，那是伊历383年/公元993年发生的事情。"①

艾布·穆罕默德·阿卜杜拉·本·奥斯曼·瓦西基是哈里发瓦西格的儿子，他也带着家人来到呼罗珊，想依靠突厥人推翻萨曼王朝。他带领的突厥军队虽然攻陷了布哈拉，但仍以失败而告终。

瓦西基与麦蒙尼一样，也是一位诗人、文学家。

除了这些具有文学才华的阿拔斯家族的埃米尔之外，呼罗珊贵族出身的卡米勒家族也涌现出许多身为文学家的埃米尔，

① 赛阿里比：《稀世珍宝》，第3卷，第94页。

艾布·法都勒·欧贝德拉·本·艾哈迈德·米卡利、艾布·穆罕默德·阿卜杜拉·本·伊斯玛仪·米卡利便是其中的代表。卡米勒家族不仅身居高位、建有功业，而且奖掖文学、保护文学的发展。

呼罗珊地区的这些身为文学家的、来自阿拔斯家族和其他家族的埃米尔们，大力支持、鼓励文学活动的发展，他们不仅提供金钱、发表文学见解，而且还身体力行，写出自己的文学作品。很多著述家纷纷投奔他们，献上自己的著作和诗歌，例如伊本·杜雷德投奔了尼沙浦尔的艾布·法都勒·米卡利，并为他编纂了《词语总汇》这部词典，写下了著名的诗篇《麦格苏莱》，该诗以减尾名词为韵脚，歌颂了米卡勒家族。

首句为：

感念君子不嫌弃，活的不再没骨气。

他赞扬米卡利的两个儿子：

赞美两王子，一再送福来，
灰暗一扫光，光明呈七彩，
两眼曾有刺，难辨黑与白，
雄心早已死，哪敢想未来。

灾难成过去，清风扫雾霾，
财富似泉水，饥渴今不再，
知恩当图报，衷心顶礼拜。

艾布·曼苏尔·赛阿里比的很多著作都是为王公大臣而写的，如他为萨希布·本·阿巴德写了《知识趣闻》，为卡布斯·本·

沃什麦基尔[①]写了《快乐》，为艾布·法都勒·米卡勒写了《语言学》和《修辞的魅力》，为花拉子模的埃米尔麦蒙·本·麦蒙写了《转喻绝唱》等著作。

*　　　　*　　　　*

总之，布韦希王朝与萨曼王朝的国王虽然是波斯人，他们原来使用的语言是波斯语，但这两个王朝却对阿拉伯语、阿拉伯文学、阿拉伯伊斯兰哲学及其他阿拉伯伊斯兰学术的发展做出了无可估量的贡献。

① 卡布斯·本·沃什麦基尔（公元1022年卒）：齐亚尔王朝（公元928—1077年）的一位埃米尔，公元976年统治朱尔加和塔巴里斯坦，他本人又是一位诗人和文学家，著有《修辞之美》一书。——译者

第四章　信德和阿富汗

统治信德和阿富汗这一地区的是伽兹尼王朝，该王朝又被称为苏布克特金王朝。伽兹尼王朝建立于伊历351年/公元962年，亡于伊历582年/公元1186年。

伽兹尼王朝是突厥人建立的王朝。突厥人与波斯人之间的纷争由来已久，他们之间的战争持续不断。在阿拔斯王朝初期，波斯人在阿拉伯伊斯兰帝国中占据主导地位；穆尔台绥姆哈里发执政后，突厥人的势力开始抬头，波斯人的权势大大削弱，这种状况一直持续到布韦希人的到来。布韦希人是波斯人，他们恢复了波斯人的权势，削弱了突厥人的力量。

信德和阿富汗地区也大致是这种情况：属于波斯人的萨曼家族一直统治着呼罗珊及河外地区，直到属于突厥人的苏布克特金家族的出现，他们推翻了萨曼人的政权，取而代之，成为该地区的统治者。

伽兹尼王朝最初的几位埃米尔是在萨曼王朝的怀抱中长大的，该王朝的创立者艾勒普特金原是萨曼王朝突厥奴隶禁卫军驻海拉特的军事长官。伊历352年/公元962年，艾勒普特金率领军队攻占了伽兹尼城，建立了伽兹尼王朝。艾勒普特金的儿子伊斯哈格继任后，因无后嗣，遂将权力交给了他的侍从苏布克特金，从此，苏布克特金成为伽兹尼王朝的统治者。苏布克特金从两个方面扩大了王朝的领土：在印度的白沙瓦建立了政府；在法尔斯则占领了呼罗珊及其附近地区。

伽兹尼王朝最著名的人物、也是伊斯兰世界最著名的领袖，当属麦哈姆德[①]，他巩固了伽兹尼王朝，并把伽兹尼王朝发展成为一个帝国：在印度，他征服了克什米尔的旁遮普以东的地区；在波斯，他占领了布哈拉及河外地区，他从布韦希人手中夺取了雷伊和伊斯法罕，其领土从拉合尔一直延伸到撒马尔罕、伊斯法罕和伊拉克。

伽兹尼王朝最终被古尔王朝[②]所灭。

我们所关心的是学术文化方面的情况。伽兹尼王朝的很多城市都是当时的学术、思想中心，涌现出很多学者、文学家和哲学家。

锡吉斯坦是伽兹尼王朝的著名省区之一，“首府宰兰吉，锡吉斯坦人中不乏聪颖、坚毅之士。大多数锡吉斯坦人遵奉哈乃斐教法学派，信奉其他教法学派的人很少。锡吉斯坦有很多哈瓦立及派人，他们毫不隐瞒自己的信仰，在与人打交道时，公开自己的身份，并以自己是哈瓦立及派人而感到自豪。当有人与之讨价还价时，他们会说：‘我是一个哈瓦立及派人，你会发现我说的都是实话。’锡吉斯坦人大都是极好相处的人，他们诚实可信，极少有欺诈

① 麦哈姆德（一译马哈茂德，公元971—1030年）：伽兹尼王朝素丹，著名的军事家，伽兹尼王朝的创建者苏布克特金之子，27岁时继承父位。——译者

② 古尔王朝（公元1148—1215年）：突厥人在阿富汗和印度北部建立的穆斯林王朝。于公元1215年为花拉子模人所灭。——译者

之徒;他们急公好义,乐于助人;他们多行善事,扶弱济贫。"[①]

出生在锡吉斯坦的人,常被冠以锡吉斯塔尼的称号,或简称锡吉齐。很多学者都是锡吉斯坦人,如艾布·赛义德·锡吉齐,他是哈乃斐教法学派的法官,曾去过沙姆地区、伊拉克及呼罗珊,返回锡吉斯坦后曾在好几个地方出任法官,伊历383年/公元993年卒于费尔干那。

艾布·艾哈迈德·海莱夫·本·艾哈迈德·锡吉齐原是锡吉斯坦的一位国王,同时,他也是一位学者、政治家和德高望重的人,他曾到呼罗珊及伊拉克收集圣训。伊历399年/公元1008年,麦哈姆德·本·苏布克特金夺取了他的王位,被监禁在印度,并在那里告别人世。

艾布·艾哈迈德·海莱夫的业绩之一是将锡吉斯坦的学者聚集在一起,让他们编纂了一部《〈古兰经〉注》,该部经注收集了所有经注学家、注释学家注释的每一个字,收集了历史学家记述的奇闻轶事、笑话妙语;这些学者保留了《古兰经》的多种读法,以及对语法、词法的不同解释;此外,还附上了由圣训权威传述的圣训。为了这部鸿篇巨著,艾布·艾哈迈德·海莱夫向学者们支付了两万第纳尔。该部巨著共一百卷,为抄写该书,不知用了多少墨汁,耗费了多少誊写者的时日。[②]

鲁赫吉是锡吉斯坦的著名城市之一,该市涌现了许多学者和文学家。

① 麦格迪西:《最佳的地区分类》。

② 请参看欧特比:《麦哈姆德·本·苏布克特金传》。

伽兹尼是伽兹尼王朝的另一座重要城市，曾是该王朝的首府。麦哈姆德·本·苏布克特金将征服印度时掠来的最好的宝物用来装饰伽兹尼城。麦哈姆德素丹死后就葬在该城的城郊，其陵墓上的大圆顶保留至今。陵墓的大门是用檀香木制作的，据说，大门是从印度的一所著名的神庙劫掠来的。

欧特比[①]记述了麦哈姆德素丹在伽兹尼的部分事迹，对麦哈姆德在伽兹尼建造的清真寺有如下记载："当麦哈姆德素丹——叶米努·道莱返回伽兹尼王朝的首府伽兹尼后，想把真主给予他的财富用于一件能使众人受益的善举。他曾得到真主的暗示，要他在伽兹尼广场的一处高地上建造一座清真大寺。原来的清真寺因受财力所限，规模较小，他从印度归来后，终能如愿以偿，将原来的想法付诸实践，在原有的基础上进行改造扩建。正如麦哈姆德在战场上让士兵流血牺牲一样，在建造清真寺时，他不惜工本、耗银数以万计……巨大、粗厚、坚实的梁柱来自印度和信德，地上铺砌的雪花石来自深山峡谷……雪花石之光滑胜过姑娘的手掌，强似镜子的表面，五颜六色的雪花石如同春天的花园，令人目不暇接。建造清真寺所用的金子，是从印度神庙供奉的偶像上剥刮下来的，那些原被异教徒奉为神明的偶像早已化为灰烬，只有金子派上了用场……

麦哈姆德素丹在清真寺内为自己修建了一座供他家人居住的宅院，院内地面及护墙均为大理石，涂金的正厅四周为正方形的大

① 欧特比（公元1036年卒）：呼罗珊历史学家，著有《麦哈姆德·本·苏布克特金传》一书。——译者

理石柱，厅顶镶嵌有波状的紫色和玫瑰色的天青石。宅院前方的厢房走廊可容纳三千名仆役，需要时，可随时列队恭候，听从主人的调遣。

清真寺还附设一所学校，校舍之大难以想象。校内藏有从各皇家图书馆、从伊拉克及世界各地搜集到的古代典籍和各种珍贵手抄本。宫内的教法学家和学者常去学校授课，或从事宗教学研究，他们能得到丰厚的报酬，过上富足的生活。”

欧特比又写道：“世界上没有第二个地方拥有能容纳一千头大象的象舍，每头大象连同它的驯象师和饲养员都有自己高大的象房和训练场地。至高无上的真主如果愿意，它就能造化任何奇迹，崇拜者也会越来越多。”①

雅古特写道：“伽兹尼城的学者多得无法数计。”赛姆阿尼说：“伽兹奈韦即伽兹尼，系印度②的一个城市，该市在每门学问上都涌现出一批学者。”

其次是阿富汗，阿富汗的著名城市有坎大哈和喀布尔，喀布尔有很多圣训学家。

此外，还有信德，信德系指位于印度与麦克兰和锡吉斯坦之间的地区。信德的首府是曼苏莱。麦格迪西到过信德，他对信德有这样的记述：“信德物产丰富，是贸易之乡；信德盛产黄金、药材、器具……信德是一个公平、公正的社会，秩序井然……信德的学者不多。曼苏莱是信德的首府。曼苏莱人同大马士革人一样豪爽、侠

① 引自欧特比：《麦哈姆德·本·苏布克特金传》。

② 原文有误。伽兹尼为阿富汗历史名城，位于阿富汗东部喀布尔以南的干旱高原。——译者

义，他们聪颖，极富悟性，学术、文化发达，对伊斯兰教仍有新鲜感……信德的主要城市为代布勒和穆勒坦。代布勒的居民大多经商，讲信德语和阿拉伯语；穆勒坦则与曼苏莱有许多相似之处，穆勒坦人大都是阿拉伯人，做买卖时从不欺骗顾客，从不缺斤少两，他们喜欢与外来的异乡人交往。”①

麦格西迪接着写道：“信德省的大部分居民在教法学派上属圣训派。曼苏莱的法官艾布·穆罕默德教长是达乌德派人，他设座讲学，并有多部著作问世。穆勒坦人信奉什叶派。盖绥亚特的教法学家则属哈乃斐教法学派，该地既没有马立克教法学派，也无穆阿台及勒教派，罕百里派在那里也派不上用场。真主使那里充满了祥和景象，既没有狂热与偏执，更没有骚动与动乱。”

*　　　*　　　*

下面让我们谈谈信德与阿富汗这一地区的学术和文学情况。

刚刚被伽兹尼王朝征服的印度一些地区的学术和文学活动自然要差一些，因为伊斯兰教和阿拉伯语才开始在那里传播，当然不会很快造就出伊斯兰学者。但在被萨曼等王朝征服过的地区，因伊斯兰教在那里早已生根，故那里的学术活动在伽兹尼王朝时代，如同在萨曼王朝时代一样，仍在继续发展。

伽兹尼人，尤其是麦哈姆德·本·苏布克特金大力支持和鼓励宗教、学术和文学活动，麦哈姆德素丹也按照当时流行的社会时尚，用学者和文学家来装扮他的王朝，犹如用珠宝来装饰他的王冠一样。

麦哈姆德素丹周围聚集着很多宗教学者，各教法学派的人都

① 麦格西迪：《最佳的地区分类》，第479页及其后。

想得到素丹的支持与信任。因为他们懂得，素丹本人，一旦信奉某一教派或某一教法学派，在其统治之下的广大地区都会信奉该教派或教法学派。埃及法蒂玛王朝就曾派宣教师塔希尔提向麦哈姆德素丹宣传什叶派的教义和主张，当麦哈姆德素丹了解了塔希尔提讲述的有关什叶派的秘密之后，认为那是胡言乱语，遂下令将塔希尔提处死，并将塔希尔提原来乘骑的骡子作为礼物送给了海拉特的长老——艾布·曼苏尔·穆罕默德·本·穆罕默德·艾兹迪法官，并对他说："这匹骡子原是叛教者的头子骑的，现在让一神教徒的首领骑用吧！"①

"麦加和麦地那两圣地的教长艾布·麦阿里·朱沃尼说，麦哈姆德素丹原本遵奉哈乃斐教法学派，并对圣训十分热衷。圣训学家们经常在他面前讲述圣训，他不仅仔细听讲，还不时向他们请教一些有关圣训的问题。麦哈姆德素丹发现大多数圣训都与沙斐仪派的观点吻合，遂做出决定，将在木鹿的沙斐仪派和哈乃斐派的教法学家都召集起来，让他们各自讲述自己的教法，演示各自的礼拜仪式，麦哈姆德从中做出选择。两派的教法学家商定：各派按各自的教法规定各做两次跪拜，让素丹仔细观看，选出他认为最好的跪拜方式，结果沙斐仪派的伊玛目盖法勒·木鲁齐的跪拜被素丹看中，于是，麦哈姆德素丹便由哈乃斐派改奉沙斐仪派。"②

当呼罗珊、河外地区、锡吉斯坦等地被麦哈姆德素丹征服以后，文学家们便把原来颂扬萨曼王朝的赞美之词全用在了麦哈姆

① 塔吉丁·苏布基：《沙斐仪派教法学家传记》，第4卷，第16页。

② 伊本·赫里康：《人物传记》，第2卷，第116页。

德素丹身上。白迪阿·宰曼·哈迈扎尼曾写诗为麦哈姆德·本·苏布克特金大唱赞歌，将他与亚历山大大帝相提并论：

至高至大是安拉，我发誓毕生笃信，
是菲里敦王再世，是亚历山大还魂，
是所罗门帝苏醒，率大军御驾亲临。
大王的太阳升起，熄灭了萨曼群星，
骄傲的拜合拉姆，一夜间变成臣民。
他骑象驰骋沙场，如头顶助战之神，
印度到吉尔贾尼，信德至呼罗珊林。
青春美脸上洋溢，理想高深藏在心，
今朝让突厥行礼，明日令波斯称臣。
西方大地谁人比，非他莫属无二人。
率领二百大象群，排列成七个战阵，
灵动如龙蛇飞舞，头尾扬自由屈伸，
士兵虽各操其话，似波涛逐浪翻滚。

诗人艾布·曼苏尔·赛阿里比也吟诗赞颂他：

你战无不胜，你举世无双，
你有真主护佑，不断将胜利赐予。
你的伟业写进史书，你的旗帜插遍大地，
你的敌人死伤无数，庆幸活在你的时代里。

总之，很多诗人都赞颂他。

麦哈姆德素丹还有两个御用文人——两个大文学家兼散文家和诗人，第一位是艾布·卡希姆·艾哈迈德·本·哈桑·麦伊麦奈迪；第二位是他的书记官艾布·法塔赫·布斯提。

麦伊麦奈迪：志向远大，视野开阔，精于政治，学问渊博。他曾任麦哈姆德·本·苏布克特金的大臣。“他的前任是艾布·阿拔斯，该人胸无文墨，在任期间，公文函件由原来的阿拉伯文改用波斯文书写，致使文坛萧条、文风凋敝，文词失去了昔日的光彩。麦伊麦奈迪出任大臣后，使书记官们重显风采，使文坛得以繁荣。麦伊麦奈迪下令书记官非到万不得已时不得使用波斯文书写公文。这样一来，经他签发的公文，以及他写的诗句，在王朝各地不胫而走：在每一个歌厅都能听到用他的诗词谱写的歌曲；在每一个张贴告示的地方，都能看到他的墨迹。”①

艾布·法塔赫·布斯提：他是麦哈姆德·本·苏布克特金的书记官和顾问，掌管着麦哈姆德素丹的机密。他本人是个大文学家，写得一手好诗，散文也写得好。他写的诗大都是表达细腻、用词轻盈的短诗；他写的散文，合辙押韵，讲究对仗，非常漂亮，这是当时盛行的风格。他的散文中经常出现谚语，诗歌中总爱引用格言。赛阿里比写道：艾布·法塔赫·布斯提的作品有一种独特的风格，“他喜用文雅、亲切而近似文字游戏的修辞手法，这种手法被他称为‘暧昧修辞’。”如“主人的习俗就是习俗的主人；失望会使威严荡然无存；真理的奴仆才是自由人；命运是对理想的嘲弄；交往的涵义就是不能苛求对方。”等等②。他的很多作品都是这种风

---

① 欧特比：《麦哈姆德·本·苏布克特金传》，第3卷，第170页。

② 利用相同或相近的词型，使用词义相反或相差甚远的词来表达某种哲理或概念。如：“主人的习俗”与“习俗的主人”是词序的颠倒；“失望”与“威严”、“交往”与“严厉”在阿拉伯语中都是同一词型，并且每个单词中只有一个字母不同，而在词义上又是相差甚远的两组单词。——译者

格，另外他的诗也同样用词文雅、表达细腻。例如：

别嫉妒我温柔得像朵花，宝剑抽出变得青面獠牙，
我是那人见人爱的玫瑰，既芬芳四溢又会把人扎。

又如：

有人似珠光宝气，肚囊空寒酸无比，
有人似花容月貌，眼红肿胭脂遮蔽。

再如：

请宽容你的兄弟，他并非有求于你，
道德高尚似一路，却有不一样脾气。

从他的诗中我们还可以看出艾布·法塔赫·布斯提对星相学很有研究。总之，他的诗和散文说明他有着很高的文学修养和广博的学识，这主要得益于他曾为素丹和埃米尔们撰写公文，使他有机会涉足一些政治事件及社会问题。他的这些特点在其谚语与格言中得到了充分体现。

伊本·苏布克特金后来对艾布·法塔赫产生不满，将他放逐到突厥人统治的地区，于伊历400年/公元1010年死在那里。

伽兹尼王朝有一位大历史学家，即艾布·奈斯尔·穆罕默德·本·阿卜杜勒·贾巴尔·欧特比，他的历史著作名为《叶米尼》，这一书名源自于阿拔斯王朝哈里发嘎迪尔[①]赐予麦哈姆德·本·苏布克特金的尊号“叶米努·道莱”和“艾敏·米莱”（意为“国家的右臂和宗教的书记官”）。该书记述了伽兹尼王朝的历史和苏布克特金及其子麦哈姆德的传记，记述了苏布克特金建立伽兹尼

① 嘎迪尔：阿拔斯王朝第25任哈里发，公元991—1031年在位。——译者

王朝的经过和麦哈姆德时代发生的重要战役，等等。

《叶米尼》这部史书至今仍是研究伽兹尼王朝历史的最重要的史料。这部历史著作被欧特比赋予了一种注重韵脚的文学风格，故该书被称作文学、历史类著作。如果这部史书能写成流畅的散文体，那就更好了。尽管如此，该书在文学界，尤其是在波斯诸省的文学界获得了很高的声誉。苏布基写道："花拉子模及其属地的人非常重视这本书，他们对该书的评价比我们对哈里里的玛卡梅韵文故事的评价还要高。"[①]

很多文学家为史书《叶米尼》作了注释。埃及出版了麦尼尼·大马士基写的《〈叶米尼〉诠释》。

*　　　*　　　*

巴拉温教授在他的《波斯文学史》一书中讲述了这样一件事：麦哈姆德素丹知道有一批学者经常参加麦蒙·本·麦蒙举办的学术聚会，这批学者中有伊本·西那、比鲁尼、艾布·赛赫勒·麦西希，伊本·赫马尔、艾布·奈斯尔·阿拉格等人，麦哈姆德便给麦蒙·本·麦蒙写了一封信，请他让这些学者出席他举办的学术聚会，麦哈姆德素丹在信中说："他们的到来将为我的聚会增色生辉，我还能向这些学者学到许多有益的知识。""麦蒙·本·麦蒙接到麦哈姆德的信后，将众学者召集在一起，向他们宣读了麦哈姆德的信。伊本·西那听罢，表示拒绝参加，而比鲁尼、伊本·赫马尔和艾布·奈斯尔·阿拉格则接受了邀请。"[②]

① 苏布基：《沙斐仪教法学派名人传记》，第4卷，第13页。

② 同上书，第2卷，第96页。

比鲁尼投奔麦哈姆德素丹是一件无法估量的幸事。比鲁尼利用麦哈姆德素丹征伐印度的机会，对印度进行了很好的科学考察，把印度人掌握的有关数学、哲学和神学的财富变成了阿拉伯人和法兰克人手中的知识。比鲁尼所撰写的有关印度的著作，直到现在仍然是东、西方学者研究印度的重要经典。

比鲁尼，即艾布·赖哈尼·穆罕默德·本·艾哈迈德·比鲁尼（因他生于信德省比伦市[①]，故以比鲁尼著称），生于伊历362年/公元973年。比鲁尼学识渊博，对很多学科，尤其是数学和天文学，有着极高的造诣，比鲁尼是学术界的一朵奇葩。当时的宫廷及宫廷学术聚会犹如今日的大学及其课堂，在那里比鲁尼受到王公贵族的庇护和尊重。正如伊本·西那是萨曼王朝王冠上的宝石一样，比鲁尼则是伽兹尼王朝王冠上的瑰宝。

比鲁尼曾在他的一首诗中历数了因赏识其学问款待过他的人：

岁月如穿梭，恩泽似雨露。
前有阿拉克，后有曼苏尔。
威严卡布斯，待我如叔父。
马蒙膝下子，兄长是阿里。
弟弟也一样，聚会常安抚。
麦哈穆德君，向我将身俯。[②]

---

① 比鲁尼生于波斯花拉子模城的比伦郊区，而不是信德省比伦市，原文如此，特此说明。——译者

② 诗中的人名皆是伽兹尼王朝统治各地的总督。——译者

伊本法塔赫，更是位明君。

诗人皆向往，青史名永驻。

著名的东方学者赛豪——比鲁尼著作的发行人——认为比鲁尼是最伟大的学术天才。穆罕默德·本·麦哈姆德·尼萨浦里也有类似的看法，他说："比鲁尼对数学研究之精深，可说是前无古人，后无来者。"

是的，比鲁尼是真正学者的典范，他淡泊金钱，将自己的一生都贡献给了科学。在他为麦斯欧德素丹撰写了《麦斯欧迪天文学和占星学原理》一书后，麦斯欧德素丹给了他一大笔钱，比鲁尼以派不上用场为由，将钱退了回去。[①]

"比鲁尼异常勤奋，几乎是手不离笔，目不释卷，心不停思：一年之中只有两天——波斯的元旦和秋分节——不看书、不写作，而是用来准备必要的生活用品。"比鲁尼对知识的追求孜孜不倦，甚至当他在生命垂危之际，教法学家艾布·哈桑·沃勒瓦勒基去看他时，比鲁尼还向他请教有关直系亲属的遗产继承问题，这位教法学家同情地对他说："这个时候你还问问题?"比鲁尼回答说："在我告别尘世时，我了解这个世界，要比我对她一无所知而离开她要好得多!"教法学家事后说道："当我离去时，我听到了他痛苦的喊叫。"[②]

比鲁尼自己曾说过："从小我就有一种渴求知识、随时随地注意学习的天性。"比鲁尼精通多种语言，他在讲述药材与珠宝的著述中，一种物品的名称，分别用阿拉伯文、希腊文、古叙利亚文、波斯文

① 雅古特：《文学家辞典》，第6卷，第308页。

② 同上。

和突厥文加以记述。比鲁尼还对各种语言进行过细致的比较。他对阿拉伯语大加赞赏，认为阿拉伯语能够准确地表词达意，与波斯语相比，他更喜欢阿拉伯语；但他对阿拉伯语的文字书写却提出了批评，这些批评与今天的有识之士对阿拉伯语书写的批评如出一辙。

比鲁尼又说："每个民族都认为自己使用的语言是优美的……我也有自己的母语(花拉子模语)，但如果要用它来记述学术，那就好比是让骆驼钻下水道，将长颈鹿放在杯子里，会使人瞠目结舌。后来，我学习了阿拉伯语和波斯语，对这两种语言我还不甚精通，用起来还不那么得心应手。我喜欢用阿拉伯语嘲讽、挖苦人，这比让我用波斯语赞美、颂扬要容易些。被译成波斯文的学术著作完全失去了原著的光彩和神韵，甚至是面目皆非，失去了使用的价值。凡是仔细阅读过学术著作的波斯文译文的人，就会知道我所言皆属实。这是因为波斯语只适合用来讲述波斯国王的历史，用来让人们彻夜清谈。"……接着，比鲁尼批评了阿拉伯文的书写，他说："我那里来了一个罗马人，我便带上各种粮食、籽种和水果，问他这些作物的希腊语名称，以便把这些作物的阿拉伯文名称校对一下。因为阿拉伯文的书写有一个很大的弊病，即有些字母的形状极其相似，彼此之间只能靠点儿'·'的位置及点的数量(一个、二个或者三个)加以区别；此外，如果不标上表示语法地位的符号，词意就有可能被混淆；在传述和誊抄过程中出现的错误更给考证带来了极大的困难。如果没有这些弊病，就可以直接把迪斯科里提斯[①]著作中的药物、植

① 迪斯科里提斯：希腊医生，生活在公元1世纪。其代表作是《医药全书》，共5册，后又补写了第6册《论毒物》。——译者

物的希腊文名称翻译成阿拉伯文。但是，我对译文的准确性表示怀疑。”

比鲁尼曾与“伟大的太阳”——卡布斯·本·沃什麦基尔[①]交往甚密，并为他写了《古代遗迹》一书。该书对各民族的历史、历法和纪元进行了广泛的研究。

比鲁尼被征服印度的麦哈姆德·本·苏布克特金召进伽兹尼的宫廷之后，他在印度所做的工作使我们想起了法国科学院在拿破仑入侵埃及后的做法。但是，比鲁尼对印度的考察与研究是一个人进行的，他对印度的地理、学术、宗教，甚至对宝石都进行了考察与研究。比鲁尼写了许多有关印度的书籍，如《印度志》、《宝石考》等。比鲁尼还学习梵文，将欧几里得的《几何原理》和托勒密的《天文集成》由阿拉伯文译成梵文，并将用梵文撰写的《巴塔奈加利》一书译成阿拉伯文。

比鲁尼为麦斯欧迪·本·麦哈姆德·本·苏布克特金素丹撰写的《麦斯欧迪天文学与星相学原理》一书，是他最为重要的一部著作。该书对数学、天文学和印度哲学进行了研究。

比鲁尼享有高寿。从他为其第一部著作——《古代遗迹》一书所写的一封信中，完全可以看出比鲁尼学识渊博，造诣高深。

比鲁尼大约于伊历 440 年/公元 1048 年卒于伽兹尼，享年七十五岁。

在麦哈姆德素丹宫廷中的哲学家有伊本·赫马尔，他是一位基督教徒，此人已有前述。

① 请见本书第 296 页注释①。——译者

宫廷中还有几位波斯文学家：费尔道斯、安苏里、阿斯捷迪和法鲁希。费尔道斯为麦哈姆德素丹撰写了史诗《波斯帝王记》的部分章节。其他几位文学家也为麦哈姆德素丹写了赞美诗，这些都是波斯文学要研究的课题。[①]

① 请看阿卜杜·瓦哈布·阿扎姆博士为史诗《波斯帝王记》撰写的序言。

第五章　马格里布诸国

穆斯林征服了马格里布诸国后，将该地区分为三个部分：易弗里基叶王国，即近马格里布，中心为凯鲁万，之所以有近马格里布之称，是因为这一地区距离阿拉伯人的国土和哈里发的中心最近；中马格里布，其中心为特尔麦萨尼和阿尔及尔；远马格里布，其中心是摩洛哥的非斯。

当时的阿拉伯人将马格里布诸国的居民称为柏柏尔人。

马格里布诸国是穆斯林最早征服的地区之一。对这一地区的征服始于伊历 26 年/公元 646 年，止于伊历 81 年/公元 700 年，在征服的过程中，穆斯林遇到了很大的困难，人马伤亡惨重。

马格里布人生性单纯、质朴，容易受到外来者的宣传蛊惑。那些布道者分属不同的宗教派别，宣传各自的宗教主张。雅古特写道："柏柏尔人是真主创造的人类中最野蛮、最鲁莽，最易轻信花言巧语的蛊惑、最易骚动暴乱的人。柏柏尔人中的流血冲突从未间断过……有多少'自称'为先知的人，有多少佯称自己是救世的麦赫迪，柏柏尔人都一一相信了；哈瓦立及派的宣传使很多柏柏尔人在皈依了伊斯兰教后加入了该派。"

马格里布地区先后建立了下列王朝：

伊德里斯王朝。该王朝为阿里·本·艾比·塔利卜的曾孙伊德里斯·本·阿卜杜拉·本·哈桑·穆赛纳·本·哈桑所建。伊历169年/公元785年，伊德里斯由麦地那逃到摩洛哥北部宣传什叶派教义，得到柏柏尔穆斯林的支持，于伊历172年/公元788年，被拥戴为伊玛目，建立了伊德里斯王朝，该王朝于伊历375年/公元985年被法蒂玛王朝所灭。

艾格莱卜王朝。该王朝为台米姆部落的易卜拉欣·本·艾格莱卜在伊历184年/公元800年建于突尼斯。艾格莱卜王朝在地中海建立了一支强大的海上舰队，先后攻占了西西里岛、马耳他岛和萨丁岛，控制了地中海。艾格莱卜王朝于伊历296年/公元909年被法蒂玛人推翻。

法蒂玛王朝。该王朝初建于突尼斯，后将国土扩展到从埃及一直到大西洋的整个马格里布地区，以及西西里岛和萨丁岛。法蒂玛王朝的统治始于伊历296年/公元909年，首位哈里发为自称欧拜杜拉·麦赫迪的艾布·穆罕默德·赛义德。当穆仪兹出任哈里发时，于伊历362年/公元973年将首都迁往开罗，王朝的统治中心遂转移到埃及。后来，沙姆地区、汉志及也门等地又相继并入了法蒂玛王朝的版图。法蒂玛人的权力集中在埃及、沙姆等地，在马格里布的力量受到削弱。

齐里王朝。属于柏柏尔人桑哈贾部落的齐里家族，该家族原在法蒂玛王朝为官，当穆仪兹哈里发迁都开罗后，指派齐里人首领优素福·本·布鲁丁为突尼斯总督。优素福势力坐大后自立为王，建立了齐里王朝(伊历361—542年/公元972—1148年)。齐里王朝的著名人物是巴迪斯·本·优素福及其子穆仪兹。穆仪兹是第一位让易弗里基叶(北非)居民信奉马立克教法学派的人，在此之前，那里的人遵奉的是哈乃斐派教义。穆仪兹的儿子泰米姆是一位著名诗人，此事将有后述。

*　　　*　　　*

在阿拉伯人发动对外扩张的初期，穆斯林竭力使柏柏尔人皈依伊斯兰教，向他们讲解教法，使之开化，先后统治马格里布地区的几位著名埃米尔为此做了大量工作。阿卜杜·麦立克·本·麦尔旺哈里发[①]的驻易弗里基叶总督哈萨尼·本·努尔曼·汉萨尼，在任职期间将阿拉伯语定为各政府部门的正式使用语言。穆萨·本·努赛尔征服马格里布时，军队中的阿拉伯人有两万七千人，柏柏尔人有一万两千人。穆萨要求阿拉伯人向柏柏尔人教授《古兰经》和教法……北非的其他柏柏尔人是在伊历 101 年/公元 719 年，即欧麦尔·本·阿卜杜·阿齐兹哈里发执政时，经伊斯玛仪·本·欧贝德拉·本·艾比·穆哈吉尔之手皈依伊斯兰教的[②]……欧麦尔·本·阿卜杜·阿齐兹哈里发还派遣了十名再传弟子向马格里布人传授教法。

希沙姆·本·阿卜杜·阿齐兹哈里发[③]执政时，伊拉克的哈瓦立及派人曾大批逃亡到马格里布，在那里宣传他们的主张，哈瓦立及派遂在柏柏尔人中广泛流传。马格里布的哈瓦立及派分属易

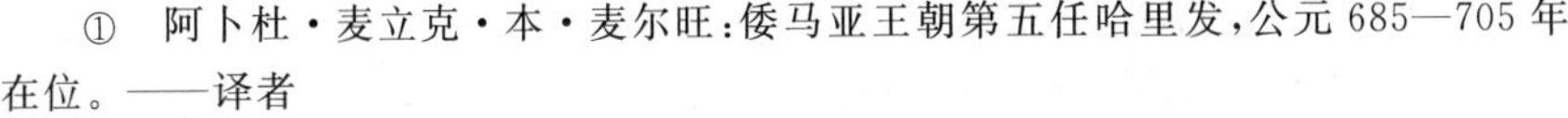

① 阿卜杜·麦立克·本·麦尔旺：倭马亚王朝第五任哈里发，公元 685—705 年在位。——译者

② 伊本·赫勒敦：《阿拉伯人、波斯人、柏柏尔人的历史殷鉴和原委》。

③ 希沙姆·本·阿卜杜·阿齐兹：倭马亚王朝第十任哈里发，公元 724—743 年在位。——译者

巴德派[①]和苏夫利耶派[②]。哈瓦立及派认为哈里发不一定非要由古莱氏人担任的主张引起了柏柏尔人的共鸣，于是，柏柏尔人开始反对阿拉伯人的统治，想要建立自己的国家，欧贝德拉·本·哈卜哈卜总督的暴政和腐败更加剧了这一形势的发展。

哈瓦立及派的宣传对马格里布地区的柏柏尔人产生了巨大影响，众多的柏柏尔人加入哈瓦立及派，发动了大规模反对阿拉伯人的起义。在反对曼苏尔哈里发委派的易弗里基叶总督欧麦尔·本·哈夫苏的起义中，参加哈瓦立及派的柏柏尔人数以万计，其中苏夫里耶派人多达四万多，易巴德派人数也有两万五千多。[③]

哈伦·拉希德哈里发执政期间，叶齐亚·本·哈提姆·本·穆赫莱卜·本·艾比·索夫莱为马格里布总督。伊本·赫勒敦[④]写道："叶齐亚担任总督期间，柏柏尔人的势力已有所削弱，柏柏尔人已变得比较顺从，伊斯兰教已深入人心，阿拉伯人已完全控制了柏柏尔人。"

① 易巴德派：伊斯兰教早期派别之一，因该派领袖阿卜杜拉·本·易巴德而得名。其政治主张因与哈瓦立及派相近，被伊斯兰教史学家视为哈瓦立及派的一个分支，但该派否认此说。易巴德派形成于正统哈里发奥斯曼执政时期（公元644—656年）。公元761年，易巴德派传教师阿卜杜·拉赫曼在北非建立了罗斯图姆王朝，延续了一百四十多年，该王朝在向柏柏尔人传播伊斯兰教方面起了重要作用，后被法蒂玛人所灭。易巴德派现在主要分布于阿曼和桑给巴尔等地。——译者

② 苏夫里耶派：伊斯兰教哈瓦立及派的分支之一，是哈瓦立及派中较温和的派别。公元八世纪，该派在马格里布地区同易巴德派携手，曾在摩洛哥中部建立独立政权，后被黎哈贾部落所灭。——译者

③ 参看《考证》，第1卷，第85页。

④ 伊本·赫勒敦（公元1332—1406年）：中世纪阿拉伯著名哲学家、历史学家、政治活动家，人类历史哲学和社会学的奠基人之一。其代表著作有《历史绪论》和《阿拉伯人、波斯人、柏柏尔人的历史殷鉴和原委》等。——译者

在阿拔斯王朝时代，马格里布人开始信奉伊拉克人的教法学派——哈乃斐派，这是由于哈乃斐派是当时东方哈里发遵奉的教法学派，而老百姓的宗教信仰总是与国王的信仰一致的。法官伊亚德[①]写道："伊斯兰教历三世纪末，易弗里基叶的哈乃斐派有了很大的发展，但后来又中断了。"于伊斯兰历五世纪中叶去世的齐里人埃米尔穆仪兹·本·巴迪斯，在改变北非教派信仰上起了很大作用。在法蒂玛人控制马格里布时，穆仪兹·本·巴迪斯与其他齐里人追随法蒂玛人信奉什叶派教义，后来他又放弃了什叶派信仰，转而为阿拔斯人祈祷，让人们遵奉马立克教法学派。马立克教法学派对马格里布人并不陌生，但该派的信徒曾受过迫害，直到穆仪兹埃米尔支持该派后，情况才有所改变，马立克教法学派遂成为官方信仰。[②]

逊尼派在马格里布得到发展与传播，成为与什叶派及哈瓦立及派抗衡的宗教派别。

这些变化是阿拉伯人对外扩张并向被征服地区移民的结果，同时也是向被征服地区的居民传播伊斯兰教和阿拉伯语，向他们进行伊斯兰教和阿拉伯文学教育的结果。阿拉伯人已将马格里布变成了阿拉伯伊斯兰帝国的一个组成部分，各民族的商人纷纷来到马格里布，与当地人进行交易和交往。阿拉伯人和其他民族的穆斯林通过联姻和繁衍实现了民族融合。此外，马格里布地区位于文明开化的国家之间，特别是位于埃及和安德鲁斯之间，这些国

① 伊亚德(公元1149年卒)：马格里布著名学者，精通圣训、文学和历史，曾任赛伯台和格林纳达的法官，主要著作有《先知传》和《圣训之光》。——译者

② 请见《考证》，第1卷，第61页。

家与地区之间的来往交流频繁，从而使马格里布的野蛮的柏柏尔人——正如雅古特所说的——变成了一个开化的、有文化、讲文明的民族。因此，能在这一地区见到有历史记载的、有一定声势和规模的学术思想活动也就不足为奇了。

马格里布的一些城市，如凯鲁万、麦赫迪耶、塔哈尔特、西吉勒马赛特和非斯，均以其高度发达的文明、建筑、学术和文学而闻名于世。

凯鲁万城为欧格白·本·纳菲阿[①]于伊历 50 年/公元 670 年所建。伊本·赫勒敦写道："欧格白对凯鲁万城进行了规划，在城内修建了一座清真大寺，人们还修建了各自的住宅及清真寺。凯鲁万城周长三千六百庹[②]，历时五年建成。欧格白以凯鲁万为基地，派出军队进行扩张和抢掠，穆斯林的疆土得到扩大，柏柏尔人纷纷皈依伊斯兰教，伊斯兰教已深入人心。"

凯鲁万城成为易弗里基叶[③]的首都。伊斯兰教历四世纪时，凯鲁万已发展成为"一座美丽、雄伟的城市，该市有山峦、有平川；果树繁茂，鲜花盛开；经济繁荣，学术发达；凯鲁万人温和、厚道，分别遵奉哈乃斐和马立克两大教法学派，两派之间既无争斗，更无宗派情绪，两派相处之融洽，令人称异。凯鲁万是权力的中心，是马格里布的骄傲；凯鲁万比大马士革更大，比伊斯法罕更雄伟，比尼

① 欧格白·本·纳菲阿(公元 683 年卒)：阿拉伯著名将领，率军征服了易弗里基叶，兴建了凯鲁万城和凯鲁万清真寺。——译者

② 庹：长度单位，两臂左右伸直的长度，约 5 尺(1.67 米)。——译者

③ 易弗里基叶：当时阿拉伯人所指的易弗里基叶，包括近马格里布和中马格里布，即今日的的黎波里、突尼斯和阿尔及利亚。

沙浦尔更富于人情味……凯鲁万的欧格白清真寺位于市中心的西马特……清真寺内的长廊及地面都是用大理石铺就，其规模比埃及的伊本·突伦清真寺还大。”[①]

麦赫迪亚是突尼斯的另一座城市，为法蒂玛王朝的首位哈里发欧贝杜拉·麦赫迪所建。麦赫迪亚距凯鲁万有两个驿站的距离，该城坐落在地中海边伸向内陆的海湾旁。麦赫迪亚始建于伊历 300 年/公元 912 年，伊历 305 年/公元 917 年建成。城市四周建有坚固的城墙，城门为密实的铁门，饮水来自距该城不远的一座村庄。

麦赫迪还为麦赫迪亚城修建了一个可以停泊三十艘船只的码头，在码头进出口处的两侧各建造了一座塔楼，塔楼之间有铁链相连，一旦有船要进码头，塔楼上的卫兵便放下铁链的一端让船驶入港内停靠，然后再把铁链拉起。在这一切建成后，麦赫迪说：“现在我可以对法蒂玛人的妻女安全放心了。”麦赫迪在公元 920 年将法蒂玛王朝的首都迁至麦赫迪亚。后来，麦赫迪在新都又建了很多店铺，并将商业区做了规划，各行各业都有各自专门的市场，商业发达，引来了大批资金……麦赫迪亚还涌现出了大批学者。[②]

麦赫迪亚有一村庄，名叫哈尼·伊本·哈尼·安德鲁西[③]的父亲便出生在该地。此外，埃及的征服者、开罗城的缔造者穆仪兹哈里发就出生在麦赫迪亚。

---

① 麦格迪西：《最佳的地区分类》，第 226 页及其后。

② 请见雅古特：《地理辞书》，麦赫迪亚条目。

③ 伊本·哈尼(公元 937？—973 年)：安德鲁斯诗人，生于塞维利亚，有西方穆太奈比之称，著有《诗集》。——译者

塔哈尔特是阿尔及利亚的一座城市，该市绿树成荫，溪水环绕，异乡人到此均有心旷神怡，精神为之一振之感，文人雅士视此处为一宝地。塔哈尔特人心地善良，市场繁荣。塔哈尔特是一座古城，街道布局规整，令人称道[①]……塔哈尔特原是易巴德派人的聚居地，造就出一大批著名的圣训学家和圣训背诵家。[②]

西吉勒马赛特是位于一条河流上的大城市，城市空气清新，温差较大，物产丰富，水果丰盛，到处是椰枣和葡萄。西吉勒马赛特的外地人很多……当地居民属逊尼派……西吉勒马赛特涌现出许多学者和哲学家[③]……当地的妇女善纺织毛制品，她们能用金银线制作各种精美外衣……西吉勒马赛特人非常富有，因为他们拥有金矿，他们敢于走进丛林去淘金。[④]

非斯城分为新城和旧城两大部分，每部分都有堡垒设防，两城之间有一河谷，河谷两侧多为果园和磨坊。非斯经历过很多战乱和厮杀，倭马亚人和法蒂玛人都曾占领过该市。非斯物产丰富。非斯虽然没有什么著名的学者，却出现了不少恶人歹徒。[⑤] 艾布·欧贝德·伯克里[⑥]说："非斯城是两座城市：一座是建有盖拉

---

① 麦格迪西：《最佳的地区分类》，第 228 页。

② 雅古特：《地理辞书》，"塔哈尔特"条目。

③ 麦格迪西：《最佳的地区分类》，第 231 页。

④ 雅古特：《地理辞书》，"西吉勒马赛特"条目。

⑤ 麦格迪西：《最佳的地区分类》，第 229 页。

⑥ 艾布·欧贝德·伯克里(公元 1040—1094 年)：安德鲁斯历史学家、地理学家，著有《难词词典》、《省道记》等著作。——译者

维因大学[①]的旧城;一座是被安德鲁斯人[②]统治的新城。各家都有自己的磨坊和果园,栽种着各种果树……非斯是马格里布地区犹太人最多的地方,他们从这里迁往各地。"[③]

麦格迪西在游历马格里布地区时,曾对该地区的学术状况做过如下的记述:"马格里布地区绵长而又广阔……那里的居民不知道沙斐仪派,只知道哈乃斐派和马立克派。有一天,我问当地人一个教法问题,无意之中提到了沙斐仪的主张,一个马格里布人说:'别说了,谁是沙斐仪?世界上只有两大教法学派,阿拉伯世界的东方属哈乃斐派,西方属马立克派,难道让我们放弃这两大学派,另奉其他教法吗?'……我从未见过信奉不同教法学派的人能如此友好相处,能这样没有宗派情绪……我询问当地的一些人:'哈乃斐派是怎样传进来的?'他们回答说:'当伊本·瓦哈卜[④]从马立克教长那里学成归来后,艾赛德·本·阿卜杜拉认为伊本·瓦哈卜过于高傲,而不愿拜其为师,便赴麦地那直接向马立克求教。后来,马立克发现艾赛德不是可造之材,便对他对:'你还是回去向伊本·瓦哈卜学习吧,我已将我的学识悉数传授给他,你们向他学习就成了,不必再到我这里求学。'艾赛德听罢,面露难色,问道:'不

① 盖拉维因大学:一译卡拉维因大学。坐落在非斯旧城的摩洛哥王国的伊斯兰高等学府。该大学前身为盖拉维因清真寺,大学建于公元859年,为马格里布地区最早在清真寺内附设的伊斯兰大学。——译者

② 此处的安德鲁斯人系指先后占领非斯的穆拉比特人和穆瓦希德人,他们都是柏柏尔人,先后在北非、西北非及西班牙南部建立了穆拉比特王朝(公元1061—1147年)和穆瓦希德王朝(公元1147—1269年)。——译者

③ 雅古特:《地理辞书》,"非斯"条目。

④ 伊本·瓦哈卜(公元813年卒):埃及马立克派教法学家,曾追随马立克教长多年,著有《圣训易读》、《圣训集成》等著作。——译者

知哪位教长的水平与你不相上下？'马立克向他推荐了艾布·哈尼法[①]的朋友穆罕默德·本·哈桑。于是，艾赛德便投奔穆罕默德。穆罕默德见他聪颖好学，对他关爱备至。当穆罕默德见艾赛德学业已成，便让他返回马格里布。艾赛德回到马格里布后，常有年轻人向他请教一些疑难的教法问题，或者是一些已经向伊本·瓦哈卜求教过的问题。从此，哈乃斐派教法在马格里布得到传播……"

马格里布的第三种势力便是法蒂玛王朝的什叶派。法蒂玛人有很多著述，笔者研究了《伊斯兰教基础》一书，发现他们在大多数的教法原理上竟与穆阿台及勒派的主张吻合。法蒂玛人信奉伊斯玛仪派[②]的教义，该派有一些秘密的教义和仪式，这些秘密只传授给那些经过考验、发过誓、效过忠的他们所信任的人。法蒂玛人被称为内学派，或隐义派，因为他们不顾《古兰经》的字面含义，而去追求隐藏在经文和教法中的内在奥秘，易德里斯王朝[③]遵奉的就是该派的教义。

*　　*　　*

① 艾布·哈尼法(公元700—767年)：伊斯兰教逊尼派哈乃斐教法学派创始人，是伊斯兰教第一位，并且是影响最大的教法学家，其教法学说以灵活、宽容、公正见长。全世界约有50％以上的穆斯林遵奉该派，中国穆斯林大多遵行该学派的主张。——译者

② 伊斯玛仪派：伊斯兰教什叶派主要支派之一，亦称七伊玛目派，是什叶派中的一个极端的派别。该派产生于公元八世纪中叶，公元九世纪末形成独立的教义学说和组织形式，并先后在巴林建立卡尔马特国(公元899—1077年)，在北非建立法蒂玛王朝(公元909—1171年)。现在，伊斯玛仪派的信徒约有700多万，主要分布在伊朗、伊拉克、阿富汗、叙利亚等地。——译者

③ 易德里斯王朝：中世纪阿拉伯人在北非建立的什叶派王朝(公元788—974年)，该王朝为什叶派伊玛目哈桑的曾孙易德里斯·本·阿卜杜拉所建。——译者

马格里布诸国以重视圣训和教法著称，对哲学之类的理论学科不大关心。麦盖里·蒂里姆萨尼[1]说："阿拉伯东方诸国有从事理论研究的天性和本能，卡拉维因大学的易弗里基叶人关心的只是对教法的考证，这种情况一直延续到教法学家伊本·宰通[2]到东方求学之时。伊本·宰通遇到了法赫尔·本·赫忒布的几个弟子，与他们朝夕相处，切磋学问，在学会了理性思维之后回到突尼斯执教，当地人从他那里获益颇多。"[3]

马格里布拥有许多著名的教法学家，尤其是马立克派的教法学家，其中又以艾赛德·本·福拉特最为著名。艾赛德·本·福拉特是尼沙浦尔人，住在凯鲁万，曾在麦地那向马立克本人学习过他的《穆婉塔圣训实录》；到伊拉克后，又向艾布·哈尼法的两位友人艾布·优素福和穆罕默德学习教法。艾赛德·本·福拉特向艾布·优素福请教的都是哈乃斐教法学派提出的问题，以及哈乃斐派根据该派的教义对这些问题做出的裁决。艾布·优素福把这些裁决整理成册，呈递给伊本·卡希姆[4]过目，请他根据马立克教法学派的主张，或者是根据伊本·卡希姆自己的创制，或者是根据另一位马立克派教长艾什海卜的创制，对这些问题做出教法裁决。这些案例被收入了著名的《教法案例实录》一书，书中的教法问题都是哈乃斐派提出来的，但教法裁决却是马立克派的，全书共有三

① 麦盖里·蒂里姆萨尼(公元1584—1631年)：历史学家，生于阿尔及利亚蒂里姆萨市，其著作有《芳香集》、《牧场之花》等。——译者

② 伊本·宰通：即艾布·卡希姆·本·艾比·伯克尔(公元666—730年)。

③ 麦盖里·蒂里姆萨尼：《牧场之花》，第3卷，第26页。

④ 伊本·卡希姆(公元806年卒)：埃及教法学家，马立克教长最著名的弟子，著有《教法案例实录》一书，为在马格里布传播马立克派教法做出了贡献。——译者

万六千个教法案例。

艾赛德·本·福拉特把这些教法案例及马立克派教法带到了凯鲁万,使马立克教法学派在马格里布得到传播。艾赛德·本·福拉特曾出任凯鲁万法官,他还曾统率军队,为艾格莱卜王朝[①]攻陷西西里岛。艾赛德·本·福拉特于伊历213年/公元828年,在围攻希尔古赛的战役中阵亡。

另一位著名的教法学家是苏赫努,即阿卜杜·赛拉姆·本·赛义德。苏赫努为泰努赫部落的阿拉伯人,其父是在凯鲁万建成后,与其他阿拉伯人一起来到凯鲁万的。苏赫努除了向凯鲁万的学者学习外,还外出游学,向伊本·卡希姆、艾什海卜和伊本·瓦海卜等学者求教。

苏赫努得到了一部艾赛德·本·福拉特编撰的《艾赛德案例实录》,他把该书读给伊本·卡希姆听,请他加以校正。苏赫努带着经伊本·卡希姆校正过的《教法案例实录》带回凯鲁万,受到马格里布及安德鲁斯穆斯林的欢迎。苏赫努曾出任易弗里基叶的法官,努力传播马立克派教法,有很多人拜他为师,据说,他培养出来的学者多达七百人。

伊本·哈里斯说:"苏赫努将马立克派教法带到易弗里基叶,他虔诚、清廉,谨守教法、洁身自律,受到真主的祝福和广大穆斯林的欢迎,赢得了人心。他出任法官后,好像一切有了新的开始,他的友人为凯鲁万人带来了光明。苏赫努的儿子也是一位学者,而

① 艾格莱卜王朝(公元800—909年):易卜拉欣·本·艾格莱卜在北非东部建立的伊斯兰王朝。——译者

且是凯鲁万著述最多的学者。除了苏赫努父子之外，凯鲁万还有许多学者，如教法学家伊本·阿卜杜斯、智者伊本·阿菲格、《古兰经》背诵家伊本·欧麦尔、修行者伊本·捷卜莱、雄辩家赛义德·本·哈达德。此外，哈姆迪斯是最坚定的逊尼派，最反对异端邪说，伊本·米斯金是传述圣训及其他著作最多的传述家，而且是最严肃、最正统的学者。这些都是当时学者的特点。”①

苏赫努卒于伊历240年/公元854年，享年80岁。苏赫努去世时，整个凯鲁万都为他祈祷默哀。苏赫努的儿子穆罕默德·本·苏赫努也是一位著名学者，写了很多有关圣训和教法的著作，于伊历256年/公元869年去世。

另一位著名的教法学家是艾布·伯克尔·穆罕默德·本·穆罕默德，人称伊本·赖巴德。他以精通、背记《古兰经》和学识渊博而著称；他在马格里布努力传播马立克派教法，他把教法学家组织起来，向人们宣传他的教法主张。法蒂玛人当权时，伊本·赖巴德因不肯追随他们的主张而受到迫害，被关入监狱，于伊历333年/公元944年死于狱中。

非斯的艾布·麦伊姆奈·迪拉斯·本·伊斯玛仪·哈拉维也是一位著名的教法学家和当地为数不多的《古兰经》背记家，是他将马立克派教法带到远马格里布的，而当时那里的人们在这之前是遵奉哈乃斐派教法的。艾布·麦伊姆奈·迪拉斯于伊历357年/公元967年卒于非斯。

凯鲁万人艾布·穆罕默德·阿卜杜拉·本·艾比·宰德·奈

① 伊本·哈里斯:《锦缎》(《穆斯林圣训实录》解)，第162页。

法齐是当时凯鲁万的马立克派教长,他以渊博的教法学识和众多的著述而有"小马立克"之称。很多外地学者都前来向他学习教法,并传述他的讲述;他写有《教法案例拾遗》、《教法案例摘编》等著作,伊历 386 年/公元 996 年卒。

艾布·阿卜杜拉·本·穆罕默德·本·麦哈姆德·海瓦里是非斯的法官和教长,是公正、虔诚的楷模,著有《教法案例实录评介》一书,伊历 401 年/公元 1010 年卒。

卡比希·阿里·本·穆罕默德,又名伊本·卡比希,是一位圣训学家、传述学家、马立克派的教法学家、正统派的教义学家和善于写作的著述家,著有《教法入门》、《经注疑难考》、《师与生》、《学术与学者的品位》等著作,伊历 403 年/公元 1012 年卒于凯鲁万。

穆罕默德·本·阿卜敦是马格里布哈乃斐派著名的教法学家,继苏赫努之后出任凯鲁万法官,遂打压马立克派。

法蒂玛王朝自建立之日起,就在马格里布和埃及大力宣传其什叶派主张和什叶派教法,强迫逊尼派教法学家加入什叶派,如遭到拒绝,便对这些教法学家进行迫害。"仅在艾布·叶齐德·穆赫莱德·本·凯达迪的事件中就杀死了凯鲁万八十五名著名学者。"[①]

总而言之,马格里布当时的宗教、教法活动十分活跃,但大多数是为传播马立克派教法服务的。

*　　*　　*

① 请参看哈吉维:《伊斯兰教教法史》。穆赫莱德是一位柏柏尔人的起义者,伊历 333 年/公元 944 年从法蒂玛人手中夺取了易弗里基叶,伊历 336 年即公元 947 年,被曼苏尔·本·嘎义姆·阿比迪击败。——译者

理论学科或者是哲学，尽管在马格里布没有得到很大的发展，但也不是没有人去研究。据伊本·艾比·乌赛伊拜阿[①]记载，伊斯哈格·本·欧姆兰原是巴格达的穆斯林医生，他在艾格莱卜王朝埃米尔齐亚德·阿拉一世[②]执政时来到易弗里基叶，他是被埃米尔召来的（埃米尔召他来是为了给自己治病，当时的医学经常是与哲学联在一起的）。伊斯哈格·本·欧姆兰的到来，使马格里布有了医学，也知道了哲学。伊斯哈格·本·欧姆兰是位医术高明的医生，他像古代先贤一样，凭着直感医治各种疾病，他对医药也很有研究。伊斯哈格·本·欧姆兰曾在凯鲁万定居，他写了很多医学著作。

伊斯哈格·本·欧姆兰在凯鲁万收留了一名弟子，即伊斯哈格·本·苏莱曼·伊斯拉伊里。该人是埃及人，后在凯鲁万定居，他一直伴随他的老师。伊斯哈格·本·苏莱曼除了精通医学之外，对逻辑学及其他学科也很有造诣，在医学、逻辑学、哲学等方面均有著述。伊斯哈格·本·苏莱曼曾为艾格莱卜王朝和法蒂玛王朝效力。伊斯哈格·本·苏莱曼享有高寿，活了一百多岁，大约于伊历320年/公元932年去世。

这些外来的医生为马格里布人培养出一批自己的医生，如以伊本·捷扎尔这个名字著称的艾哈迈德·本·易卜拉欣就是凯鲁万人，他以医术高明和为普通百姓治病而名噪一时。据说，他的医

① 伊本·艾比·乌赛伊拜阿（公元1203—1270年）：大马士革医生，著有《医学家传记》一书。——译者

② 齐亚德·阿拉一世：建于北非东部的艾格莱卜王朝的埃米尔，公元817—838年在位，主持修建了著名的凯鲁万清真寺。——译者

书和其他各种藏书的重量就多达二十五个堪他尔[①]。伊本·捷扎尔除了行医、撰写医书之外，还有历史著作问世，写有《当代学者传》和《法蒂玛王朝史料》等著作。

*　　　　*　　　　*

马格里布的文学有了很大的发展。如同埃及一样，马格里布也经历了阿拉伯人与当地人融合的阶段。当征服者的兴奋过去之后，随着大批阿拉伯人的迁入，以及与柏柏尔人交往的增多，加之阿拉伯语的推广和在阿拉伯环境中成长起来的新一代人的出现，高水平的诗歌开始问世了。发展诗歌的沃土也许要属艾格莱卜王朝、法蒂玛王朝和齐里王朝了。

艾格莱卜王朝的许多埃米尔本身就是文学家，如易卜拉欣·本·艾格莱卜埃米尔就是一位诗人，他的孙子艾布·阿拔斯·本·艾比·耳高勒·本·易卜拉欣也是诗人，正是这位艾布·阿拔斯，是他让教法学家苏赫努率领军队征服西西里岛的。艾布·阿拔斯曾写诗表达自己的豪情：

我是至高无上的国王，
我要把这种崇高带入云霄；
我要让我的家族插上光荣高贵的翅膀，
我要让她得到应有的尊严、体面和酬报。
我要善待好人，使之成才立业，
我要宽恕恶者，只要他悔过自新。

① 堪他尔：埃及重量单位。1堪他尔约重44.928千克。——译者

我是战争的儿子，是战火哺育了我，
我在战场上出生，在厮杀中长大。
我以我父亲的名义起誓：
我不曾玷污我的族人，
我也不怕我的族人受到指责；
纵使尘世变成废墟，
我为他们建造的功绩也将永存。

艾格莱卜王朝的著名诗人还有伯克尔·本·哈马德·宰纳提，他曾到阿拉伯东方游学，去过巴士拉、库法和巴格达，拜见过一些当地的大诗人，如迪阿拜勒·胡扎伊和艾布·泰玛姆等人，后又返回了凯鲁万。伯克尔·本·哈马德·宰纳提的诗大都含有教诲、训诫、苦修之意，如他写过这样的诗句：

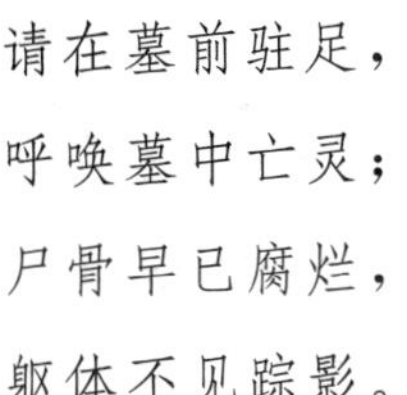
请在墓前驻足，
呼唤墓中亡灵；
尸骨早已腐烂，
躯体不见踪影。

死亡在向我们招手，何以言生；
伯克尔·本·哈马德呀，俱往矣！
今日你还见他游玩、嬉戏，
明朝他却可能躺上尸床，睡入坟地。

我们每个人都已准备好随时启程，
我们每个人都赶着骆驼一路高歌；

每天都能看到送葬的队伍送亲人离去，

每天又都有新人降临人间！

*　　　　　*　　　　　*

法蒂玛王朝的诗歌水平最高，数量最多，其原因已有前述。在法蒂玛王朝的诗人中，首推伊本·哈尼·安德鲁西，他之所以有安德鲁西之称，是因为他曾在安德鲁斯住过一段时间，但他确实是出生在麦赫迪亚城郊某个村落的易弗里基叶人。[①] 他的诗大多是写给穆仪兹哈里发的颂扬诗，他与穆仪兹的关系，很像穆太奈比与赛弗·道莱的关系，他俩都是描写战争、战役，都是为其主人歌功颂德。伊本·哈尼周围也有一些诗人，但是与伊本·哈尼相比，犹如穆太奈比周围的诗人与穆太奈比相比一样，显得相形见绌，黯然失色了。在穆仪兹哈里发的麦赫迪亚宫廷中的其他诗人，还有艾布·哈桑·阿里·本·穆罕默德·本·艾亚迪·突尼西，这位突尼斯诗人与法蒂玛王朝的三位哈里发——嘎义姆、曼苏尔和穆仪兹都交往甚密。此外还有阿里·本·阿卜杜拉，他也是一位突尼斯诗人。伊本·哈尼看不起这些诗人，曾写诗把他们喻为懦弱的母驼，而把自己视为雄狮。

*　　　　　*　　　　　*

由柏柏尔人桑哈贾部落建立的齐里王朝，文化繁荣、兴旺发

① 关于伊本·哈尼的出生地，本书的作者与其他史学家的看法相佐，大多数史学家认为伊本·哈尼出生在安德鲁新的塞维利亚，是安德鲁斯诗人。因其哲学观点为当地人所不容而避居西北非，结识了法蒂玛王朝第四任哈里发穆仪兹（公元952—975年在位），受到穆仪兹的赏识。伊本·哈尼于公元973年卒于随穆仪兹赴埃及的途中。——译者

达，与马格里布、埃及、安德鲁斯以及整个伊斯兰世界的交往频繁。伊本·赫勒敦说："齐里人建立的王朝是柏柏尔人在易弗里基叶建立的最大的王朝，也是最繁荣、最奢华的王朝。"该王朝的学术、艺术，其中包括文学都达到了很高的水平。

穆仪兹·本·巴迪斯[①]是齐里王朝最著名的国王之一，人们对他有这样的评价："聚集在他门下的大诗人之多，只有萨希布·本·阿巴德能与之相比。"伊本·莱西格[②]在其《当代楷模——凯鲁万诗人》一书中，对穆仪兹·本·巴迪斯身边的大部分诗人都有记述。

在齐里王朝的众埃米尔中，也有一些精通诗律的诗人，其中最著名者为穆仪兹·本·巴迪斯的儿子泰米姆[③]。这位泰米姆不是埃及法蒂玛王朝哈里发穆仪兹的儿子泰米姆，这位泰米姆是统治易弗里基叶等地的埃米尔，他喜欢结交学者和诗人，他的御用诗人有哈桑·本·莱西格等人。

齐里王朝出现了很多著名的诗人和文学家，如阿卜杜·克里木·奈赫谢里，他既是一位诗人、文学家和评论家，又是一位精通语言的语言学家，熟谙阿拉伯人古代战争及其诗歌的专家。阿卜杜·克里木·奈赫谢里卒于伊历405年/公元1014年。

---

① 穆仪兹·本·巴迪斯：齐里王朝驻易弗里基叶的埃米尔（公元1016—1062年在位），公元1048年宣布脱离法蒂玛王朝的管辖而独立，自称"穆斯林的长官"，恢复了逊尼派在北非的统治。——译者

② 伊本·莱西格（公元1071年卒）：穆仪兹·本·巴迪斯的宫廷诗人，著有《诗歌宝鉴》等著作。——译者

③ 泰米姆·本·穆仪兹：齐里亚王朝的艾米尔（公元1062—1108年在位），诗人。——译者

阿里·本·艾比·里加勒，他是齐里王朝信函局的主管，以慷慨好客、奖掖文学而著称。他曾做过埃米尔穆仪兹·本·巴迪斯的辅师，是他使穆仪兹爱上了文学。伊本·莱西格的《诗歌宝鉴》一书，以及伊本·谢莱夫的《信函评论集》都是为阿里·本·艾比·里加勒而作。阿里·本·艾比·里加勒卒于伊历425年/公元1034年。

艾布·阿卜杜拉·穆罕默德·本·加法尔·盖扎兹·凯鲁万尼是一位语言大师，著有《语言大全》一书，该书可以与艾兹海里的《纯洁语言词典》媲美。艾布·阿卜杜拉·穆罕默德是伊本·莱西格的老师，伊本·莱西格在其《诗歌宝鉴》一书中曾引述过其师的言论和对他的教诲。在教学中，艾布·阿卜杜拉·穆罕默德经常向学生提出一些疑难问题，让学生解答。艾布·阿卜杜拉·穆罕默德卒于伊历412年/公元1021年。[①]

盲人学者艾布·阿卜杜拉·阿卜杜·阿齐兹·本·艾比·赛赫勒·海谢尼，也曾做过伊本·莱西格的文学老师。关于艾布·阿卜杜拉·阿卜杜·阿齐兹，伊本·莱西格写道："他是一位非常著名的、不可或缺的语法和语言学家，他对其他学科也有很深的造诣；同时他还是一位很有天赋的诗人。他的诗具有艾布·阿塔希叶[②]的风格：通俗、易懂，轻快、流畅，优秀的诗人都应聆听他的教诲，向他请教。"艾布·阿卜杜拉·阿卜杜·阿齐兹卒于伊历406

① 雅古特和伊本·赫里康都写有艾布·阿卜杜拉·穆罕默德的生平。

② 艾布·阿塔希叶（公元748—825年）：阿拉伯阿拔斯王朝诗人，以善写情诗步入诗坛，后以颂诗得宠于王室。晚年以劝世诗最为著名。——译者

年/公元 1015 年,享年七十多岁。[①]

易卜拉欣·本·阿里·侯斯里·凯鲁万尼是一位大文学家,他是《文苑精粹》和《情欲奥秘宝鉴》两部书的作者。关于他,伊本·莱西格写道:“凯鲁万的年轻人常到他那里聚会,向他求教;他是他们的首领,是他们的骄傲;他的著作广为流传,各种礼物、赠金源源而至。他有一部诗集。”[②]易卜拉欣·本·阿里·侯斯里卒于伊历 413 年/公元 1022 年。

侯斯里的《文苑精粹》一书,说明他有很高的文学品味,对文学家们的妙文绝句了如指掌。

侯斯里姨母的儿子艾布·哈桑·本·阿卜杜·吉纳·侯斯里·凯鲁万尼是一位精通《古兰经》各种读法的学者,同时也是一位优雅、风趣的诗人,他是那首著名诗歌的作者:

漫漫长夜啊!何时尽?
不知清晨何时来临。
何时才能见到你啊,
难道要在复活时分?
夜谈人都已安睡,
我却辗转反侧,
夜不能寐。

这首诗为作者赢得了巨大的声誉,但也遭到了很多诗人的批评,直至今天,依然如此。

在马格里布出现了一个很好的文学批评运动,这些批评起初只

① 参看阿卜杜·阿齐兹·麦伊麦尼教授撰写的有关伊本·莱西格的论文。

② 伊本·赫里康:《人物传记》。

是些只言片语，如阿卜杜·克里木·奈赫谢里说过："玛卡梅韵文故事发生的时间、地点各不相同，故在某个时间说的话，在另外一个时间说就不一定合适，甲地的人认为好的东西，到乙地就不一定好；好的诗人在经过字斟句酌之后，总能找到当地人所喜闻乐见的常用的词句。在某地常用的词句，其他地方并不一定使用，如巴士拉人喜欢在他们的诗歌及奇闻轶事中使用波斯人常用的一些话语，等等。"

再请看易卜拉欣·侯斯里的评论："诗歌分为自然流露与矫揉造作两类，真情流露的诗声声入耳：这种诗真诚、自然、清新、优美；用词美妙贴切，感情真实自然，无刀斧之痕、雕琢之迹……最好、最美的诗应是介于二者之间，即：既朴实无华、自然流畅、又仔细推敲、字斟句酌。"

后来，这种批评发展成为一个独立的门类，一种新的体裁。这种文学批评随着两本专著的问世而达到了高峰：一本是伊本·莱西格的《诗歌宝鉴》，一本是伊本·谢莱夫的《语言大师评介》[①]，这两部书是最好的文学评论书籍之一。

伊本·莱西格在其《诗歌宝鉴》一书中所作的文学评论，已由对某一诗人或某些诗人的评论——正如《在穆太奈比及其对手之间调停》的作者所做的那样——发展成为对诗的评论。伊本·赫勒敦对该书做过这样的评价，他说："这是一部独具特色的文学评论书籍，它赋予了文学批评以应有的权利，这是一部前无古人，后无来者的书。"

① 阿卜杜·阿齐兹·麦伊麦尼教授发表了一本题为《点评集》的书，书的内容都是伊本·莱西格和伊本·谢莱夫的文学评论。该教授还撰写了一篇有关伊本·莱西格和伊本·谢莱夫的有价值的论文。

伊本·莱西格继《诗歌宝鉴》之后，又写了《金屑》一书，该书讲的是有关诗歌的抄袭、剽窃问题，什么算抄袭，什么不算抄袭；哪里能用，哪里又不能用，等等。[①]

伊本·谢莱夫的《语言大师评介》一书是一篇很长的韵文故事，故事的主人公遇到了许多古代和当代的著名诗人，他对每位诗人都有一段简短的描述，接着又简要分析了各个诗人的特点与不足。[②]

伊本·莱西格和伊本·谢莱夫都是凯鲁万人，他俩都是穆仪兹·本·巴迪斯埃米尔的御用诗人、酒友和座上客。当法蒂玛王朝派遣希拉勒贝都因人袭击凯鲁万时，两人逃离了凯鲁万，写了几首挽歌，怀念凯鲁万。伊本·莱西格逃到西西里岛，于伊历 453 年/公元 1061 年在西西里岛去世；伊本·谢莱夫逃到安德鲁斯，于伊历 460 年/公元 1067 年死于该地。

伊本·莱西格和伊本·谢莱夫原是好朋友，后二人之间发生争论，最后发展成文学上的一场大论战，这场论战与发生在花拉子密与白迪阿·宰曼·哈迈扎尼之间的论战颇为相似。

*　　　*　　　*

那些时代的各个王朝的穆斯林真是有些不可思议，如穆斯林在马格里布还没有站稳脚跟，就组成了一支强大的舰队，征服了西西里岛及其周围的一些岛屿——西西里岛是被艾格莱卜王朝攻占的。西西里岛设有三百二十多座城堡，但在强大的穆斯林面前却不堪一击。

① 《金屑》一书已在埃及出版。

② 《语言大师评介》一书已在埃及出版。

伊本·赫勒敦说："攻占西西里岛是在齐亚德拉一世[1]执政期间，选派教法学家艾赛德·本·福拉特完成的……"伊本·赫勒敦又说："穆斯林在艾格莱卜王朝时代已完全控制了地中海，信奉基督教的各民族的舰队无力进行抵抗。穆斯林插上了征服的翅膀，先后攻占了地中海沿岸的岛屿，如：梅诺卡岛、马略卡岛、萨丁岛、西西里岛、马耳他岛、艾格里特什岛、塞浦路斯岛……穆斯林控制了地中海的大部分水域，他们的舰队在地中海畅行无阻，他们的军营遍布从西西里岛到对岸的大陆。他们写了很多韵文故事来歌颂这些征服者……信奉基督教的各民族的舰队只能龟缩在地中海沿欧洲和西西里岛沿岸，而不敢超越雷池一步，穆斯林的舰队像一头凶猛的狮子在守护着它的猎物。"

当穆斯林攻占了西西里岛之后，迅即在当地传播他们的宗教、语言和学术。率军攻占西西里岛的将领艾赛德·本·福拉特本人就是马立克教法学派著名的教法学家，与他同行的还有一批学者，他率领这些学者及九百名骑兵，一万名步兵在西西里岛冲锋陷阵，攻占一个个城堡。艾赛德·本·福拉特在战斗中身负重伤，不幸身亡。他的继任者完成了对西西里岛的征服。后来，"西西里岛上的大部分居民皈依了伊斯兰教，成为穆斯林，并且兴建了很多清真寺。"[2]

从此，学术在西西里岛得到了传播。穆斯林学者到那里教授阿拉伯语和伊斯兰教教义；文学家们在那里吟诗写作；放荡诗人则

① 齐亚德拉一世：艾格莱卜王朝(公元800—909年)的缔造者易卜拉欣·本·艾格莱卜(公元800—811年在位)的儿子，公元817—838年在位。——译者

② 雅古特：《地理辞典》，"西西里岛"条目。

去那里豪饮，谈论修道院里修士、修女的秘密。西西里岛涌现了很多学者，我们经常可以听到某某学者冠上了西西里的名字，如麦格里基就说过：马立克派教法学家穆罕默德·本·哈桑·本·阿里·卡尔肯提曾在西西里岛和易弗里基叶传授教法——卡尔肯特是西西里岛的一座城市的名称。

伊斯法哈尼在其《诗歌集成》第十一卷第二章中，专门有一节讲述西西里岛诗人的诗歌特点，并引述了艾布·哈桑·本·艾比·比什里写的一首描写舞女的诗。

我们不会忘记埃及的征服者、艾资哈尔清真寺的建造者、为法蒂玛王朝的穆仪兹哈里发扫平整个马格里布的著名将领——昭海尔·绥基利，他就是一个在西西里岛出生的罗马人，后来成为曼苏尔哈里发和穆仪兹哈里发的释奴。昭海尔是历史上最有才干的将领之一。此外，语法学家穆罕默德·本·呼罗珊也是西西里人，他原是艾格莱卜王朝的释奴，后去了开罗，在那里向艾布·加法尔·努哈斯学习语法，传述了许多艾布·加法尔·努哈斯的著作。穆罕默德·本·呼罗珊回到西西里岛后教授语法，卒于伊历 386 年/公元 996 年，享年七十六岁。[①]

语言学家穆罕默德·本·阿里·本·哈桑·本·阿卜杜·比尔·绥基利·泰米米也是西西里人，他曾离开西西里岛外出求学，后又返回西西里岛，他是伊本·盖塔阿·绥基利的老师。

在稍后的年代，西西里岛又出现了一批著名的学者，如：著名的诗人、大圣训学家、马扎里（马扎里是西西里岛的一个重镇）的教

① 请参看苏郁退：《语言学家、语法学家评传》。

长、《〈穆斯林圣训实录〉教师必读》一书的作者——伊本·哈姆迪斯·绥基利；著名的地理学家易得里西[①]；文学家、《苏勒瓦尼穆塔伊》一书的作者伊本·祖法尔；著名的文学、语言学、语法学和诗律泰斗、《瑰宝——西西里诗人作品选》的作者伊本·盖塔阿，等等。

① 易得里西(公元1100—1166年)：著名的阿拉伯地理学家，著有《云游者的娱乐》一书，该书是一部内容丰富的世界地理志，为地理学的权威之作。——译者

第六章　阿拉伯半岛

在《阿拉伯伊斯兰文化史》的《黎明时期》一卷中，对汉志学术和艺术的发展情况已作过介绍。

汉志因其农作物少，且产量低，在生活方面不能自给。四大哈里发执政时，汉志是哈里发政权的所在地，埃及、伊拉克等被征服地区的物资被源源不断地运往汉志。倭马亚人掌权后，哈里发政权虽然转移到大马士革，但大量的财富仍继续运往汉志。这是因为一方面阿拉伯人不停地对外扩张，带来了无尽的财富；另一方面倭马亚人采取的大阿拉伯主义政策，将权力完全掌握在阿拉伯人手中，使阿拉伯半岛及其居民受到特殊的照顾。征服者是阿拉伯人，他们的战利品当然要运回自己的家乡，出征者应得的俸禄和财产均按名册分发。在这种情况下，阿拉伯半岛的生活是舒适、安逸的，因而学术和艺术都得到了发展。

阿拔斯王朝建立后，形势有所变化：权力大多掌握在波斯人手中，各地的官吏也大都是波斯人。

汉志的情况因什叶派人的不断起义及阿拔斯王朝哈里发的镇压而更加恶化。哈里发曼苏尔执政时，阿里・本・艾比・塔利卜的后人穆罕默德・本・阿卜杜拉・本・哈桑・本・侯赛因伙同哈希姆家族的一些贵族，以及麦地那的一些名人发动了起义，罢免了曼苏尔哈里发派去的地方官。曼苏尔遂派兵前去镇压，穆罕默德·本·阿卜杜拉本人及其众多的追随者惨遭杀害。

哈迪哈里发执政时，侯赛因·本·哈桑·本·哈桑·本·阿里·本·艾比·塔利卜又举行起义，他周围聚集了阿里的族人和其他很多人。哈迪哈里发派军队去镇压，在位于麦加与麦地那之间的瓦吉战役中，侯赛因战死，很多追随者被杀害。就这样，接连发生了好几起什叶派人的起义，但是每次起义都受到了阿拔斯人的镇压和严厉惩处，与此同时，也增加了什叶派人对阿拔斯王朝的仇恨。

阿拉伯半岛的地位，随着波斯人的日渐得势、阿拉伯人地位的不断下降，以及运往阿拉伯半岛的物资的减少而逐渐削弱了。

穆阿台绥姆哈里发上台后，突厥人的势力逐渐占了上风，阿拉伯人的处境就更糟了，穆阿台绥姆"写信给各地的官员，要他们除去政府部门花名册中阿拉伯人的名字，并停止向他们发放俸禄。各地的官员都照办了。从此，阿拉伯人的地位一落千丈"。

阿拉伯半岛的局势一直动荡不定。伊历 251 年/公元 865 年，穆斯台因哈里发执政时，阿里·本·艾比·塔利卜的后人伊斯玛仪·本·优素福率兵攻打麦加，麦加长官弃城逃跑，伊斯玛仪进入城内，杀死守军和一些居民，抢掠了官员的住宅，从居民手中掠得约二十万枚金币（第纳尔），烧毁了部分住房，并掠走了克尔白天房的幔帐和钱物，麦加被洗劫一空。伊斯玛仪·本·优素福离开麦加后径直杀奔麦地那，麦地那的官员闻讯躲藏起来，伊斯玛仪在麦地那抢掠后又返回麦加，将麦加包围起来，使许多人因饥渴而死。那时的麦加，一枚银币只能买到三张大饼，麦加人受尽了苦难。此后，伊斯玛仪又跑到吉达，大肆抢劫商人和商队，断绝人们的食物；他继而又到阿拉法特山胡作非为、进行破坏。[①]

卡尔马特派人来到阿拉伯半岛之后，占领了麦加，他们不仅阻止人们去麦加朝觐，还抢掠朝觐者。伊历 312 年/公元 924 年，卡尔马特人对朝觐者和阿拉伯人犯下了十恶不赦的滔天罪行，惨遭杀害的朝觐者多达三千人，被饿死的人数还不包括在内。在天房内、麦加的街道两旁，甚至麦加的城郊，尸横遍地，惨不忍睹，被卡尔马特人掠夺的钱财多达几十万金币。

伊历 314 年、315 年和 316 年/公元 926 年、927 年和 928 年，出于对卡尔马特人的恐惧，伊拉克境内竟无一人前往麦加朝觐。[②]卡尔马特派人的首领艾布·塔希尔说过这样的话：

我就是真主，
真主就是我；
真主创造了人类，
而让他们死亡的是我！

卡尔马特派人劫走了天房里的玄石，将玄石藏在了艾哈萨埃[③]的某个地方，直到伊历 339 年/公元 950 年，在法蒂玛王朝曼苏尔哈里发的要求下，卡尔马特派人才将玄石放回麦加的天房。巴格达的哈里发对卡尔马特派人的行动早已失去了控制能力。

接二连三的事件削弱了阿拉伯半岛的地位，使阿拉伯半岛处于半孤立状态，造成阿拉伯半岛物资匮乏，学术落后。当地理学家

① 麦格里基：《埃及志》。

② 《麦加志》，第 2 卷，第 245 页。

③ 艾哈萨埃：沙特阿拉伯东部介于科威特与卡塔尔之间的一个地区。——译者

麦格迪西于伊斯兰教历四世纪来到阿拉伯半岛时，所见到的是一派贫困、落后的景象。

麦格迪西在记述阿拉伯半岛的宗教学派时写道："麦加、帖哈麦和萨那属逊尼派；萨那周围及阿曼的大部分地区属哈瓦立及派；哈吉尔、萨达属什叶派……萨那、萨达、赛莱瓦特及两圣地麦加和麦地那附近的什叶派具有穆阿台及勒派的观点……萨那和萨达的大多数人遵奉哈乃斐派教法，清真寺由哈乃斐派人掌管。内几德周围的人遵奉苏夫扬的主张，哈吉尔则按卡尔马特派教义行事，阿曼则属达乌德派（扎希里教法学派）。"

麦格迪西在描述阿拉伯半岛的语言时写道："除了苏哈尔[①]人讲波斯语之外，其余地区的人都讲阿拉伯语；亚丁和吉达大多数是波斯人，亚丁人讲话时喜欢在双数名词词尾加读字母'努奈'的齐齿音……在阿拉伯半岛的沙漠中可以听到各个部落讲的阿拉伯语，但是，胡宰勒部落的阿拉伯语最地道、最纯正；其次是内几德的语言，再次是汉志其他部落的语言。艾哈加夫的语言比较粗俗。"[②]

尽管发生了上述种种事件，汉志的教法和圣训等宗教学术活动，在圣训学家们的不断努力之下，还是得到了一定程度的发展。阿拉伯半岛是阿拉伯伊斯兰帝国圣训资源最丰富的地区，圣训学家们一直在传述先知的言行，圣训学也世代相传。

阿拉伯半岛这块神圣的土地，是学者们梦寐以求的地方。他

① 苏哈尔：位于阿曼湾的阿曼港口。——译者

② 麦格迪西：《最佳的地区分类》，第 94 页及其后，这段文字前后有些出入。

们前来求学，前来接受圣地的沐浴；他们以能与麦加禁地毗邻为荣，以能陪伴穆圣的墓地为幸；他们长期在麦加和麦地那定居，逐渐成为教法和圣训的权威。在很多圣训学家的传记中，都有赴汉志游学，传述当地人讲述的圣训，以及长期在汉志逗留的经历。马立克教长及其弟子对推动汉志教法学的发展做出了巨大贡献。

艾布·伯克尔·阿卜杜拉·本·祖拜尔·侯麦迪·艾赛迪是麦加人，是麦加著名的圣训学家，也是布哈里在麦加求学时的老师之一。叶耳孤卜·本·苏夫扬对他的评价是："对于伊斯兰教和穆斯林来说，我从未见过比他更坦诚的人。"艾布·伯克尔·阿卜杜拉在麦加有许多向他求学、传述他讲述的圣训的弟子。他于伊历219年/公元834年在麦加去世。

艾布·伊斯哈格·易卜拉欣·本·孟迪尔·本·阿卜杜拉·艾赛迪是麦地那的一位大学者，同时也是麦地那的一位创制学家，他卒于伊历236年/公元850年。他去世之后，其弟子继承了他的事业。

如果把伊斯兰教历三世纪和伊斯兰教历四世纪时麦加和麦地那的圣训学家一一列举出来，那篇幅就太长了，因为他们的人数太多了。这些圣训学家有的是汉志当地人，有的则是从外地来这里定居的。

在也门，宰德的教法学派[①]得到传播，该派是宰德·本·阿里·宰因·阿比丁·本·侯赛因·本·阿里·本·艾比·塔利卜的追随者。宰德派的教法原理与穆阿台及勒派的观点接近，他们

① 宰德派：伊斯兰教什叶派主要分支派别之一，亦称五伊玛目派。宰德派在教义上最接近逊尼派的观点，同时，也吸取了穆阿台及勒派的某些主张。宰德派曾于公元864—1126年在波斯北部泰伯里斯坦等地建立了宰德派国家。从公元901年起，在也门建立了宰德派伊玛目国家至今。——译者

与穆阿台及勒派一样，也主张“公正说”[①]和“认主独一论”[②]；宰德派也像哈瓦立及派一样，主张应该反对不义的统治；宰德派的教法中有关创制的主张与四大教法学派[③]的某些教律是背道而驰的。

宰德派在也门涌现出很多著名的伊玛目，他们根据该派的教法原则进行创制。这些伊玛目是：叶海亚·本·侯赛因·扎希德·莱西[④]（伊历298年/公元911年卒）；纳绥尔·里勒哈基，著有很多宰德派著作；卡西姆·本·易卜拉欣·阿拉维——萨达的统治者（伊历280年/公元893年卒）；艾布·哈桑·苏莱希[⑤]，于伊历455年/公元1063年任也门国王，他是宰德派的大教法学家，伊历483年/公元1080年被杀。总而言之，上述这些教长既掌握着处理国家事务的权力，又根据宰德派的教法主张进行创制，做出教法上的裁决。

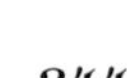

① “公正说”：穆阿台及勒派的教法主张之一，认为真主是最公正的，真主不预先命定人类的善恶行为，人类的行为是人类自己创造的，真主只是根据人类行为的善恶而决定赏罚。人类的意志是自由的，人类应对自己的行为负责。这与逊尼派关于人类行为的善恶皆由真主前定的主张不同。——译者

② “认主独一论”：穆阿台及勒派的教法主张之一，认为真主是唯一的最高主宰，它的本体单一无偶，本体和德性不能分割。对于真主的存在只能从理性推理中加以认识，而无法通过感觉和直观来认识。该派反对逊尼派关于真主除本体外，还具有知觉，能力、言语、听觉和视觉等无始德性的主张。——译者

③ 四大教法学派：系指逊尼派中的四个教法学派：沙斐仪派、哈乃斐派、马立克派和罕百里派。——译者

④ 叶海亚·本·侯赛因·扎希德·莱西（公元911年卒）：也门宰德派伊玛目国家的缔造者、宰德派著名学者卡西姆·莱西·本·易卜拉欣（公元860年卒）之孙，于公元901年在也门建立了宰德派伊玛目国家，从此确立了宰德派在也门的长期统治地位。至今，50%以上的也门人仍遵奉宰德派的教法学说。——译者

⑤ 艾布·哈桑·苏莱希：也门苏莱希家族成员之一，该家族曾于公元1047—1137年统治也门。——译者

*　　*　　*

写到这里，只剩下安德鲁斯的情况没讲了，如蒙主佑，我们将写一本安德鲁斯专集，以飨读者。

*　　*　　*

我们所记述的这个时代最令人惊异的，也是最重要的学术现象之一，便是学术旅行。学者们不顾旅途的艰辛，也不考虑财力上的限制，一心从事学术旅行，与各地学者进行交流，向各地学者学习，传述他们的学问，这在当时已成为一种时尚，一种传统。

在学术旅行方面，圣训学家的表现最为突出，可以说是达到了极致。圣训学家们为了收集和考证圣训，总是不停地东奔西走，四处搜寻。一旦某地出现了一位收集或考证、传述圣训的学者，各地的学者便会从四面八方蜂拥而至，向他求教。我们仅以穆罕默德·本·伊斯玛仪·布哈里[①]为例，他常年在外游学，其游学路线大致如下：布哈拉—呼罗珊的各个城市—吉巴勒山区—伊拉克的所有城市—汉志—沙姆地区—埃及。布哈里每到一处，都要对当地的学者进行考察，然后向那些他所信任的学者求教。布哈里只是无数在外游学的学者中的一个。大凡读者所知道的大圣训学家无一不是外出游学、四处求教，以致为了收集、传述或考证一段圣训，他们要踏遍千山万水。读者在读诸如《巴格达志》这类书籍的学者传记时，一定会被学者们不畏旅途艰险、不惜忍饥挨饿、勤学

① 布哈里（公元810—870年）：公元九世纪伊斯兰教著名的圣训学家，著名的《布哈里至圣实录》的集录、汇编者。全名是穆罕默德·本·伊斯玛仪·本·易卜拉欣·布哈里，因他出生于中亚布哈拉，故得此名。布哈里在伊斯兰教经学史上享有很高的地位和声誉，有“圣训学泰斗”之称。——译者

好问、严谨治学的精神所感动。

不仅是圣训学家如此，当时每个学科、每个领域的学者都是这样。如艾布·加法尔·努哈斯就从埃及来到伊拉克游学，向伊拉克人学习语法；另一位埃及人伊本·巴比沙兹，他来到巴格达一边做珠宝生意，一边向巴格达学者学习语法；凯鲁万有人去麦地那向马立克的弟子求教，或者去伊拉克向穆罕默德·本·哈桑学习；还有人去聆听赛弗·道莱的文学家和诗人的讲学集会。赛弗·道莱的宫廷中有花拉子密、艾布·阿里·法里西、伊本·金尼·摩苏里这样的学者；穆太奈比时而在阿勒颇，时而在埃及，时而在伊拉克，时而又出现在设拉子；巴格达医生伊本·布突拉尼与埃及人伊本·里都瓦尼进行论战，因辩论旷日持久，而从巴格达跑到埃及去进行面对面的辩论。

某个地方一旦被阿拉伯人征服，很快就有教法学家和文学家出现在那里，他们向当地人教授宗教、语言和文学。过不多久，这些地方就变成了学术中心。我们在西西里岛见到的就是这种情况，西西里岛在被征服的过程中，就有学者不断地到那里去传播伊斯兰教和阿拉伯语，学术活动很快就在西西里岛得到发展。不久之后，西西里岛竟成为一个异常发达的学术和文学中心。

各地政府出于对邮政和经商的需要，大规模地修桥筑路，兴建驿站、修筑哨卡，学者们在进行学术旅行时便充分利用了这些设施，他们可以与商队结伴同行，或者是到圣地朝觐，或者是到他们想去的任何地方。

旅途之中有很多驿站，著名地理学家伊斯泰赫里(公元975年卒)写道：仅河外地区就建有上万个驿站，其中很多驿站提供食物和草料，还为旅行者提供必要的饮水。当地的穆斯林也经常为旅行者做些善事。

有些地方，驿站被修道院所替代，外出游学的学子可以在那里下榻，得到休息和必要的照顾。文学家大都把修道院作为消闲的场所，因为他们可以在那里尽享美酒，可以欣赏美景。

这一切使阿拉伯伊斯兰帝国从东到西，无论有多少个王国和政权，都好像是一个整体，学者、文学家、艺术家和商人，可以全然不顾政治上的边界，他们认为语言和宗教打破了政治上的壁垒。

上述状况对学术和文学产生了巨大影响，其最明显的表现是各地没有鲜明的地方特色，例如，埃及的学术与文学与伊拉克的学术与文学，与呼罗珊及河外地区，甚至信德的学术与文学都没有明显的差别，这些地区的学术和文学几乎都是一样的。学者之间的旅行和密切交往缩小了各地之间的差异，甲地的特长很快就会被乙地学去，并加以消化吸收，如麦地那的马立克派教法和伊拉克的哈乃斐派教法，被穆罕默德·本·伊德里斯·沙斐仪等人加以融合而形成了沙斐仪派教法；马立克派教法和伊拉克的语法都是由在伊拉克游学的学子们学成之后，传到埃及和马格里布的；为各国国王和埃米尔们大唱赞歌的诗人们辗转于各个宫廷之间，使得各地的诗的格律趋于一致；经营纸张和图书的商人们将伊斯法哈尼的《诗歌集成》和《精诚兄弟社论文集》，从伊拉克带到了安德鲁斯；埃及和安德鲁斯的图书馆，以及凯鲁万、麦赫迪亚、非斯、呼罗珊、伽兹尼等地的图书馆，都拥有阿拉伯伊斯兰世界各地撰写的重要著作。

我们还看到学者本人也是在一个地方生活一段时间，又在另

一个地方生活一段时间；时而在埃及，时而又在沙姆；或者是时而在沙姆，时而又在伊拉克；或者是时而在伊拉克，时而又在波斯，以至很难确定某位学者是埃及人还是沙姆人，是伊拉克人还是波斯人。传记类图书的作者们深知弄清此事的艰辛，故大多数传记作者将阿拉伯伊斯兰世界的学者们视为是一个国家、一个帝国的共同财富。

是的，每个地区的学术成就都有自己的特点，例如：埃及文学、沙姆地区文学、伊拉克文学和波斯文学都有各自的特点；埃及医学、沙姆地区医学、伊拉克医学和波斯医学也有各自的特点。但是，这些特点并不十分明显，如不仔细观察，不细心研究是难以发现的。各地的特点是受到该地区社会影响的结果，如玛卡梅韵文故事出现在波斯，二重韵诗出现在安德鲁斯，带有藻式修辞风格的韵文出现在雷伊及其周围地区，涵盖哲学各个学科的论文——如《精诚兄弟社论文集》——出现在巴士拉，等等，所有这一切都是有其社会根源、历史根源和地区根源的，这些现象的出现都有其内在的因果关系。但是，某地的独特风格一经出现，其他地方很快就会效仿，如果没有本因的存在，模仿就会取代创造，个性就会消失在共性之中。

好了，本书就是对学术和文学活动的简单回顾。如蒙主佑，下卷将对各门学科的历史及其发展，对各个学科的中心进行详细分析，这是《阿拉伯伊斯兰文化史》的“正午时期”第二册的内容。愿真主襄助我们完成这一使命。